21世纪人类学文库

体育人类学

Anthropology of Sport

饶 远 陈 斌 等 编著

云南大学出版社

图书在版编目（CIP）数据

体育人类学/饶远，陈斌等编著. —昆明：云南大学出
版社，2006（2009 重印）
（21 世纪人类学文库）
ISBN 978 - 7 - 81112 - 080 - 6

Ⅰ. 体…　Ⅱ. ①饶…②陈…　Ⅲ. 体育—人类学
Ⅳ. G80 - 05

中国版本图书馆 CIP 数据核字（2005）第 161027 号

体育人类学

饶　远　陈　斌等编著

责任编辑：宋　武　蔡红华
责任校对：何传玉
装帧设计：刘　雨
出版发行：云南大学出版社
印　　装：云南南方印业有限责任公司
开　　本：787mm×1092mm　1/16
印　　张：15.75
字　　数：272 千
印　　数：1001—2000
版　　次：2005 年 12 月第 1 版
印　　次：2009 年 7 月第 2 次印刷
书　　号：ISBN 978 - 7 - 81112 - 080 - 6
定　　价：35.00 元

社　　址：云南省昆明市翠湖北路 2 号云南大学英华园内
　　　　　（邮编：650091）
发行电话：0871 - 5033244　5031071
网　　址：http://www.ynup.com
E - mail：market@ynup.com

《21 世纪人类学文库》总序

中国的人类学经过 20 世纪 80 年代的重建，到 90 年代以来，呈现出兴盛的态势，主要表现在以下几个方面：

1. 老中青学术梯队的框架已搭建起来，中青年学者已开始成为中国人类学发展的中坚力量。经过十年的恢复性发展，各类研究机构已经完善，研究人员已经到位，主要的任务就是人才的培养问题。70 年代末 80 年代初恢复高考制度以来进入高等院校学习人类学民族学知识的学子，到这时已发展成熟成为学科的骨干力量。这些学者大多集中在中央民族大学、北京大学、中山大学、云南大学、厦门大学、中国社会科学院等人类学教学研究机构。其中许多人在国外求学数载，直接沟通了中国和世界的研究。

2. 学科整合的研究取向显示出人类学无论在理论建设还是在具体的应用中所表现出来的开放性和包容性。一方面人类学工作者自我超越原有的兴趣，拓展自己的研究领域；另一方面人类学又与其他的社会科学，甚至自然科学相结合，以望取得研究上的新突破。如有的高等学校利用自己长期以来形成的学科群的优势，重视多学科理论与方法的研究，将自然科学研究的技术和方法运用到探索族群形成的生物遗传特征及其与文化的关系；与生态学、经济学等学科结合，探讨民族文化、生态、经济协调发展；与生物学、物理学和古地理学等自然科学技术相结合，对早期人类的环境和生态进行研究。学科整合的方法有利于打破学科界线，达到各学科之间理论和方法的互渗和借用。这种学科整合的研究方法有可能催生新的边缘学科，并产生原创性的理论方法，同时，多角度的研究取向更易

于我们认识社会生活的本质。同时，有关人类学的学术会议和交流活动大大增多。据不完全统计，20世纪90年代以来，在全国各地召开的有关人类学民族学与社会学、历史学、法学等相关学科的学术研讨会达七十余次。这些高层次的研讨班既整合了人类学研究的学术群体，又扩大了人类学在中国社会科学界的影响。

3. 学科建设取得重大成绩。2002年1月，中山大学和北京大学的人类学，中央民族大学、云南大学的民族学被评为国家重点学科，这为新世纪人类学民族学的跨越式发展提供了难得的机遇。目前全国人类学的学科建设取得了很大的突破，如中山大学目前有人类学和考古学两个本科专业，人类学、考古学、民俗学和民族学四个硕士学位授权点，文化人类学和民俗学两个博士学位授权点。中央民族大学、云南大学获得了民族学一级学科博士授权点。相关的高校和科研机构都分别开展了规模较大的科研项目，特别是云南大学先后两次组织了大规模的民族村寨调查，对全国55个少数民族村寨进行了全面的实地调查，出版了一套完整的民族村寨调查丛书。中国的人类学界必将以丰硕的研究成果，迎接2008年世界人类学民族学大会在中国（昆明）的召开。

4. 人类学知识的应用与普及已开始影响我国的社会经济和人们的日常生活。一百多年前，美国人类学家泰勒曾说过，人类学是改革者的学科，人类学是为人民谋幸福的学科。费孝通先生也说过类似的话："真正的应用人类学必须是为广大人民利益服务的人类学。"从人类学在中国的传入与发展来看，中国人类学一开始就有很强的应用性，到90年代已能直接介入我国的社会经济生活。如人类学专家在区域文化策划、综合社会评估、民族文化的自我传习和保护等方面做了不少工作，在西部大开发中，人类学专家参与的民族省区文化与社会发展战略研究、人文旅游规划、文化设计和社会评估已多次用于云南、内蒙古、新疆、青海等省区的政府咨询和决策。

另外，由于深厚的学术传统和特殊的资源优势，人类学学科较易于直接参与国际交流和合作研究。如人类学者直接参与社会发展计划，从20世纪90年代初开始，一批人类学者参与一些国际机构（如联合国、世界银行、福特基金会等）在华的发展项目的评估。在这方面有中国社会科学院民族研究所参与的南昆铁路的建设对沿线少数民族社会经济发展的影响，中央民族大学、清华大学等一批人类学家参与的艾滋病与人类行为的研究，云南大学人类学家主持的云南民族文化生态村建设，中山大学对江西、新疆、甘肃、宁夏、云南、广西、四川、贵州、广东等地的社会评估，已经引起国内外的广泛关注，使人们真正认识到人类学对社会发展的实用价值。因此有人就认为这是"人类学在行动"。

不仅如此，人类学的研究成果已开始影响人们的日常生活和认知方式。人类学研究的边缘视点和"异文化"视角使之能贴近人们的日常生活，而从日常生活中发现史诗。比如说，人类学对民俗的研究已在改变人们对农民生活方式的看法，人们对他们的宗族观念、他们的民间信仰仪式等都开始有一个客观的审视，而不是单纯地以"封建迷信"斥之。对人类学知识的应用要有一个普及化的过程，让人类学的知识真正服务于人民，用费孝通先生的话说，就是"走向人民"。这是知识回归大众的过程。随着全球化进程的发展，各国人民的交往增多，文化的冲突不可避免，人类学研究的"异文化"视角为我们消解这种文化差异而带来的冲突提供了工具。

21 世纪的中国人类学面临着前所未有的发展前景。为了适应中国人类学学科建设和本土化发展的需要，由云南大学人类学系和中山大学人类学系在原先研究的基础上，组织有关学者编写了一套反映当代人类学最新研究成果的系列教材《21 世纪人类学文库》。厚积薄发，正是一代代学人的努力，使今天中国的人类学研究蔚为大观。这一套教材凝聚着编著者的心血，而长期以来许许多多人类学者的涓涓细流汇成了今日学科发展的汪洋大海，则是这一套教材编写的不竭源泉。"桐花万里丹山路，雏凤清于老凤声。"如果说弗雷德曼（Maurice Freedman）所预言的"人类学的中国时代"的到来为期不远的话，我们愿这一套教材的出版能引导更多的雏凤走上对人类学的不懈追求之路，催生人类学的中国时代！

《21 世纪人类学文库》编委会
2005 年 10 月

3

目　录

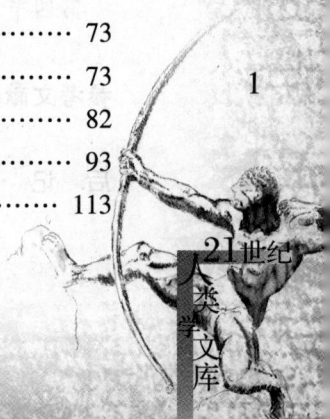

1

第1章
体育人类学概述

体育人类学是一门综合性的学科。它既是人类学的一门新兴的分支学科，属于应用人类学的范畴，又是一门研究体育问题的新学问。它把人类学的知识和体育原理结合起来，把体育整体置于人类学的视野中，从宏观上、更高层次上去研究与人类体育有关的方方面面的问题，弥补了体育理论研究的不足和缺陷，使体育研究进入了一个新的境界。

第一节 体育人类学的概念

体育人类学，英文称为"anthropology of sport"或"sport anthropology"是体育科学领域的一门新兴学科。它是1985年由美国人类学者勃兰恰德和切斯卡在美国马萨诸塞州拜根·佳瑞出版社出版的《体育人类学》一书中首次提出来的。刘一民先生在《试论我国体育人类学的建立》一文中曾提出，我国的体育人类学应是一门在马克思主义关于人的发展理论的指导下，按照历史唯物主义观点开展人类学研究的原理，研究体育与人的发展关系的科学。它不是单纯的理论研究，也不是人类学知识的简单应用，而是人类学与体育的有机结合，它既体现人类学的特点，又发挥体育的特有功能，它是实证和思辨、考古与展望、自然与社会、生理与精神等多种复合成分的综合创造，真正地体现体育过程中人的本质和发展以及人的本质和发展对体育要求的科学，为体育人类学的概念提出了重要的意见。胡小明在《体育人类学概论》一文中认为，体育人类学是从体育的角度研究人类全面持续发展的一门学科。它把揭示和分析人类与体育相关的因素作为体质人类学和文化人类学的极佳结合

1

点来综合研究人类的体育问题，是桥梁性的学科。它从人类发展的漫长过程中研究体育的一般规律及其在理论上表现的具体形式，揭示体育过程的内在结构，在不同形式的体育过程和与之相似的社会现象中寻找共同的规律。因此，该书认为：体育人类学涉及体育与人类的各个方面，是从根本意义上研究体育的一门学问，它从人类起源、生存、发展的宏观意义上去认识体育，从而更能准确地把握其本质，使体育朝着更有利于人类的方向发展。席焕久主编的《体育人类学》一书认为，体育人类学是人类学的一个分支，属于应用人类学的范畴。也有人认为体育人类学应属于文化人类学，是一门交叉学科，是一门运用人类学观点和方法来研究各种体育运动现象的新兴学科，它从宏观上研究体育与人类发展的关系，从体质和文化的角度揭示体育对人类进化发展的影响，从而更好地发挥体育的各项功能，为人类健康服务，造福于人类。

　　总的来说，体育人类学就是运用人类学的视角和方法，从体质和文化诸方面来综合研究人类的体育问题的一门学科。这门学科的研究在中国只有十几年的时间，一直处于较为零星的、片段的研究阶段，对体育人类学整体的、历史的脉络把握还很不够。目前，较为系统地阐述体育人类学的理论专著至今也只有两部，一部是胡小明著的《体育人类学》①，另一部是席焕久主编的《体育人类学》②。还有少量的体育人类学方面的研究论文见诸学术期刊和报端。由此可见，体育人类学的研究在中国还处于起步阶段，体育人类学的理论构建和学科体系建设还需要进一步加强和深入，以满足飞速发展的当代体育的需要。

　　体育人类学的建立是以人类学为基础的。1501 年，德国学者洪德在《人类学——关于人的优点、本质、特征和人体的成分、部位及要素》一书中首次使用了"人类学"这个词。16 至 19 世纪，西方社会经过文艺复兴冲破中世纪教会神学枷锁，开始重新认识自然、认识人类自身。在倡导个性解放、民主平等理念的同时，开始以科学的态度，研究生物的起源与进化及人类在自然界的位置。因而这一时期的人类学的概念相当于今天的体质人类学，研究的主题是重现人类起源和进化过程。19 世纪中叶，法国、英国、德国、意大利、美国等国家纷纷成立人类学学会。1901 年，美国考古学家霍姆斯将人类学分为体质人类学和文化人类学。20 世纪初，西方文化与土著文化间的渗透与矛盾愈益明显并成为世

2

----

① 广东人民出版社 1999 年版 。
② 北京体育大学出版社 2002 年版。

界格局动荡的一个重要原因。此时，伴随着爱因斯坦相对论在物理学上的突破，单纯的生物进化论和欧洲中心论逐渐被文化相对性理论（根据文化现象在特定的文化和社会场合中的意义来评价其本身）代替。人类学家通过对散落在世界各角落的土著文化的现场调查与跨文化比较研究，得出这样的结论："以往我们归之于人类本性的东西，绝大多数不过是我们对于生活于其中的文明施加给自己的种种限制的一种反映。"而文化人类学的一个基本任务就是通过跨文化研究，了解哪些特征基于人性，哪些特征缘于特定的时期、地域和人群。第二次世界大战后，文化的相对性理论成了整个文化分析的最基本原则，以至不仅西方学界用这种原则来分析研究战后各民族的文化特征，而且那些战后在世界舞台上扮演越来越重要角色的发展中国家，也开始在日益受西方文化影响与保持本民族文化特性间寻求统一与协调。受文化人类学影响，体质人类学也开始研究现代人类人种的体质差异与变化。在人类学研究中还形成了特有的研究方法，如考古、田野调查、跨文化研究、整体论、文化相对论等。人类学的这种整体发展脉络对形成今天的体育人类学有重要的影响，主要是提供了理论基础和方法论的作用。①

　　体育的对象是人，人类学的对象也是人。人之所以为人，就在于他的身体活动不是像动物那样一种本能的、无意识无目的的、按照生物学规律所决定的同一方式不断重复的活动，而是以创造使用运动条件为基础，掌握运用身体发展的客观规律去支配身体运动的、有意识有目的的活动。体育进入人类学的视野，可以摆脱纯生物学的误导，以期获得合适的位置。体育是一种按照人的目的、意志、理想去占有、改造自身自然的创造性的活动，同时又是一种符合规律性的活动。人类在无数次的体育实践中意识到了体育目的可以通过对客观规律的实际的掌握和运用而得以实现，从符合目的与规律两个方面可以通过创造性的实践而达到统一。体育人类学正是要探索这种人类实践活动的规律性，为体育在社会里寻找准确的定位。体育作为人类社会生活中已经存在的客观文化形态，有着自己的发展轨迹。千百年来，人们对如何进行体育活动已具有较丰富的经验，已积累了大量知识。体育人类学总结这些经验，整体把握这些知识，调节和控制体育的未来发展，把体育作为一种文化现象来研究人类体质的连续变化状态。它把体育置于与其他文化现象的同步状

---

　　① 邱剑荣：《寂寞不是孤独——〈体育人类学〉读后》，载《体育文史》2001年第1期。

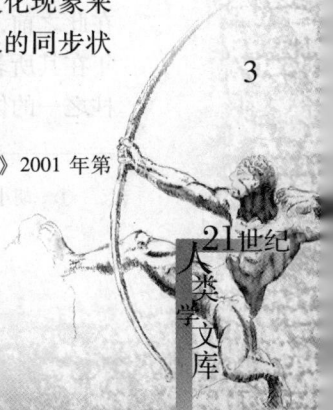

态之中加以考察，有利于在观念上提高体育的社会地位。① 由于体育人类学运用人类学的观点和方法来考察体育现象，是人类学在体育科学中的应用，因而，它与很多学科都有密切的关系，包括人类学、社会学、生物学、文化学、体育科学等。因而，体育人类学实际上是多学科知识的综合性学科。体育人类学把人类学的理论引入体育研究的领域，不仅拓宽了人类学的研究范围，而且还为体育研究注入了新的活力，未来的体育研究必然离不开体育人类学。

第二节　体育人类学的产生与发展

一、体育人类学的产生与发展

体育作为人类社会活动的一部分，早在远古人类文化的黎明时期，便伴随着原始人群的生产生活孕育萌生了。在距今百万年前的石器时代，出于求食与自卫的需要，奔跑、跳跃、攀岩、投掷等成为远古先民们日常生活中最经常的肢体活动，这些生存活动对他们的体能和技巧提出了种种要求，促使他们在渔猎生产之余进行一些对劳动动作的简单模仿、重复，目的在于提高自身的生存技能及传授后代生存、生产的经验，这就是原始先民最初的身体活动，是原始体育活动的雏形。除此之外，原始人类的其他一些社会活动，如娱乐、宗教、原始医疗活动等也是体育活动和后世诸多运动项目的重要源泉。由此可见，体育的萌芽与人类及其文化的产生、发展密不可分。然而，正如诸多领域一样，体育萌芽之初，并没有建立各种理论和学说，将体育置于人类学的视野进行研究乃为晚近之事。

1985 年，美国人类学者勃兰恰德和切斯卡出版了著作《竞技人类学入门》（*The Anthropology of Sport An Introduction*）一书，也有的将其译为《体育人类学》。该书首次正式提出体育人类学体系的建立，是以文化人类学、社会学及历史学的研究成果为基础，并且是运用文化人类学、民族学、民俗学的方法研究原始体育和民族体育的一次大胆尝试。在此之前，有关体育人类学的体系化论及者很少，如德国的威廉于 1926 年在其所著《运动与人种学》一书中，对构成体育人类学体系的重要支柱之一的体育文化的纵向研究稍有涉及，但对体育文化的横向研究还未

---

① 胡小明：《体育人类学的兴起》，载《体育学刊》1999 年第 1 期。

充分展开。作为一门学科体系的正式形成，其纵向和横向的研究都是必不可少的，而勃兰恰德和切斯卡的这一著作正是站在体育人类学的立场上，从纵向和横向两个研究领域构筑了体育人类学的体系，并且将多种学科的研究方法运用其中。因此，该著作的出版标志着体育人类学的正式建立。当然，此书虽创始建之功，但也存在局限性，如只引进和应用了人类学的部分内容和方法，仅涉及到体育领域的一部分，以及只对美国社会内少数民族的体育以应用文化人类学的研究方法进行了有益的尝试性研究，却忽略了体质人类学的其他方面。同样，书中也很少涉及当代火暴的竞技运动，缺乏对所提学科体系构想的详细说明。至于如何运用多学科的方法将各种体育运动置于其他文化现象的同步状态中加以研究，构建一个经纬互联，更为完善的学科体系，则是留给后继研究者不断探索、织补和拓展的课题。

当然，任何一门学科的建立都不是突然之事，必定有一个发展的过程。体育人类学亦是如此。下面，让我们来关注一下这门学科诞生之前的发展状况。

纵向研究的历史：

早在19世纪中叶和下半叶，古典进化论占据着主导地位的时候，从经济学领域到社会文化等诸多学科领域的研究均受到其较大的影响。作为一门新兴学科的文化人类学恰好在19世纪后半期出现了。同样，这门学科自产生之初就受到了进化论的巨大影响。被誉为"文化人类学之父"的英国早期的文化人类学家爱德华·伯内特·泰勒，在他的名著《原始文化》一书中，以进化论为基础，从涉及人类文化的方方面面，例如，从语言、计数、神话、民俗、考古资料以及各种仪式和习俗等方面，证明了现存的文化现象中与其原始形态或意义的继承关系。其中，就涉及到了作为人类文化组成部分的传统游戏和体育萌芽等内容，从而泰勒成为了将传统游戏和体育萌芽作为研究内容的第一人。他认为，旧有的"残存"形态，即习俗和观念，在进入一个新的社会阶段后，或者将其从原来的社会引入其他形态的社会中，它并没有消失，仍具有原来的意义和机能。即作为前一个时代的遗制还顽强地继续存在着。这就是著名的文化"残存"（survival）的观点。泰勒提出的这一著名的文化人类学的观点正是基于对传统游戏和类似游戏性的运动形式研究后得到的。他举了大量有关"残存"形态的例子，如在某些地区现存的作为儿童玩具的弓矢和投石器，在玩耍比赛时，就是以投骰子决定顺序进行比赛。而这类形式可以上溯至上古时期人类狩猎和预测神意的仪式用具的

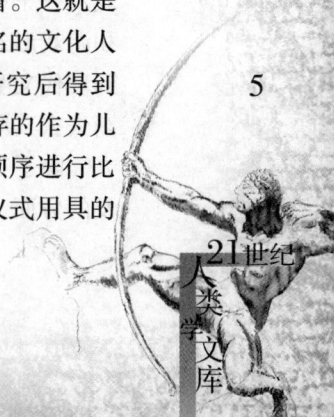

5

21世纪人类学文库

使用。又如：当苏格兰的男孩子在做"轻敲扭打"的游戏时，他们互相揪住对方额前的头发，说："你是我的人吗？"孩子们不知道这种游戏是得到一名奴隶的古老的象征方式，它一直在民间游戏中存留着。泰勒的本意并不是为了构筑一个游戏和体育的起源体系而提出文化"残存"这一概念的，而是站在文化理解的层面，把传统体育看成一种文化表现形式，作为研究对象以探索其来龙去脉。但无论如何，泰勒的研究实际在体育人类学的研究史上作出了贡献。以后的许多人类学者，在研究有关课题时，均受到泰勒这一观点的启发和影响，热衷于对类似游戏性的运动形式进行研究，从而促进了相关体育人类学的研究。例如，美国的秋里，在其编著的《北美印第安人的竞技比赛》（1907年）一书中，就是以《游戏的占卜起源》作为序言。又如，德国的戴姆，在其所著《印度尼西亚和南洋地区的民族体育游戏》一书中，通过对印度尼西亚和大洋洲等地区的研究，对从礼仪活动中所表现出来的某些体育形式进行了举例说明。再如，日本民俗学研究的开拓者柳田国男，在研究古代相传的某些竞技的起源时，也是以神意占卜和农业丰歉的某些活动来进行分析。这些学者认为，在未开化社会，有些一般被认为是游戏性的东西，却被作为一种非游戏的，亦即为经济活动和宗教活动而进行，尤其是某些礼仪形式中所进行的类似游戏性的运动形式。这些学者的研究，无疑受到了泰勒"残存"观点的影响。

当然，同一时期也有学者提出了不同的观点，如德国的格鲁茨的"游戏说"，他认为既然类似游戏性的运动形式源自相关礼仪，那么这些礼仪又是从何而来的？通过研究，他认为这些礼仪活动形式产生自更早就存在于孩子们中的游戏。他举了一个很典型的例子来证明此观点：未开化时期被人们作为礼仪工具使用的一种能发出呜呜声响的板子，原本就是孩子们进行游戏的一种玩具，只不过后来大人们将其利用到宗教上作为一种礼仪的道具罢了。可以看出，格鲁茨的这一观点是在对"残存"观点的追问之下研究得出的，某种程度上是对"残存"说的一种发展和深入。1944年，荷兰文化史学家豪伊津格在其《人类文化与游戏》一书中，又作了进一步探讨。他认为，今天我们所知道的某些竞技和游戏形式，在未开化社会中是作为一种礼仪和劳动形态存在着的，受到现代文明的影响，在进化过程中，那些礼仪活动中的竞技和游戏，逐渐失去其原有的宗教性特点，演化成纯粹的竞技活动形式。

除了"残存"说的提出之外，泰勒对体育人类学的贡献还有值得提及的方面。例如，他对某些体育游戏形式在不同民族间的相互影响和传播诸问题，也作了开拓性的研究工作。他在《人类学——人及文化研究》一书中，例举了跳棋子游戏在古埃及、希腊和罗马人中均有流传。在距今千年前后由一个印度人对其进行研究，并从中创立出一种军事游戏，即最早的象棋，这种棋经过了一些不大的改变，就成为了现代欧洲的象棋游戏。

总而言之，对于体育人类学的研究，泰勒毫无疑问地成为了最早提出纵向研究基本主题——起源和传播的学者，以后的诸多学者不过将其作为一种方法论对各个民族的各种游戏和有关体育形式进行研究，探寻其根源及发展情况。

1959年，罗伯特、阿斯和布西等在《文化中的竞技游戏》一书中，把作为一种特定种类的竞技游戏与其他类型的文化关系进行了调查研究，从而得出了特定的竞技的产生和存在与特定的文化有着一定关联的结论。例如，他们通过对盛行于不同类型传统社会的国际象棋、中国象棋和围棋等的竞技战术的分析，认为这些竞技游戏与当时社会政治上的高度统一有着较深的关系。亦即是说，这类竞技活动一般是出现在政治统一性较高的社会里。这种方法突破了泰勒以"残存"论为主导的研究模式，开创了一种对人类学进行纵向研究的新的方法论。即将游戏和体育运动置于其所产生的社会政治文化背景之中，研究二者的因果关系。

横向研究的历史：

对体育人类学的横向研究是将作为文化要素之一的体育和游戏与整个社会文化体系联系在一起，研究其地位、意义和机能，以及与其他文化要素之间的关系等问题。

这一研究方法的确立，与著名的文化人类学家布劳尼斯娄·马凌诺斯基的两大贡献密不可分。一是功能主义文化论，就是把整体内的各个部分视为有意义的、有功能的、有目的的元素。即人类诸文化的各种习俗、制度、行为、活动，都是服务于整体的、有功能的事项，而不是割裂的、残缺的"遗存"。这一思想形成了人类学研究学派之一的功能主义学派，并一度成为人类学研究的主要范式。二是田野民族志方法，强调用土著语言进行长期的、高密度的"参与观察"。后者可以说是实现解构前者功能的一把钥匙，迄今为止，仍为主导当代人类学走向的方法论。

1931年，著名的英国社会人类学家弗斯正是利用这种研究方法写了《大洋洲的掷标枪比赛》一文。该文按照他长期对所罗门群岛蒂科皮亚岛等地的调查，分析了这个岛上的掷标枪竞技与社会组织、人们的秉性

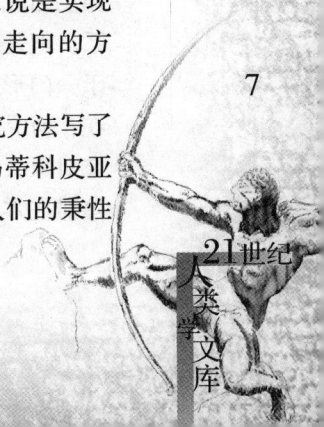

以及与经济、宗教等的关系。1959 年，萨特·史密斯所著的《新西兰儿童的游戏》，1980 年，埃德森女士所著的《泰国田园里儿童的游戏》等著作分别从社会化机能和文化机能的视角研究分析了儿童游戏这类文化现象。

另外，从传统体育游戏活动的角度出发，利用实际的调查研究，以反映某些民族独特观念及其变化的研究成果也陆续出现。例如，海·可可德女士对南美的南比夸拉族的圆木接力赛等的研究，发现这类有宗教性礼仪特征的体育游戏的规则竟然与该族对宇宙万物的双分观一一对应，无不体现着南比夸拉族对于世界双分的观念。从自然万物、人类自身到季节的异同，再到生产活动、社会制度、礼仪内容等，均被分为太阳和月亮两个范畴，即各为一个"半族"。除此之外，如克瑞克贝格在其《中美洲的球类运动与其宗教的象征意义》中，通过中美洲球类游戏文化的分析，进而探讨了其宇宙论的世界观；阿凯姆鲍特经过对在老挝等地盛行的划船竞赛活动的观察，分析了当地人们观念中的水神邦戈呈季节性出现、消失的习俗等。

二、我国体育人类学研究状况

近 20 年来，中国体育理论日趋成熟。1996 年国家教育部将体育学列为一级学科。1999 年国务院学位委员会和国家教委在一级学科体育学（0403）下设体育人文社会学（040301），运动人体科学（040302），体育教育训练学（040303），民族传统体育学（040304）四个二级学科。根据《全国普通高等学校体育教育本科专业课程方案》，体育人类学被作为体育人文社会学下的一门专业选修课程开设。

体育人类学是站在体育领域研究人类发展的一门学科，它揭示和分析人类的体质和文化中与体育相关的因素，它从人类发展的漫长过程中研究体育的一般规律及其在理论上表现的具体形式，揭示体育过程的内在结构，在不同形式的体育过程和与之相似的社会现象中寻找共同规律。因此，有理由将体育人类学纳入到体育人文社会学科的主干课程体系。但是，目前体育人类学还无法担当这一重任。原因是它在我国还属于一门形成中的新兴学科，这就决定了它具有不成熟的性质。主要表现在：研究起步晚，涉及学者少，方法论仍处于移植西方学界的阶段，研究对象大多集中于民族传统体育形式的层面，研究成果屈指可数且大多停滞在零散的、较低水平的层次。

　　鸦片战争之后，西方体育伴随着西方列强的炮火一起涌入了国门，民族传统体育受到冲击。辛亥革命前后，国内体育界有识之士开始反思我国体育的发展道路，传统体育一时引起了关注，关于中国武术及一些传统游戏的著作也开始出现。这其中以武术的研究为主。到了20世纪20年代到30年代期间，从生理、心理、教育等角度论述传统体育的论著逐渐增多。这一时期，国内对局部民族传统体育的关注是在中华民族面临外来侵略、生死存亡的关头被迫出现的。因此，研究之初就以体育与民族存亡和发展为主题起步。尽管研究活动尚处于较低水平的整理之上，但毕竟已涉及了体育人类学研究的范畴。不幸的是，在这之后，由于战乱、社会动荡等历史原因，我国在体育领域的理论研究一直停滞到改革开放之后。

　　到目前为止，我国仅有两部体育人类学的著作出版，一是国内研究体育人类学的学者胡小明教授所著《体育人类学》；二是席焕久教授于2002年主编的《体育人类学》。胡小明教授从事该领域的研究数十载，该书的出版填补了我国体育人类学学科建设的空白。

　　有关体育人类学研究的论文，国内学者们从不同视角进行了探讨。有的从人类学与体育的关系研究入手，如谭华1985年发表于《成都体育学院学报》的《体育与人类学》，胡小明1998年发表于《体育学刊》的《人类学与体育研究》等。有的从民族文化特性与体育竞技性强弱或体育形式、内涵等关系进行研究，如饶远教授的《体育运动与竞争意识——对体育竞技性的文化反思》[1]，《云南彝族体育与原始宗教》[2]，《民族文化对民族体育的影响——云南彝族体育文化的历史探索》[3]。有的则探讨了我国体育的起源和发展，如魏春生的《我国体育游戏的起源和发展》[4]，魏彪的《原始体育起源浅析》[5]；旷文楠的《古代民族与中华武术》则运用史籍、文物等资料研究了巴蜀民族、南方民族和北方民族各自的武术特点及其相互交流、融合的历史。邱丕相、王震的《中国武术在世界体育中的地位透视》一文，则专门论述了中国武术的价值功能及其理论和竞技规则的完善对于中国武术走向世界的可能性和必要性；饶远等学者亦从民族体育的现实功能角度撰写了《民族体育在云南民族

---

① 《云南教育学院学报》1989年第2期。
② 《成都体育学院学报》1989年第3期。
③ 《思想战线》1990年第2期。
④ 《伊犁师范学院学报》1995年第4期。
⑤ 《雁北师范学院学报》2003年第2期。

文化大省建设中的作用》，发表于 2000 年《云南民族学院学报》，并于同年被中国人民大学《体育》复印报刊资料转载。国家体育总局科研所研究员李力研的《人类种族与体育运动》一文，则从人种学的角度研究阐述了包括中国的人种变迁在内的体育运动与人种特征的密切关系。周毅等的《试论岩画中人体运动形象的人文内涵》，① 从古老崖画中人体运动形象剖析了早期人类体育运动起源所包含的原始思维方式、宗教性质等文化因素。

以上中国学者运用了历史学、考古学、社会学、人类学和民族学等学科的知识对体育运动或游戏的起源、功能、发展等进行了探讨，为中国体育人类学学科的建设和成长奠定了初步的基础。但与西方体育人类学的研究广度、深度及成果相比，中国体育人类学尚显稚嫩，仍处于起步阶段。

第三节　体育人类学研究的主要内容与意义

一、体育人类学研究的主要内容

体育作为人类文化的组成部分是已经得到肯定的事实。它伴随着人类及人类社会的发展一直延续至今。从萌芽之初与其他社会文化活动交织在一起的混沌状态到逐渐独立形成一种文化形态，体育经历了漫长的人类文化长河。它为何物？缘何产生？为何存在？何去何从？作为文化的创造者和承载者，这一系列的疑问不由得我们不进行思考。体育人类学也正是为解决以上诸多问题而产生的一门学科。因此，这也就框定了此门学科研究的主要内容。

1. 人类学视野中的体育

体育的研究分属于自然科学和社会科学两大学科体系。自然科学方面，包括运动形态学（运动解剖学、运动人体测量学等），运动生理学（研究运动与肌肉、运动与精神系统、运动与呼吸以及运动与年龄、性别等），运动生物力学（包括人体运动学、人体静力学、人体动力学等），运动生物化学（研究运动与身体化学组成等），运动心理学，运动医学（运动医务监督、医疗体育等），体育卫生学，体育仿生学……这些学科的研究范围，直接或间接地运用运动生物学、生理学、医学、

10

---

① 《体育与科学》2002 年第 1 期。

化学、物理学、遗传学、解剖学的理论和方法。社会科学方面，主要涉及哲学、社会学、美学、教育学、伦理学、经济学、管理学、历史学等，形成了体育哲学、体育社会学、体育文化学、体育美学、体育经济学、体育管理学、体育史，以及学校体育学、群众体育等分支学科。以上分属于自然科学和社会科学的各个学科分别运用自然及人文科学的理论和方法，将体育条块分割后进行研究。没有一门学科能够站在更高的位置，以综合的视角对其展开探索。因此，过去对于体育的认识，其广度和深度均存在一定的局限性。

当体育进入了人类学视野之后，人类学家将古往今来的不同民族，不同地区的文化现象尽收眼底，并运用历史学、社会学、进化论学、人种学、物理测量学、遗传学、生态学等涉及自然、人文科学的多学科知识和方法对体育进行全方位审视，无疑给这一领域的研究注入了新的活力，带来了一股清新的空气，从而加强了研究的整体性和纵深感。

2. 体育的起源与功能

传统的体育教科书将体育的起源与人类的劳动紧密相连，形成了长期占据体育理论学界的"劳动起源说"。当人类学将与人有关的大量文化现象纳入该学科构建系统性研究体系之后，体育或体育游戏便不再是一个孤立的研究对象，人类劳动也不再是体育起源的唯一母体。探究人类文化所包含的各个组成部分及关系，可以得知，体育的起源与众多的其他文化，如原始宗教、原始娱乐活动、原始养生医疗等互有关联。

以原始养生医疗之需为例，体育的起源与功能之一是人类身心健康的发展所需。早在我国春秋战国时期，身体运动对身心健康的作用，人们已经有了较深刻的认识。《吕氏春秋·尽数》中指出："流水不腐，户枢不蝼，动也。形气亦然，形不动则精不流，精不流则气郁。郁处头，则为肿为风……处足，则为痿为蹶。"明确地说明了身体运动与气血运行、身体健康的关系。《荀子·天论》中记载："养备而动时，则天不能病……养略而动罕，则天不能使之全。"也说明了适当的养护和运动对于预防疾病的重要作用。《庄子·刻意》中记载了当时社会上有"导引之士，养形之人"，所谓"导引"之法就是"吹响呼吸，吐故纳新，熊颈鸟伸"，目的是"以养形魂"，乃为"延年之道，驻形之术"。可见，当时的人们已创造总结出一套"养形"、"延年"的运动之术。以上史料至少可以证明早在春秋战国时期，甚至更早些时代，身体运动专为身心健康而产生和存在的事实，而与纯粹的劳动、宗教信仰等并无多少关联。

11

再如，为了娱乐而运动也是体现体育起源和功能多元化的一个领域。人是情感动物，有喜怒哀乐等情感。在早期的社会生活中，人们除了从事生产劳动、原始宗教信仰活动之外，也需要通过身体运动的方式，例如舞蹈，作为抒发情感和交际的途径。关于此点的论述，我们不妨通过与人类最为接近的灵长类动物——黑猩猩的某些行为来想象、推论早期人类运动的起源与功能。20世纪60年代，美国的年轻学者珍妮特，在非洲东部贡布地区建立了黑猩猩研究基地，目的是为人类学的研究提供文明时代以前有关人类文化的资料和依据。她在长达30余年之久的观察研究中，获得了令世界震惊的大量宝贵资料。通过她的亲身观察，除了发现黑猩猩以身体语言在日常获取食物的活动中一代代传授攀岩、采摘、捕食等行为之外，还发现黑猩猩会使用和制造简单工具以满足生存之需。更令人惊奇的是，在一次暴雨降临的过程中，珍妮特意外地拍摄到了一只雄性黑猩猩在大雨滂沱的森林中手持一根长长的树枝，表演了一段极具情绪宣泄的"雨舞"场景。这段弥足珍贵的资料虽然不能直接证明早期人类的行为亦是如此，但从选取的研究对象与人类乃为最近亲属的关系而言，人类将身体运动作为宣泄情感的方式应该是早已存在的。

以功能主义学派的观点来看，人类诸文化的各种习俗、制度、行为、活动，都是服务于整体的、有功能的事项，而不是割裂的、残缺的"遗存"。体育对于人类整体文化及各个组成部分的文化，必然存在其产生的原因或作用。体育人类学的任务之一就是要用人类学的理论和方法对这一问题进行广泛、深入的研究。

3. 民族体育的研究

民族体育是体育人类学的重要研究对象。民族传统体育是剖析体育起源和发展各阶段诸形态的活化石，是挖掘和创造新的体育项目和形式的源泉，是一笔特殊的无形文化遗产。因此，对民族体育展开全方位的研究是体育人类学研究的重要内容之一。

从历史的角度来看，今天大量的体育和竞技几乎都是从各民族的传统体育项目发展而来。故此，世界的体育史从某种程度上理解，就是一部部各国民族体育的历史。譬如，当今风靡世界的健身体育项目——瑜珈，就是源于5000多年前古印度人的一种与宗教相关的特殊健身活动。起初古印度人练习瑜珈的目的是忘却贫穷的生活，逃避现实，进入无忧无虑的境界。如今，瑜珈走向了世界，其最初的宗教意义逐渐淡化，人们将其作为一种纯粹的健身体育活动传播开来。又如，今天诸多的世界性竞技项目，拳击、赛跑、掷铁饼、射箭等，早在公元前12世纪至公元前9世纪时的古希腊荷马时代就已经盛行。由此可知，古希腊人的体育不仅是欧洲体育的源头，对后世竞技运动的发展也具有深远而广阔的影响。

从现存的少数民族传统体育来看，则为诠释人类体育的起源和发展提供了鲜活的范例。以云南的怒族、独龙族"过溜索"为例：怒族、独龙族世代居住于汹涌的怒江、独龙江畔，其间有高耸入云的碧罗雪山、高黎贡山、担当力卡山及其他大大小小的山脉、江河将独龙族、怒族的内部交往及其与外界的联系隔断。由于交通极为不便，迫于生存的当地民族创造和练就了溜索的交通方式和技能。如今，"过溜索"已经衍化成为一项参与民族众多的传统体育项目。通过对该项民族传统体育的研究，可以形象地折射出人类体育的产生与生存方式之间的关系。从民族传统体育研究人类体育的起源，除了上述生存劳动方面之外，还有从古代军事活动的演变，民族风俗习惯的变迁，满足文体娱乐的需要，以及纪念祖先民族英雄等多文化层面进行的研究。得以从诸多角度剖析、透视人类体育的多重源头，要归功于少数民族传统体育相对原生态的存在特性。同时，这也是民族传统体育成为体育人类学研究对象的重要原因之一。正如法国人类学家列维·斯特劳斯在他的著作《野性的思维》一书中指出的：人类学、历史学的主要差别在于它们选择了可以相互补充的透视法。体育人类学在研究处于原始混沌状态的民族体育，正是运用这种独特的视角以证明和获取人类体育产生和发展的普遍规律。

4. 现代社会中体育与人的关系

生活在现代社会的人类，由于生产、生活方式的飞速变化，社会对体力、体能的要求远远低于过去的时代。于是，我们发现在人类社会发展进程中，并不是所有的变化都意味着进步，当中也伴随着种种缺陷。例如，社会的发展与人类体质的发展二者之间的严重失衡就是其一。体育人类学承担的重任之一，就是关注这样的重大问题，促进人类的体质健康与社会文化的共同发展。

人类的身体在自然环境中历经千百万年漫长过程的进化与发展，绝大部分时间里是通过作为一种生物与其他生物平等地参与优胜劣汰的竞争来实现的。即使发展到以体力为主要能源的农业经济时代，人类与周围自然环境的关系也没有太大变化，在这样一个占据了人类社会相当时期的过程中，身体活动几乎是实现人类生存与发展的全部条件。然而，当人类进入以疯狂消耗自然资源为特征的工业经济时代，生产方式发生

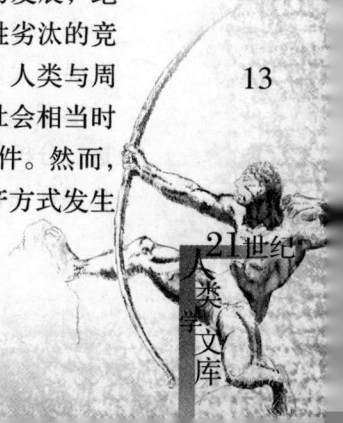

了巨变，人类与自然之间的隔阂迅速拉大。尤其是近几十年来，超工业社会、信息化社会的到来，使人类在挣脱了传统农业枷锁之后，继而又在挣脱体力劳动的枷锁，人类的体力劳动降至了最低强度和最小范围。这一切使得人类自诞生以来运用体力谋生的固有方式被彻底否定，人的体力在生产领域变得更缺乏意义。甚至人们在成千上万年前便已建构的对自己身体的审美取向也随之发生了转变，纤细、苗条的身材取向替代了雄健魁梧的体魄。体育人类学的任务就是要通过研究，揭示现代社会人类生存空间的异化给人类带来的体质、观念等方面的影响，重新审视现代社会里体育的定位，以及确立体育在未来社会的发展方向，实现体育人类学研究对人类的终极关怀——将体育与人的健康结合起来，努力保持人类作为一个生物物种的生存活力这一目标提供理论依据。

5. 竞技体育中的人文精神

现代奥运会的格言是"更高、更快、更强"。奥运会是人类竞技体育最高水平的代表。因此，长期以来竞技体育追求的是不断超越人体极限，创造更好的成绩。体育人类学的研究指出：两足行走是体育诞生的生物学基础。把这种不同于其他动物的身体运动形态发挥到极端的竞技，是人类的创造，是一种特殊的文化。与此同时，人类学注意到竞技体育运动的文化内涵在狂热地追求超越人体运动极限的指引下，忽略了对该文化的创造者——人的关怀，单纯地追求体格的"健康"，而背弃了体育与精神之结合。特别是随着当今世界体育职业化、商业化趋向日益明显，竞技体育中的商品意识日益浓厚，追逐高额的利润和奖金使得竞技运动理应坚持的公平竞争原则和本应追求的人类和平发展愿望等高尚的人文精神遭受无情的践踏。在体育竞技中，弄虚作假、行贿受贿、使用暴力，甚至服用兴奋剂等体育丑闻更是屡屡发生，使运动员中有技术无理想、有金牌而缺道德的体育异化现象日趋严重，形成人体与精神背离发展的畸形状态。因此，体育人类学对竞技体育中人文精神的关注和研究责无旁贷。由此，体育人类学的研究者从人种差异与竞技运动的关系，以及吸纳世界各民族体育文化以丰富世界体育文化（或奥林匹克文化）的精神内涵等方面的研究入手，期望为竞技运动发展中出现的种种令人忧虑的问题开出"良方"。例如，国内外很多人类学学者通过对世界三大人种，即欧罗巴人种、蒙古人种、尼格罗人种的地理分布、人种形态、各自与不同气候的适应能力等因素和各类竞技运动能力的关系进行分析研究，得出人种差异带来的不同竞技项目的成绩差距是异质文化多样性在竞技体育中的反映，我们应当充分认识到这种客观规律，扬长补短，在适合自己民族体质和文化特点的竞技项目上充分发挥，大可不必违背规律付出惨痛代价在另一些项目上去硬争天下第一。研究还指出竞技运动中的人种差异是客观存在的，但强调种族平等，竞技场上的成绩高低，不应该用来概括种族的优劣。另外，研究认为长期以西方竞技运动为主流的奥林匹克运动会，应该吸收强调精神与身体统一发展的东方体育文化，用东方讲求体育对人类身心兼修的观念纠正西方现代体育中出现的不良倾向，实现体育文化的双向交流，丰富竞技体育中的人文精神，完善世界竞技体育的思想体系。

二、体育人类学研究对体育学科发展的意义

体育作为人类社会生活中已经存在的客观文化形态，有着自己的发展轨迹。千百年来，人们对如何进行体育活动已积累了大量丰富的经验和知识。但是，体育学界所拥有的知识总量从结构上分析，技术所占比重太大，学术理论所占比重太小。换言之，体育学科发展的基础理论与上层技术之间呈现出的是严重失衡状态。这也是体育学长期难以深入发展和向外拓展的根本原因。

体育人类学是一门综合性学科。它运用社会科学与自然科学的知识，站在体育领域来研究人类的发展，涉及体育与人类的各个方面，是一门从最根本的意义上研究体育的学问。因此，体育人类学研究的出现和发展，意味着体育科学结构合理化趋向的到来，标志着体育的未来将朝着更广阔的天地发展，并与其他学科更紧密地联系在一起，共同融入到为人类服务的整体性框架中来。

多年以来，体育理论学界常常把理论研究视为对现行方针政策的诠释，使得研究者们过多注重某些具体问题的局部研究，忽视了能经受时间考验的基础理论研究。导致的结果便是体育理论根基薄弱，无法为该学科领域的拓展提供足够的土壤和养分，长期停留在技术研究这一枝干之上。自体育人类学诞生之后，人们开始从人类起源、生存、发展的宏观意义上去认识体育，去探索这种人类实践活动的规律性。从而，更准确地把握住体育的本质，使得体育科学的根系深入到与之相关的人类与社会研究领域，为体育在人类社会里寻找准确的定位奠定了充分、深厚的基础。这样，体育学科体系长期严重失衡的状况将随之愈趋合理化。

体育人类学的崛起，将体育整体置于人类学的视野，是体育的进步，是体育事业发展的需要。它的出现不仅弥补了体育理论先天不足的

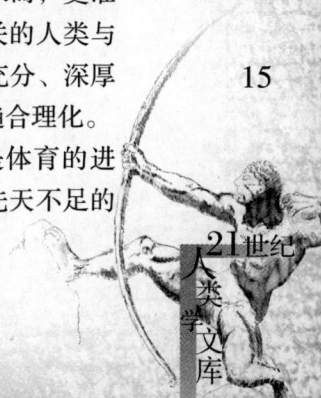

15

缺陷，巩固了体育学科的基础，同时又提高了体育的文化层次，体育与
人类各种文化的联系性研究成为了体育学科实现向外拓展的契机。

第2章
人类活动与体育的形成发展

第一节 体育的萌芽

一、人类产生过程中的身体活动

达尔文和赫胥黎等虽然解决了人类起源的问题，却没有回答由于什么动力，才使古猿转变为人。这一伟大功绩是属于伟大的无产阶级思想家马克思和恩格斯的。马克思在《1844年经济学哲学手稿》中写道："这全部所谓世界历史不外是人类经过人的劳动创造了人类。"恩格斯在1896年发表的《劳动在从猿到人转变过程中的作用》一文中，运用辩证唯物主义和历史唯物主义的观点进一步阐明了"劳动创造人"的伟大论断。这就使人类起源的发展问题得到了彻底的解决。

人是动物，人在生活中就需要不停地运动，这种运动是有目的性的，目的性的根源在于人的需要。人既然是动物，那么也就和其他动物一样，把"求生存"当成是首要急务。人与其他动物不同之处在于，人不但要求生存下去，更要求活得健康，活得舒适，而且还要能代代相传，绵延不绝地维持他所属的群体和这个群体所孕育的文化。因此，就这方面来说，必然有维持群体和个人活下去的最基本、最起码的条件存在。这些最基本的条件就是"人的本性"，或称之为"基本需要"，这些基本需要如表2-1。

这些需要构成了人类活动最原始的推动力，无论人类生活在何种环境之中，这些需要都必须得到满足。无论在什么地方，无论是行走坐卧，都需要它。

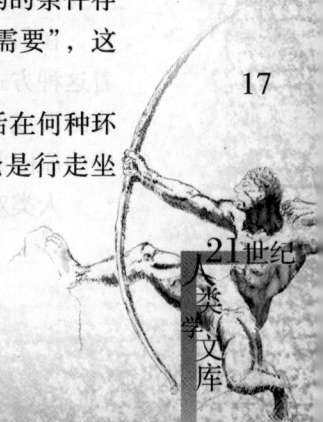

17

表2－1　人的需要与行为

刺　激	行　为	满　足
需要空气	呼吸	排除体内的二氧化碳
饥饿	获取及消化食物	体内物质得以平衡
渴	摄取水分	解渴
性欲	性交	平息欲火
疲劳	休息	恢复肌肉和神经的能量水平
缺乏休息	活动	产生疲劳
困倦	睡眠	醒来时精力充沛
内急	排尿	紧张状态消失
便意	大便	腹部轻松
惊骇	躲避危险	松懈
痛	避开刺激动作	回复原状

　　例如呼吸的需要，我们可以这样说，呼吸是人体肺部需要氧气以维持人体内生理生化反应和人体活动时需要有的保护措施，对空气的需要，促使人类有关呼吸的肌肉运动，同时也正是呼吸肌肉的运动使得空气得以顺利地进入人体。呼吸是人们不容易察觉的运动形式，但长期以来人类有意识或无意识中认识到了这种运动的重要性，于是一些目的在于提高人类呼吸能力的运动训练方式产生了，例如说话就是一种很好的呼吸训练方式，其他的类似方式还很多，如当人们从事祈祷、诵念咒语，或高歌一曲时，所用的方式就是一种呼吸锻炼的方式，这种训练方式很普遍，甚至于很少有人认识到这是一种身体的锻炼方式，但从运动本身的原理及目的来看，它就是一种呼吸运动的训练方式。直到目前为止，在很多人群中还存在着带艺术形式的呼吸锻炼法，很多人也就是靠着这种方式在进行着呼吸锻炼。运动形式的艺术化，或者称之为运动文化的形成，使人们逐渐忘记了它本来的实用功能，以至于有人把身体健康的原因归于唱歌等艺术形式。

　　人类对食物的需求是在寻找一种体内的物质平衡，而对这种平衡的追求导致了最大量的、最频繁的、最显而易见的人类身体活动。体内平衡指的是身体维持血流的正常状态的一种无意识的努力。其内容有：①血液的水含量；②盐含量；③糖含量；④蛋白质含量；⑤脂肪含量；⑥钙含量；⑦氧含量；⑧恒定的氢离子标准（酸碱平衡）；⑨血液的常温。很明显，其内容还可以包括其他无机物，以及其他荷尔蒙、维生素等。我们能看到要维持这些物质的平衡，唯一的可能是向自然索取，因为这些物质都是自然界存在的物质，只要采取适当的方式从自然界中获取即可，这种获取就是通常所说的生产劳动。人们在谈论身体活动的起源时常常认识到这是生产劳动所导致的，可是从生产劳动本身来看，它应该是人类为获得自身身体平衡所采取的一种方式，其运动的根源还是在基本需要的推动。

从猿演变为人是一个大的质变过程，不是一朝一夕的事，人类各种重要特征的形成是一个漫长过程，从猿到人必然有一个过渡时期。这个过渡时期开始的标志是两足直立行走，完成的标志是开始制造工具和社会形成。而意识和语言萌发于制造工具之前。过渡时期的生物或前人已能两足直立行走，经常使用天然的木棒和石块来获取食物和保护自己，过着原始群的生活。

两足直立行走的重要含义不仅在于这种行动的方式，而更在于这是人类其他重要特征产生的必要前提。如果不能两足直立行走，使双手从支撑作用中解放出来，便不可能经常使用天然工具进而制造工具，从事社会性的生产实践活动；如果不能两足直立行走，大脑便不可能发展，发声器官也不能形成，意识和语言也便不可能产生。

在制造工具之前，必然有一个经常使用天然工具的过程。如果不懂得经常使用天然工具，很难设想会有制造工具的需要，这和直立行走出现在制造工具之前的现有事实是一致的。制造工具不能离开意识的作用，制造工具是一种有意识、有目的的活动，其目的是为了能更好地从事生产劳动。因而可以设想，意识及其外壳的语言萌发于制造工具之前。

两足直立行走、制造工具和出现语言、思维与社会一直被认为是人类与动物的本质区别。两足直立行走在人类起源中具有重要意义，因为真正能两足直立行走的动物只有人类，而语言、思维和社会的出现，甚至使用一些简单的工具在其他一些动物中也存在。

在目前已发现的人科化石中，从南方古猿、能人到直立人，这些化石在体制上都有一个显著的特点是像猿的头骨结合着像现代人的四肢。

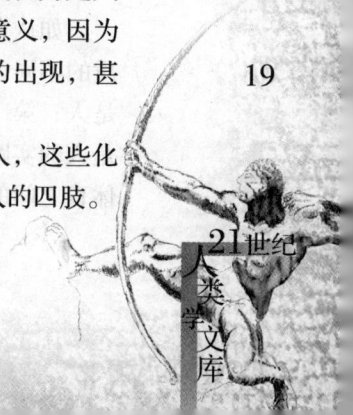

19

在人类进化过程中，人类的祖先古猿由于愈来愈多地使用前肢作为抓握器官而逐渐获得了直立姿势，两腿单独支撑体重，作为行动的器官。同时，四肢的分化，直立姿势的形成，为脑的发展创造了有利条件，脑壳后面的肌肉负担减少了，直立之后眼界扩大了，手的接触范围也增大了，因而为脑扩大了信息的来源，促进了脑的发展。而脑的发展又反作用于手，使手的活动更加灵巧，愈接近现代的人类，脑对手的反馈作用也愈大。于是，由于手使用和制造工具，人类祖先进行生产实践的活动，最先向人的方向发展，进化的速度最快；又由于手的使用而使手足发生了分化，下肢发展速度稍慢；脑及头骨又是随四肢的分化而发展起来的。因此，早期人类虽已能直立行走，但其头部的许多结构还保留着很多原始的性质，现代人发达的大脑是随着手足分化的进一步发展而最后增大的，这种结果证实了手足分化远早于大脑的发展，是直立行走和生产活动促进了大脑的发达。

二、体育的起源

体育的起源是以人类的起源为前提的，人类的身体活动，与其他动物相比有许多共同之处，但更多的是不同。动物为获取食物及营养等生活必须物质，不断地在活动，为了找到一个舒适的生活环境而迁移，为寻求配偶而四处游走，这些都是动物共同的活动目的，人的身体活动，从最初开始也不外乎这些内容，但人的身体活动与其他动物有一个最大的区别，就是这些活动的有意识性，即这些活动是有意识、按计划、有目的的活动。人类在漫长的发展过程中逐渐与其他动物产生了差异，这种差异首先体现在人类意识的产生。

原始人是由古猿发展而来的，在由猿变成人的过程中劳动起了重要的作用，学会有目的的生产劳动是人区别于动物的根本界限。劳动在人类的起源中占有重要的地位，而且在人类文化的产生中也占有决定性的作用，可以说生产劳动是有目的的身体活动——体育活动产生的直接诱因，但生产劳动与体育活动的产生又有何联系呢？

如认真分析，生产劳动与体育有着很多相似之处，但却有着一些本质的不同。生产劳动与体育运动的相似之处在于：第一，它们的主体都是人；第二，它们都是人的有意识、有目的的社会行为；第三，它们都是人的实践活动；第四，它们都会使人的身心发生变化。而生产劳动与体育之间的不同处也是显而易见的。比如，前者的客体是大自然，是人们自身以外的物质世界；而后者则主要是改善人的身心，开发人的身心潜能；前者是维系人类生存的社会基本实践活动，后者则是优化和强化人类自身的特殊实践活动。

需要指出的是，生产劳动在一定意义上也有体育运动的某些效果。马克思曾经写道："为了在对自身生活有用的形式上占有自然物质，人就使他身上的自然力——臂和腿、头和手运动起来。当他通过这种运动作用于他身外的自然界并改变自然时，也就同时改变他自身的自然。"马克思还说过："由于劳动要求实际动手和自由活动，就如在农业中那样，这个过程同时就是身体锻炼。"正因为如此，历史上一直有人主张"以劳动代替体育"。但是，如果我们对劳动和体育的本质进行一番考察就不难发现，劳动不能代替体育。如果说，某些劳动特别是以自然经济为特征的农业和小手工业劳动对劳动者身体各个部位，在客观上确有一定的锻炼作用，那么，在近现代社会，随着生产的专门化、机械化、自动化、智能化，体力劳动在整个劳动过程中的比重愈来愈小。不仅如此，在近代社会化的机器大生产中，随着分工日益精细，劳动者实际上成为机器的附庸，也正如马克思所说，由于劳动被分成几部分，人们自己也随着被分成几部分。为了某种单一的活动，其他一切的和精神的能力都成了牺牲品。人的这种畸形发展和分工齐头并进。近代工业劳动方式的兴起，使劳动过程中"身体锻炼"的条件消失殆尽（这正是近代体育产生的重要历史背景和因素之一）。可见"身体锻炼"或改变"自身的自然"并不是劳动的本质特征，它充其量只是劳动的副产品而已，而有目的、有计划地改变人的身心状态，使之适应自然和社会，又绝非劳动所能，却是一切形式的体育运动的本质所在。

三、种族与民族的体育运动特征

1. 种族

人类的种族，又称人种。但严格说来，它所指的应是现生人类这个统一特种即晚期智人当中的各个亚种。一般的定义规定，种族是在体质形态上具有某些共同遗传特征的人群。但现代的专业人类学和民族学家则倾向于将其理解为"经常地在内部进行婚配和繁育的种群"。种族这个概念所要表示的主要是存在于外表体质特征上的人类变异。

体质特征上的人类差异现象的存在由来已久，古代的人们对此也早有所认识，现代对人类体质特征的差异进行了归类，将人分为各种种

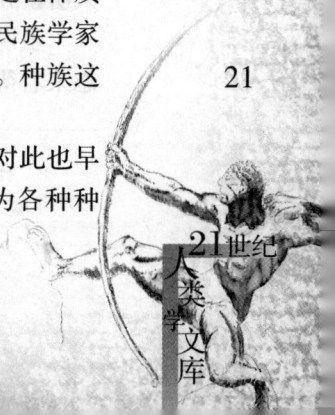

21

族，当然这些分类的标准各不相同，结果也各异，所以各种种族都有其各自的划分意义。目前较流行的是将人类分为三大类：①

蒙古人种，亦称亚美人种或黄色人种。主要体质特征为：皮肤浅黄色，头发色黑形直，胡须和体毛较少，颜面扁平，鼻梁不高，唇厚适中，身材自北向南呈现从中高至较矮和从粗壮到纤细的过渡趋势。此人种分亚洲和美洲两大支系。

赤道人种，亦称尼格罗—澳大利亚人种，俗称黑色人种。特征为：皮肤深色，头发色黑形卷，次生体毛一般不多，但大洋洲部分却相当发达；脸形较窄，鼻型低宽，唇厚颌凸，身材高矮不等。赤道人种分尼格罗和澳大利亚两个支系以及各种过渡类型和中间类型，主要分布在北回归线以南，包括热带非洲、大洋洲、南亚和东南亚的许多民族。

欧罗巴人种，亦称欧亚人种或高加索人种，俗称白色人种。主要体质特征：肤色一般浅淡，部分呈褐色，毛发颜色不一，发型波状，次生体毛发达，鼻高唇薄。此人种分南北两个支系，南支包括印度、地中海和巴尔干高加索分支类型；北支包括大西洋、波罗的海和白海波罗的海分支类型以及各种过渡类型和中间类型。欧罗巴人种过去主要分布在欧洲、北非、西亚和南亚，包括印欧和闪含两大语系内的各个民族。

需要说明的是，虽然出于认识世界的需要而在人类分出了不同的人种、支系、分支乃至人种类型，但这种划分是在承认了人类属于统一的现代智人种这一前提下进行的。从科学上讲，没有任何生理上的障碍能把人类不同种族之间隔离开来。现代科学研究已发现，人类的所有变异中，只有6.7%的变异能够在地理种族的水平上得到解释，换而言之，在种族的水平上偏离标准类型即发生遗传变异的比率高达94%左右。传统的种族要领只能解释人类遗传变异内容的15%，剩下的85%的内容都要靠村落与村落、家庭与家庭，甚至个体之间的区别来加以说明。用一句话来总结就是，人类体质的差异在生理学上并没有过多的意义。通常人们所听到的种族主义也并不含有任何的生理学内容，主要表达的是一种政治上的含义，而这种政治意义上的概念如今已被世界上绝大部分人所摒弃。

虽说现在许多人在思想上已摒弃种族的优越感，能以一种平等的心态来看待种族之间的差异，认为这只不过是人类不同的外表形象罢了，

① 林耀华主编：《民族学通论》（修订本），第43~49页，中央民族大学出版社1997年版。

但有时候这种外观上的差异在一定程度上也似乎在代表着某种人内在的体质上的差异，特别是在身体的运动机能上。在竞技体育赛场上常有一些与种族有关的现象让人难以理解，亚洲的体育选手常常在一些技巧性较强的项目，如乒乓球、羽毛球中占据垄断地位，而黑人选手则在径赛项目中大放异彩，但在游泳项目中却鲜见其身影，这些项目能引起我们直接的思考，是否人种之间有着某种身体素质上的特点与差别？

　　在形态上，与运动能力相关的人种差别体现在身高、体重等方面。无论是欧洲还是包括中国在内的东亚大陆，都存在由南到北，随纬度上升而身高的群体均值梯次上升的趋势。例如，欧洲人的身高趋势表现为：北欧＞东西欧＞南欧＞阿拉伯地区。对南美印第安人、非洲人的体格发育研究结论恰恰相反，越是由赤道向南，身高的群体均值越高。斯汀森（1990 年）所作的相关分析表明，气温、湿度和降雨量与体格大小（身高、体重）呈负相关，日照、年间最大气温变化与体格大小呈正相关。换句话说越是生活在温暖潮湿地区的人群，体格发育水平越低；越是生活在寒冷、年温差大和日照充足地区的人群、体格发育平均水平越高。①

　　在素质上，有研究发现生活于高原地区的人，肌肉对氧气的利用率相当高。

　　在世界体坛上，黑种人的运动能力留给人们深刻的印象，这其中有其种族在长期发展过程的环境影响。黑人在体育运动方面所表现出格外突出的天赋，令人惊叹不已，几乎为其他种族所望尘莫及。从田径运动到球类运动，从速度到耐力，在近现代涌现出了一代代一批批璀璨的明星人物。黑人运动员的运动天赋与其生理特征密切相关。通过对赛跑运动员的肌肉活检显示，黑人运动员的肌纤维进行无氧呼吸的百分比较高，因而他们在短距离赛跑中不需要更多的氧。黑人与白人脚底屈肌强度差别很大，黑人脚底的屈肌强度约 150～200 公斤，而白人只有 50 公斤左右。若以同样的腿部蹬力作用于地面，黑人的弹力将比白人高 3.4倍。因此，黑人在田径场上，尤其是在短跑中所向披靡，可谓是"战无不胜，攻无不克"，几乎全部最优秀的短跑运动员都是黑人。

　　美国的菲克斯认为，西非的黑人短跑运动员似乎都具有某些天生的解剖优点，其肌肉适应干旱热带气候的生活，跟腱较长，皮肤内几乎没有皮下脂肪绝缘组织，而功率重量的比例也比较合理。数千年来，他们

23

① 席焕久：《体育人类学》，第 252 页，北京体育大学出版社 2001 年版。

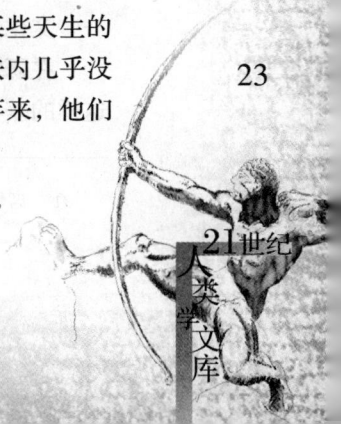

生活在高原地带，空气稀薄，对机体吸氧能力的锻炼极为有利，因此黑人运动员在耐力项目中也同样出类拔萃。

肯尼亚中、长跑运动员的突出表现与环境和基因都有关系，地处东非的肯尼亚大部分地区海拔高度在 1500 米以上，儿童从上小学就得天天长跑，等于在进行高原训练。长期对环境的适应性变化和体育传统，使肯尼亚成为中、长跑运动的王国和世界冠军的摇篮。①

当然在运动能力与人种之间的关系上科学研究仍然表明这不是一种必然的联系，从实践来看我们仍然发现人种之间在运动能力上差异在逐渐缩小，人类整体的运动能力是趋同的，所以这种区别只应该是一种暂时的现象，只不过是一种有阶段性研究价值的规律。

2. 民族

民族学界对民族的定义沿用了斯大林的表述："民族是人们在历史上形成的一个有共同语言、共同地域、共同经济生活以及表现在共同文化上的共同心理素质的稳定的共同体。" 现在世界上有数千个民族，世界上的民族种类由于各地分类标准、政策等原因，并含有统一的划分意义。但人们能利用民族中存在的文化现象对民族进行一种科学的分类，这种分类并不涉及现有的民族称谓。在民族的诸特征中，语言是最稳定、变化最慢的一个，地域的改变，民族成员的分散，经济生活的变革，甚至文化的变迁，一般都不会立即引起语言的迅速改变。从语言学角度，全世界的民族可分为十多类，即印欧语系、汉藏语系、尼日尔—科尔多凡语系、南岛语系、闪含语系、达罗毗荼语系、阿尔泰语系、南亚语系等。

民族与体育的关系存在于文化的范围之中，文化的模式对体育的形式会有较大的影响。如在不同的经济文化类型中，就会形成不同的体育文化类型，同时一些民族特有的文化现象也会对民族传统体育产生影响。这样的影响虽说主要存在于文化领域，但有时也会反映到生理现象中，如中华民族长期受儒家思想的影响，尊礼的文化影响了中国体育竞技的发展，从而在生理上影响到中国人的一些特征。但随着文化的交流与发展，竞技体育的思想也逐渐成为中国人的文化内容，因而中国人的一些文化影响的生理表现也就相应消失了。

在研究中必须注意民族与种族的区别，从认识上民族与种族可以有这样的差异，即民族是一个文化概念，而种族是一个生理概念。

---

① 席焕久：《体育人类学》，第 206~263 页，北京体育大学出版社 2001 年版。

第二节　人类的进化与体育的形成发展

　　随着人类的发展、社会的进步，原始人群有目的的身体活动开始进入一个新的时期，而且趋于形成一种固定的模式，为了达到有目的的身体活动效率提高以及其他物质与文化的目的，也就出现了专门以提高身体活动水平为目的的一种新的身体活动形式，这就是今天称之为体育的运动形式。由于各种活动目的性的增强，使得在这一时期称为体育的身体活动形式开始逐渐有了一定的体系，并按照一定的规律开始自我发展。今天在研究早期人类体育活动的类型时，人们通常的做法是按民族种类进行划分，即哪些民族有哪些体育活动项目，这些项目现在仍冠以民族传统体育的名称在使用。世界上所有的民族都有许多自身民族发展过程中所产生的传统体育项目，这些项目的存在，极大地丰富了人类体育活动的内容，同时也为现代人类研究人类有目的性的身体活动发展规律提供了大量的素材。

　　体育是一种社会现象，是人类有目的有意识的社会活动。这种社会现象是随人类社会的产生和发展而出现和演进的。在人类社会漫长的历史中，体育运动也如同一切事物一样，经历了一个由萌生到发展到不断完善的过程，它宛如人类历史长河的一条小支流，沿着自己的路蜿蜒前进，而又与整个社会洪流保持着血肉相通的联系。因此，我们今天研究体育的起源和发展，必须把它置于整个人类社会进化发展的过程之中。

　　毋庸置疑的是，今天我们对各地区各民族传统体育的研究具有较强的理论意义，同样也具有极强的实践意义。人类在漫长的自身发展过程中，在与自然相适应，获得自身更为巨大前进速度的进程中，毕竟已经形成了一个关于自我身体发展、自我能力提高的方法体系，现在乃至将来，这种体系将继续存在，并且继续发生着作用，只不过在不同时期，会不断地有新的体育活动内容增加进来，同时也有一些不能适应发展需要的内容被淘汰，当然也包括在这一体系内体育活动内容的不断更新。对各民族传统体育的研究就是以人类在不同时期实践活动中所产生的体育内容与形式为研究对象，构建相应的传统体育发展体系，并为现实社会及人类的发展描绘出一幅新的蓝图。

25

一、早期人类活动的分类

关于体育的起源，在以往的体育史和体育理论教材中，一般主张"劳动产生体育说"，而对其他起源说则很少涉及。近年来，随着体育科学研究的深入以及各门学科的互相渗透和借鉴，体育学术界的视野及思路更加开阔。认识也提高到了一个新的水平，陆续有人对"劳动产生体育说"提出了一些补充性的论述。如有人认为"体育的产生不是一源，而是多源"，认为生产劳动是产生体育的"主要源泉"，但不是"唯一源泉"；有人认为"体育产生于人类社会生活的两种需要，一种是社会生产活动的需要，另一种是人类生理、心理活动的需要。"探索体育产生的动因，应当从研究人的需要入手。原始人的身体活动大致可以分为三种：一种是与生产直接有关的活动，如捕鱼、狩猎、农耕等；另一种是原始武力活动所必需的技能，如攻防、格斗等，为此都必须掌握一定的生活技能，如走、跑、跳、攀、爬等；再一种是既不与生产、攻防直接相关，又非生活必需的技能，而仅仅是为了满足人的某种需要，如游戏、竞技、舞蹈、娱乐等。当然，有时这三种活动的界限也难以截然分开。从社会学的角度来看，体育这种社会活动的主体和客体都是人，要研究体育的起源，就要研究人。在对人的研究上，要特别防止两种极端的看法：一种是只注重对外界因素、外界环境的研究，把人仅仅看作是一种消极因素；另一种看法则过分强调人本身的"心灵状态、念头和感情"，而忽视周围环境对人的社会行为的制约。这两种看法无疑都是片面的，我们既要看到人的社会性，又要看到人的生物性；既承认社会环境是社会活动产生的决定性因素，又承认作为人的社会活动的产生还有其内部原因。从心理学的角度来看，人类一切行为的产生，都有其心理依据，能引起一系列的心理连锁反应，如动因—动机—行为。所谓动因乃是产生某种活动倾向的状态，是促发行为的东西，它往往表现为各种需要。所谓动机是由动因激活了的指向目标的状态，它是行为的原因。所谓行为则是一种达到目标的行动，是满足需要的方式和手段。

在研究体育活动的系统发展时，有必要先对人类有目的的身体活动进行一个大致的分类，这样才能有利于对各种不同类型的体育活动有一个基础性的认识。

人类有目的、有意识的身体活动主要涉及人本身的生理和心理需要及社会需要，具体来说主要有生产劳动、军事活动、宗教活动、社会教化活动及娱乐保健活动等。从类型上来分，娱乐保健属人本身的生理和心理需要类型的身体活动，生产劳动、军事活动、宗教活动及社会教化活动属社会需要类型的身体活动。在这些活动中对体育及其他文化现象的产生起着重要作用的是生产劳动，马克思曾指出"劳动创造了人本身"，生产劳动不仅使原始人能够进化成为现代人，更重要的是在劳动过程中人类的文化得以不断的创造和发展，最终使得人与其他动物之间产生了越来越大的差异。

虽说生产劳动在人类身体活动的目的中占有重要地位，但以其他内容为目的的身体活动也是人类身体活动的组成部分，如果忽略了这些目的的存在，就不能全面清晰地认识人类身体活动的内容。要较全面地认识人的活动，还得从内因及外因两个方面来考察人类的活动目的，从内因上看，人类的需要是活动的目的，而从外因看，自然环境的影响是主要内容。让我们先来看一下人类活动的内因，即人类的需要。

美国心理学家马斯洛在研究人的需要时曾提出了人的需要层次理论，这一理论能很好地解释人的基本需要问题，同时也能引导我们去思考人类活动的意义及目的，也包括我们所要研究的体育活动的目的。

二、马斯洛需要层次理论

在《动机与人格》一书中，马斯洛详细论述了他对基本需要的划分。他划分了人的七种基本需要：生理需要、安全需要、归属需要、自尊需要、自我实现需要、审美需要、认识需要。马斯洛后来又把审美需要、认识需要合并入自我实现需要，这样基本需要一共就有五大种。

1. 生理需要

生理需要就是通常说的"衣、食、住、行"等基本生存的需要。马斯洛指出，生理需要是所有一切需要中最占优势的需要。一个人如果在某个时候对食物、安全、爱、自尊、自我实现的需要都没有得到满足，那么他对食物的渴望就会比对其他东西的渴望更强烈。对于一个饥肠辘辘的人，什么写诗的愿望、看电影的愿望、研究历史的愿望、获得爱的愿望等，统统都会退居幕后。对于这位极度饥饿的人来说，除了食物外，再没有别的兴趣，他甚至做梦也梦见食物，此时，充饥成了唯一的目标。马斯格指出："当人的机体被某一种需要主宰时，它还会显示出另一个奇特的特性：人关于未来的人生观也有变化的趋势。对于一个长期极度饥饿的人来说，乌托邦就是一个食物充足的地方。他往往会这样

想，假如能确保他余生的食物来源，他就会感到绝对幸福并不再有其他奢望。"

2. 安全需要

马斯洛指出，如果生理需要相对充分地满足了，一组新的需要就会开始占优势，这就是安全需要。安全需要主要是指对秩序、稳定、工作与生活有保障的需要。储蓄以及要求保险的需要也属于安全需要。马斯洛指出，虽然所有人都存在安全需要，但是为了更清楚地获得对安全需要的了解，可以通过对幼儿和儿童进行观察，在他们身上，这种需要表现得更加明显和简单。幼儿对于威胁或危险的反应，总是毫不抑制地表现出来，而成人往往却会加以控制。假如幼儿突然受到威胁、惊吓或者突然跌倒，或者由于巨响、闪光而受惊，或者从母亲怀中落下，他们都会全力以赴地做出反应。

儿童的安全需要还表现在，他们喜欢一种安稳的秩序或节奏。当家庭内部出现争吵、打架、夫妻分居、离婚或死亡等情况时，儿童都会感到恐惧。另外，父母发怒，以惩罚恐吓儿童或者严厉地训斥他，甚至对他推推拉拉等，都会引起孩子的恐惧与痛楚。这种恐惧对于某些儿童来说，是由于害怕失去父母之爱，而本身就被冷遇的儿童之所以依恋父母则是由于需要安全和保护。

一般说，儿童面对新的、陌生的情况时，也常常会产生恐惧的反应。例如，父母暂时离开他们时，当他们见到陌生的面孔时，当他们碰见奇怪的物体，当他们看见疾病或死亡之时，他们都会产生恐惧。在这种情况下，他们都会不顾一切地依恋父母。

马斯洛指出，追求安全还有另外一种情况，人们总是喜欢选择那些熟悉的、已知的事情，而不是陌生的、未知的事情。人们需要一种信仰或世界观来把宇宙和人类组成一个和谐的、有意义的整体，在某种程度上也是受安全需要的驱使。

3. 归属需要

假如生理需要、安全需要都相对充分地得到了满足，就会出现爱、感情以及归属的需要。此时，个人强烈地感到缺乏朋友、情人、妻子、丈夫或者孩子。他渴望在自己生活的圈子中有个位置，渴望属于某个团体或组织，他会以极大的热情为达到这个目标而努力。此时，他希望得到爱、感情胜过其他东西。例如，他现在可能忘记当他极度饥饿时，他曾对爱嗤之以鼻，认为它不真实、无必要、无价值。

归属需要在一个人的幼年和童年时期就已经存在，但是其表现开始强烈，则是在一个人的青春期之后。在青春期之后，青年人一般都有一种强烈的对于爱的渴求，这是归属需要开始取得优势地位的标志。对于青年人来说这是一个严重的挑战。他们的矛盾在于，当他们的归属需要开始占上风时，自尊需要以及自我实现需要也同时出现，这时，他们的矛盾常表现在对爱的需要与学习的冲突。就像饥饿一样，归属的需要长期不能得到满足，也会使人产生一种偏激的状态，觉得乌托邦就是得到爱，爱就是一切。青年人最容易产生爱情至上的感情其原因也在于此。

归属需要满足的长久缺乏，也会使人产生一些非常奇特的心理。归属需要的本质特征是对人与人关系的一种追求，由于一个人一生中最早遇到的人与人之间的关系是家庭，因此，归属需要一般以家庭观念的形式表现出来。儿童归属需要的满足，首先表现为父母之爱。随着一个人的成长归属需要表现为夫妻之爱，表现为对企业、团体的感情。所谓民族感情、爱国之情以至国际主义感情，都是归属需要的延伸。

4. 自尊需要

自尊需要是指一个人对自我作肯定的需要。它包括自尊和他尊两方面：第一，渴望有能力、成就、能胜任自己的工作，对自己充满信心，以及渴望独立和自由等；第二，渴望有名誉、声望，希望他人赏识、关心、重视自己，对自己有高度评价。前者是以希望自己有能力、独立性为基础的尊重；后者是以他人对自己的评价为基础的尊重。马斯洛认为："最稳定和最健康的自尊是建立在当之无愧的来自他人的尊敬之上，而不是建立在外在的名声、声望以及虚夸的奉承之上。"[①]

自尊需要的满足对于个体的自我实现具有特别重要和关键的意义。在马斯洛的认识中自尊需要是最接近自我实现的一个需要。人们往往只有在自尊需要得到了相当的满足之后，才会让自己的潜力和创造力得到充分的发挥。另外一些人本心理学家的研究，也支持了马斯洛需要层次论的这种需要发展模式。如阿德勒通过对自卑感的研究认为，每个人都体验过自卑感，"做一个人就意味着有自卑感"，因为每个儿童在生活和成人面前都是自卑的。这样，对于自卑感的克服就成为人们行为的强大推动力。自卑感促使人们努力发展自己，力争成为有成就的人。

著名人本心理学家罗杰斯认为，每个人都有一种充分发挥自己作用的内在倾向，但这种倾向的实现有待于对积极关注以及积极自我关注的需要的满足。所谓"积极关注"，是指他人对自己的一种热情、敬重、

29

---

① A. H. 马斯洛：《动机与人格》，第52页，华夏出版社1987年版。

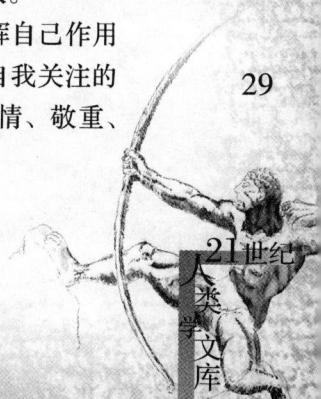

喜爱和接受的态度；所谓"积极自我关注"，是指个人不依赖与他人的交往的经验对自己采取的一种类似的态度。我们不难发现"积极关注"和马斯洛所说的自尊需要的第一个方面相似，"积极自我关注"则与尊重需要的第二个方面接近。罗杰斯认为，只有当这两种关注的需要都得到满足时，个人才能成为充分发挥作用的人。如果给予"积极关注"的人对于个体越是属于重要的人物，如老师、父母、配偶等，那么个体就越能实现充分发挥自己作用的内在倾向。

5. 自我实现需要

自我实现需要是最后出现的一种基本需要。马斯洛说："一位音乐家必须作曲，一位画家必须绘画，一位诗人必须写诗，否则他就无法安静。人们都要尽其所能，这一需要就称为自我实现需要。"

马斯洛认为，自我实现需要是人类需要发展的高峰，迄今为止，极少数人才能达到这一高度。自我实现的本质特征是潜力和创造力的发挥。但是马斯洛把作为自我实现需要满足特征的潜力和创造力的发挥，与莫扎特式的天才的创造力的发挥区分开，后者只是极少数人才有的现象，与需要的满足状况关系甚微。马斯洛的这种看法与中国传统哲学有许多相通之处，例如，中国传统哲学讲"人皆可以为尧舜"、"满街都是圣人"、"众生皆有佛性"等。

马斯洛指出，这些似本能的基本需要是一种内在的潜能或固有趋势，其根据主要在于：第一，这些需要如果遭受挫折，就会导致心理疾病；第二，这些需要的满足能导致良好的心理状态，培养健康的性格；第三，在自由状况下，它们自发地作为偏好表现出来；第四，在相对健康的人那里可以直接观察到它们的存在。

在了解了马斯洛关于基本需要的分类之后，我们所要关注的就是马斯洛对于这些基本需要之间的关系及其发展运动规律的阐述。我们先用一个图解来描述一下这些需要之间关系的基本情况。请看下图。

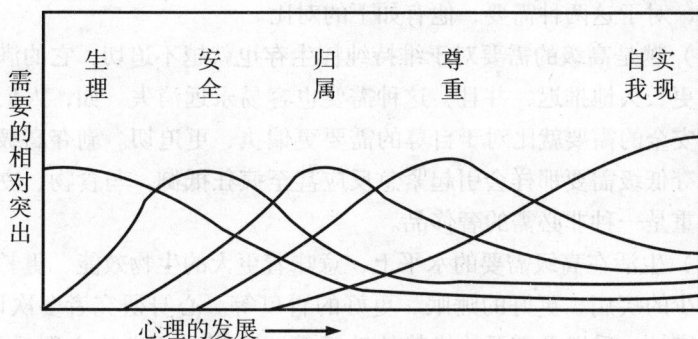

马斯洛需要层次理论图解①

从这一图解我们可以明显地看出马斯洛需要层次论的以下重要含义：

（1）不同层次的需要是可以同时并存的。高一层次的需要并不一定在低一层次需要的优势出现后才出现。例如，从自我实现的需要来看，甚至在归属需要尚未达到高峰时就已经出现了。

（2）不同层次需要被满足的情况差异在于：在不同的时期，各种需要对人的行为的支配力量是不同的。需要对人的行为的支配力量也叫需要的优势。对行为支配力量最大的那种需要叫优势需要。

（3）一般来说，高一层次需要的优势的出现是在低一层次需要的优势出现之后。或者说，随着低一层次需要的满足，高一层次需要的优势就逐渐上升，直到成为优势需要，然后其优势又逐渐减弱。

应当强调的是："需要"与"需要的优势"是两个完全不同的概念，把这两个概念混为一谈，正是一些研究者对马斯洛需要层次论的需要发展模式产生误解的根源。严格说来，马斯洛需要层次论所讲的需要发展模式，讲的是"需要的优势"的更替，而不是"需要"的更替。

需要指出的是，马斯洛需要层次论所要描述的只是大多数人需要发展的一般规律，并不排除少数例外。马斯洛需要层次论关于五种基本需要的排列顺序，还体现了这样一个重要特点：较高层次需要的产生与满足，要依赖于较低层次需要的产生与满足，但是较高层次需要不能还原或归结为较低层次需要。

为解决基本需要的起点问题，马斯洛还提出了高级需要与低级需要

31

① 许金声：《走向人格新大陆》，第111页，工人出版社1988年版。

的概念，对于这两种需要，他有如下的对比。

（1）越是高级的需要对于维持纯粹生存也就越不迫切，它的满足也就越能更长久地推迟，并且，这种需要也容易永远消失。如，人们对于食物、安全的需要就比对于自尊的需要更偏执、更迫切。剥夺高级需要不像剥夺低级需要那样会引起紧急反应甚至疯狂抵御。与食物、安全相比，尊重是一种非必需的奢侈品。

（2）生活在高级需要的水平上，意味着更大的生物效能、更长的寿命、更少的疾病、更好的睡眠、更好的胃口等。心身研究者多次证实，焦虑、害怕、爱以及需要的优势的缺乏等，除促成不良的心理后果外，往往还造成不良的生理后果。

（3）从主观上讲，高级需要不像其他需要那样迫切。它们较不容易被察觉，而容易与其他需要相混淆。能辨清自己的高级需要，即知道自己真正想要什么，是一个重要的心理成就。

（4）高级需要的满足能引起更合意的主观效果，即更深刻的幸福感、宁静感以及内心生活的丰富感。如安全需要的满足最多是产生一种如释重负的感觉。无论如何，它们不能产生像爱得到满足那样幸福狂热和心醉神迷的感觉，或者产生宁静、高尚等效果。

（5）高级需要的满足有更多的前提条件。在高级需要的层次上，生活更复杂了。如寻求尊重、地位与寻求友爱相比，涉及更多的人，需要有更大的舞台，更长的过程，更多的手段与分段的目标，以及更多的从属步骤和预备步骤。

（6）高级需要的实现要求有更好的外部环境条件。要让人们彼此相爱，免于相互残杀，需要有更好的环境条件，这些条件是指家庭、经济、政治、教育等。

（7）那些两种需要都满足过的人们，通常认为高级需要比低级需要具有更大的价值。他们愿为高级需要的满足牺牲更多的东西，而且更容易忍受低级需要满足的丧失，如他们比较容易为了坚持原则而不怕牺牲，为了自我实现而放弃钱财与名声。

（8）高级需要的追求与满足具有有益于公众和社会的效果。在一定程度上，需要越高级，就越少自私。饥饿是以我为中心的，它唯一的满足方式就是让自己得到满足，但是，对爱以及尊重的追求却必然涉及他人。已经得到足够的基本满足继而寻求友爱和尊重，而不是仅仅寻找食物和安全的人们，倾向于发展诸如忠诚、友爱以及公民意识等品质，并成为更好的父母、丈夫、教师、公仆等。

（9）高级需要的追求与满足导致更伟大、更坚强以及更真实的人格。这与生活在高级需要层次意味着更多爱的认同即更多的社会化不矛盾。生活在自我实现层次上的人既是最爱人类的，又是个人特质发展最充分的人。

（10）低级需要比高级需要更部位化、更可触知，也更有限度。饥渴的躯体感与爱相比要明显得多，而友爱则远比尊重更带有躯体性。

（11）低级需要的满足比高级需要的满足更有限度，只需较少的食物就可以使它们平息。如我们只能吃一定量的食物，但友爱、尊重以及认识的满足几乎是无限的。

从马斯洛关于高级需要与低级需要区别的论述，我们可以看到，马斯洛赋予需要的上升与发展以极大的意义。他认为需要上升、发展的结果，人类的需要生活不是变得越来越狭窄，而是变得越来越宽阔和丰富。

马斯洛关于高级需要和低级需要的对比，还让我们清晰地看到人类需要满足在进化到高级需要以后所表现出的特征，以及高级需要所具有的比低级需要更有意义的价值。[①]

三、马斯洛需要层次理论的体育人类学意义

马斯洛认为基本需要是似本能的需要。关于基本需要似本能性质的论述非常重要，它的意义在于：

（1）在人的行为的决定问题上，西方心理学中历来有片面强调内因的本能论和片面强调外因的环境论两种极端。马斯洛关于基本需要似本能性质的论述，能较圆满地从内外因统一的角度对人的行为的发展问题做出解释，避免本能论和环境论的片面性。

（2）正如恩格斯所指出的："人是从动物发展而来的，这点就已经决定了人永远不能完全脱离动物所有的特性，所以问题只是在于这些特性多些或少些，在于兽性或人性的程度不同。"人与动物既有共同的地方，也有不同的地方。马斯洛的似本能这一概念，正是强调了人类需要的特殊性，表现了人的"兽性"的减少。马斯洛的需要层次论把低级需要与高级需要纳入一个连续统一体之中，并指出了需要越高级，就越为

33

---

①　以上观点摘自许金声：《走向人格新大陆》，第 97～119 页，工人出版社 1988 年版。

21世纪
人类学文库

人类所独有，这样，他就为人类的继续进化问题提出了有一定参考价值的见解。

（3）出于基本需要具有似本能的性质，它们必须转化为"有意识的欲望"才能影响行为，这样，在行为的决定以及发展上就很自然地把社会环境因素引进来了，为研究社会因素对人类行为的影响留下了余地。人是社会的动物，仅仅从生物学、生理学的角度进行研究，是不可能深刻认识人的行为和心理活动的。固然，在人成为社会存在物之后，人并没有脱离自然界，生物因素和生理因素仍然参与决定人的行为，但是，人的生物和生理因素是在社会环境条件下发挥作用的。社会因素的形成必须以生物因素为前提，但生物因素不能直接形成社会因素，而已经形成的社会因素不能简单地还原成生物因素和生理因素。这样，就存在一个从人类发展和社会发展的统一的高度上来看待人类行为的问题，但是，他的似本能这一概念，在客观效果上既反对了把一切社会行为都简化为生物因素的还原论，也反对了完全否认自然因素、把人的行为都看成是由社会文化决定的文化相对论。他的这一概念，有利于从人类发展和社会发展的统一来看人的行为，在一定意义上可以起到连接人类发展和社会发展的桥梁作用。

马斯洛的需要层次论不仅揭示了人类行为的动力结构，而且为我们提供了一个乐观的，积极进取的人生观。历史上有过不少重视需要问题的哲学如佛教、叔本华哲学等，当他们看到人类需要满足的不可穷尽状态，却往往走向一种悲观主义。佛教认为人生来就是受苦的，所以人要摆脱痛苦就必须摆脱各种欲望的纠缠，只有让所有的欲望在心中消失才会脱离苦海。叔本华就认为，人生不过是在痛苦与无聊之间摇摆。人在痛苦之时，要千方百计摆脱这种痛苦状态，一旦摆脱了这种状态，又重新感到无聊。马斯洛的需要层次论也告诉我们：人类是永远也不会满足的，"没有什么伊甸乐园，天堂也不存在。不能设想，再过一百万年的进一步发展就会实现尽善尽美。不管有什么满足、什么好事、什么幸运，人们总是能够把它们塞进自己的胃口。这样，由于人们不安地看出事情能变得比此刻更完善，一旦他们习惯了已有的好事，就会忘掉它们，为了更加高级的好事把手伸向未来。在我看来，这是一种连续不断地进入未来的永恒过程"。马斯洛需要层次论的独特之处在于，它同时也告诉我们，需要的层次有高有低，牢骚、苦恼等虽然永远不可能消除，其层次却可以不断提高。人可以进入自我实现需要的满足占优势的境界，在这种境界中，人能够得到最大限度的幸福感。

马斯洛需要层次论的重大意义还在于，它为达到健康人格提供了一个参照系，利用这一参照系，我们可以更清晰、更有条理地研究人格的发展，以及向理想境界接近的过程。但我们这里却要利用这一理论来思考人类的活动，如果用这一理论来观察人类活动的历史，我们就会很容易地发现我们的社会就正如需要层次理论所描述的那样不断地上升，不断发展，而推动社会发展的人，也正沿着这条路线不断前进着。

以上是马斯洛需要层次理论在心理学上的意义，但这一理论应用于体育人类学上，也有许多相同的作用，这些作用主要体现在以下几个方面。

1. 体育起源的问题

关于体育的起源有着各种不同的说法，各种说法都有令人无法辩驳的事实支撑，各种说法一直在试图说明只有某一种原因才是体育活动的真正起源，这种排他性的说法，常常令人难以接受，但又是无法推翻的，现在我们从人类的需要来看，这一问题似乎得到了一个较为满意的解释。原来人的需要有许多，而在不同的时期人类可能产生不同的需要，同时某一种需要也可能在某一时期、某些人群中成为优势需要，这就不难回答为什么体育有这么多的起源，原来这是人的不同需要的满足方式之一，但与其他人类的活动不同的是，身体的活动或我们通常称之为体育的活动，能成为马斯洛所描述的各个需要层次的满足方式。体育活动能在人类社会发展的各个阶段成为永恒的、与人类成长相连的活动方式，正是由于它对各种需要都有满足的可能。从早期人类为了生存而进行的、大部分需要以肢体能力为基础的生产劳动方式，到现代社会虽然肢体能力在生产劳动中所占比重不断下降，但它在人们需要满足的方面仍能显现出越来越强的作用，如竞技体育在当今人类社会中成为越来越引人注目的社会现象，成为人们获取尊重、自我实现的重要途径与手段。可以这样断言，只要人类还在发展，体育活动就必将伴随着人类的发展而发展，只要人类还有现实的存在，体育活动就永远会有其存在的价值，体育将随着人类需要的进步而不断地进步，并不断有新的体育活动形式来满足人类自身发展的需要。

2. 体育发展的问题

今天我们在观察体育活动的发展时，也必然要看一看它在原始时期的发展状态，这时我们首先将目光投向马斯洛称之为生理需要的人类基础的需要。在上面叙述的马斯洛理论时，我们提到人类的生理需要简单地说就是衣食住行，为了满足这种需要，人类产生了生产劳动，生产劳

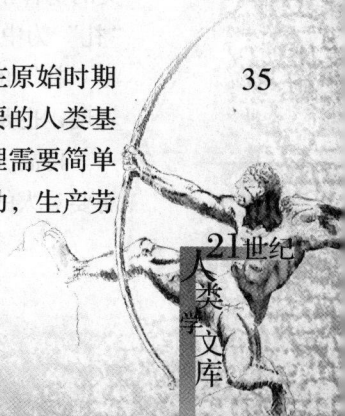

35

动是人类的重要活动形式之一，从人类的诞生直到目前，这种活动一直在进行着，从未间断过，因而人的身体活动最初也就围绕着这个主题展开。

但当人类的生理需要得到基本满足，或这种需要正在开始满足时，上一层次的需要——安全的需要也就产生了。这时人类开始为自己的安全考虑，需要寻找到一种稳定的食物来源来保证饮食的需要，需要一种不受外来生物侵扰的环境来满足生命安全的需要，需要一种健康的身体来满足生命延续的需要，凡此种种，于是人们开始发明生产技术、建筑房屋、寻找延年益寿的方法，这些也都需要大量的人力劳动，也就是肢体的活动，这也是对人类活动的刺激。在这一阶段还同时产生了另一种现象，即原始宗教活动中的身体活动。人类的原始宗教活动大多起源于对未知力量的崇拜，在人类生产力水平及认知水平还很低时，这种原始崇拜形式是较为丰富的，在这种崇拜的祭祀仪式上，身体活动是很多的，人们希望把自己的力量及身体活动能力尽量在祭祀仪式上展示出来，希望让这种未知力量认识人类的能力发展水平，以此来达到一种与这种力量的沟通，因为在当时的生产力水平条件下，这已是人类能够付出的最大努力方式。这种情形在保存下来的原始崖画及出土文物中得到充分的体现。有人据此提出了体育的宗教起源说，如果我们按照需要层次理论来看，这种起源与人类的安全需要有关，是人类对未知力量表示敬畏的方式。

在满足了安全层次需要的同时，人类开始向更高层次的需要迈进，即归属的需要，此时，人们必须通过群居、社会阶层及国家等方式来满足归属需要，对这一层次需要的满足开始出现比较复杂的情况。群居现象在人类处于安全需要时就已产生，它是一种人类防范外敌侵袭的有效方式，人们只能结成群体才能使每个个体有更多的生产可能，这是人类群居生活的基础，这种生存方式在人类发展历史上占据了相当重要的地位，由此而形成了人所具有的社会属性，乃至于在人类的心理上也产生了社会性的需求。这种社会性在人的活动中根深蒂固，极大地影响了人类的身体活动形式。比如在古代中国，从西周时期开始就形成了以"礼"为中心的身体教育形式，"礼"是中国社会构建的一个重要原则，将"礼"的思想融入到身体教育之中，则是社会性在身体活动中的一种表现，也是人的社会归属的一种表现形式。

再高一层次的需要为自尊，这一需要被马斯洛称为高级需要，这类需要对人的精神塑造有极为重要的意义，"自尊需要的满足导致一种自信的感情，使人觉得自己在这个世界上有价值、有力量、有能力、有位置、有用处和必不可少。然而这些需要一旦受到挫折，就会产生自卑、弱小以及无能的感觉。这些感觉又会使人丧失基本的信心，使人要求补偿或者产生精神病倾向"。① 所以，这类需要的满足已是在培养全面发展的人了。我们很容易发现这类需要很容易以体育运动的方式得到满足，自信心获得很直接的方式就是参加体育活动，并在活动中发现自我的力量与能力，这时自信心就会成为一种很自然的东西。体育人口中很少有自信心不足的精神状态，这吸引和刺激着人们更多地加入到体育活动中去，只不过此时的体育运动已不是为劳动所驱动，而是以人自身发展需要为动力了。

在马斯洛描述的最高层次需要——自我实现中，我们看到一种人的理想状态，"它可以归入人对于自我发挥和完成的欲望，也就是一种使它的潜力得以实现的倾向。这种倾向可以说成是一个人越来越成为独特的那个人，成为他所能够成为的一切"。② 对于自我实现的理解，有两个问题值得注意，一是人的潜力的挖掘，二是人的发展目标。按照现代运动人体科学的研究成果，人类的运动能力在很多方面还未能达到理论上的最大值，同时也有许多至今未能认识到的人的潜能，这些潜能在人类的体育活动中能够逐渐得到体现，例如有些理论上的人体运动极限在体育比赛中却被打破，这种现象促使人们去思考人的潜力到底有多大，这可能是一个需要不断发展、不断加深认识的问题。人类自从在这个世界上诞生以来，就注定要面临着一个发展目标问题，在人类发展的初期这种发展受到了生产力发展的大力推动，但当生产力水平发展到一定水平后，人自身发展的目标也就成为一个必然的考虑问题，在这个问题上，有思考，也有实践，直接的实践方法也就是体育运动，当一个人将体育运动作为一种生命的意义、个人的目标来看待时，他的行动也就带有这种摸索的意义。

从上述论述可以看出，在人类发展各个阶段，体育活动和人的发展是息息相关的，同时也伴随着人的发展而不断发展，这里面既有人的发展对体育活动的推动，也有体育活动对人类发展的影响，可以这样说，体育活动包含于人类的发展之中，成为人类发展不可或缺的部分。

① A. H. 马斯洛：《动机与人格》，第 52 页，华夏出版社 1987 年版。
② A. H. 马斯洛：《动机与人格》，第 53 页，华夏出版社 1987 年版。

3. 体育未来的问题

体育的未来如何，这是每一个体育人或多或少在思考的问题。从生产劳动式的体育、战争性质的军事，到机械化大生产社会中的竞技体育普遍开展，从满足人的生理发展需要，到促进人的心理健康发展的推动，体育在深度和广度上和人类活动紧密联系着。但今天体育发展似乎也遇到了一些问题，如现代社会中最大的社会活动——奥林匹克运动就碰到一些新的问题，这些问题有"内源式"的，也有"外延式"的，从这些问题看，体育，特别是竞技体育似乎有走到尽头的危机，但我们理智地知道，体育的发展并没有走到尽头，应该还有广泛的发展空间，但这种空间何在？按马斯洛需要层次理论，人类的发展应尽量向着高级需要方向前进，这也给我们得到一种体育发展的构想。

从现今体育活动的三种常规类型来看，竞技体育完成着人向自身极限挑战的任务，标志着人类不断向前发展的意志与行动。虽说现在人类的竞技水平已接近人类的生理极限，突破的空间已很小，但毕竟还有提高的可能。况且人类体育竞技能力究竟能达到何种程度，这可能还需要科学发展做进一步的认识。人类的发展是永恒的，只要人类还在进步，表现在竞技体育上的发展就应该不会停滞。如果从大众体育的角度来看，体育发展的空间则比竞技体育大了许多，因为竞技体育毕竟是少数人达到的极高的身体运动水平，而大众体育则要求社会上大多数人通过身体锻炼达到某一身体能力，最低要求也是人们通常所说的健康。当今社会由于劳动生产率的不断提高，人们已能在没有肢体活动，或肢体活动很少量的情况下进行着社会生产，这种情况导致人类的身体运动功能逐渐下降。有人预测这种趋势发展下去人类会产生变异，变成一种四肢纤细，而大脑硕大的外形，这种担忧至今仍未成为现实，但也必须警惕，按达尔文的用进废退理论，如果人类真的认为四肢已在生产与生活中没有什么作用了，可以抛弃了的时候，四肢就会逐渐退化，成为预言中的形状，如果真是那样的话，这是人类的一种悲哀。我们不否认人类发展的可能性，但同时也在捍卫着身体的稳定性，这是人之所为人的基本的要求。再从传统的体育教育功能来看，这可能是体育发展的一个永恒话题，一种永恒的任务。体育教育功能在塑造社会人的任务上起不小的作用，这种教育方式在生产劳动、文化传承、社会意识培养等方面起到了积极的作用，从历史上看，有这几方面的意义，从将来人类发展看，同时也有这几种意义，只要教育还是人类传播知识、培养塑造全面发展的人的方式，体育的教育功能也就不会丧失。

从人类心理需要的特点来看人类体育的发展，使我们能从它们之间的关联性侧面看到体育发展的整个历程，这也能加深对体育的理解，并对体育的责任与义务有更清晰的认识。

第三节　人类生产劳动的类型与体育活动的特征

关于体育的起源有一个占主流地位的说法是劳动起源说，即生产劳动刺激引起了劳动的起源，人类早期的许多体育形式确实与生产劳动有关，至今我们仍能在许多体育运动项目中找到生产劳动的痕迹，而且在一些社会发展水平较低的人类群体中，这种形式就更加明显。生产劳动是体育的一个重要起源是毋庸置疑的，而我们这里所要观察的是，由各种有差异性的生产劳动方式所导致的人类体育形式的差异，因为今天我们能很明显地看到世界各地的人们常常在从事着不同的体育运动方式，特别是在一些非主流的社会中，这种现象更为明显，这些形式现在被称之为民族传统体育，如中国的武术、印度的瑜珈等。人们很有兴趣地去了解这些特有的体育运动形式，这里我们所涉及的是这些形式不同、风格各异的体育活动主要是由什么原因导致它的形成，或它们在形成过程中受到哪些主要因素的影响。这里我们必须引入一个新的概念，即经济文化类型的概念。

经济文化类型的基本定义是：居住在相似的自然地理条件下，并有近似的社会发展水平的各民族在历史上形成的经济和文化特点的综合体。这种类型还包括有以下一些内容：

第一，经济文化类型不是单纯的经济类型，而是有经济和文化相互联系特点的综合体。这是因为经济发展方向和地理环境在很大程度上决定着人民的物质文化特点，决定着他们的居住地和住房的类型，交通工具和搬运重物的方式，以及饮食、用具、衣服、鞋帽和装饰等。

第二，经济文化类型具有超地区性的特征。在地理环境相似和社会经济发展水平相接近的条件下，居住在不同的甚至相距很远的地区中的不同民族可以属于一个经济文化类型。这一点特别适用于在世界范围内进行经济文化类型划分。

第三，每一个类型的文化特征首先取决于该类型所处地理条件所规定的经济发展方向。

第四，经济文化类型是历史过程的产物。由于在历史进程中，无论是各民族的社会经济发展水平还是其周围的自然地理环境，对经济文化

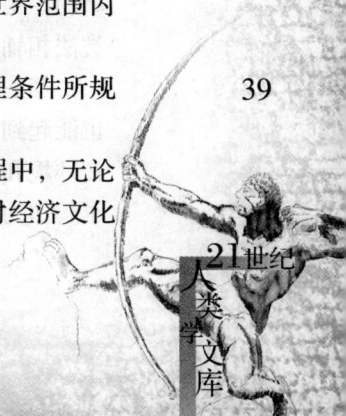

21世纪
人类学文库

的影响程度都是逐渐在改变的，所以经济文化类型会随着时代的变迁而发生重大的变化。这种变化积累到一定程度，就可能在某些地区或某些民族中发生经济文化类型更替或进化的现象。这种更替或进化可能是经济文化类型内各民族内部经济文化发展的结果，也可能是地理环境变迁或文化交流的产物。

第五，各种经济文化类型都有着各自的历史年龄。其中最早的可以追溯到旧石器时代后期，最晚可能产生于早期阶级社会，甚至更晚的时期。因此，我们对经济文化类型的研究既要注意共时、静态的空间分布，又要把握历时的、动态的发展进程。无论哪种类型，都在漫长的历史过程中经历过或多或少的变化，并将随着工业社会和信息社会的到来而进化成新的经济与文化生活的地区性综合体。

经济文化类型及其理论出现在民族学的研究之中，但在体育学的研究中也有其重要的价值，其价值体现在以下几个方面。

首先，经济文化类型理论充分肯定了自然环境和社会生产力水平给物质文化发展带来的影响，从而为人类学对社会物质文化起源和特征的研究提供了一条科学的认识途径。这一途径有助于我们把研究的内容置于可以操作和验证的科学基础之上，进而克服人类学研究中容易出现的抽象化，概念化和纯粹思辨的缺陷。这一途径同样可以把对体育的研究纳入到一个新的基础上来，以一种新的视角对体育的规律进行研究。

第二，这一概念理论为世界民族分类这一重大的民族学研究课题提供了一套新的选择方案。应该提到的是，目前通行的民族分类方法，就其实质而言，是建立在语言学，特别是历史语言学中的谱系分类法的原则之上的。经济文化类型理论的提出，打破了这种垄断现象，从而丰富了民族分类的手段。虽然这种方法到目前为止还远不如语言谱系分类法那样完整和严谨，也不能像语言谱系那样准确地标示出各个民族在历史上的亲缘关系及接近程度，但它确实能从共时的角度标示出世界各民族人民所处的地理环境，他们的经济文化发展方向和他们所从事的生计方式的特征。这一点是民族学研究必须涉及而语言谱系分类法却是无济于事的。用发展的眼光来看，经济文化类型分类法可能而且应该同语言分类法相辅相成地成为世界民族分类的重要工具。

第三，经济文化类型对体质人类学材料、数据的搜集、分析和解释也能起到重要的参考作用。人类的体质特征不外乎是人类的生物学特征在环境和社会文化这两大因素的综合作用之下长期进化的产物。因此，了解作为人类进化的遗传和变异背景的经济文化类型，必然能使体质人类学的认识途径得到丰富。

一、中国的经济文化类型

全世界范围的各个经济文化类型反映着它们处在不同自然地理条件下社会经济发展的特点。这些类型首先是与生产力发展的一般水平以及生产关系的性质联系着的，因为，归根到底正是这些因素决定着人们在各个历史时期同周围自然互相作用的特点。根据这个观点，可以提出下列三组经济文化类型，它们之间的区别就是劳动生产率的日益提高以及剩余产品数量的不断增长。以中国为例，就主要存在着三种不同的经济文化类型。

1.采集渔猎经济文化类型

这一类型分布在东北大小兴安岭的森林地区及黑龙江、松花江、乌苏里江的交汇处，其中包括了阿尔泰语系的通古斯—满语族诸语言的赫哲、鄂伦春及部分鄂温克族。这一类型内的各族人民均以渔猎兼采集为主要的生计方式，其特点是直接攫取野生动植物。当然，要把这些自然界的现成礼物制成衣食还是需要付出劳动的，但是，这些劳动不是作用在植物的栽培或动物的饲养上，就是说，这个类型内人们劳动的主要内容，是根据需要去收集生态系统在循环代谢过程中产生的剩余能量。这是人类在生产技术发展的早期所采用的谋生手段。处在这一类型里的各个民族都在其内部保持着阶级社会之前的许多特征。他们的社会组织形式较为原始，带有浓厚的以血缘纽带为特点的氏族部落性质。在枪械传入以前，弓箭、鱼叉和网罟是他们的主要生产工具。他们的生活器物中有大量的桦树皮制品，在冬季又都使用雪橇作为交通和运输的工具。

2.畜牧经济文化类型

这一类型，分布在东起大兴安岭西麓，西到准噶尔盆地西缘，南到横断山脉中段的广大地区内，基本上构成了一个从东北到西南的半月形畜牧带。畜牧生计是人类对干旱或高原地区生态环境的一种适应形式。它的生态学原理就是在人与地、人与植物之间通过牲畜建立起一种特殊的关系，构成一条以植物为基础，以牲畜为中介，以人为高消费等级的长食物链。这一点与狩猎生计不无相似之处。但在畜牧业生计中，人类虽然没有对生态系统进行根本上的改造，却能巧妙地对之加以积极的利用，牧民们可以在较长的时间里，通过有规律的"转场"使畜群放牧在生态系统的能源输出品——青草地上，从而达到以较大的活动空间来换

41

取植被系统自我修复所需时间的目的。掌握畜群的牧民，除了食肉寝皮之外，还可以挤畜奶，剪畜毛，促进畜群的繁殖，乃至燃烧畜粪。这种对畜群的高度综合利用，是狩猎生计所不能比拟的。从事畜牧生计的民族生产效率较之渔猎生计高，同时也有马匹的驰骋之功，所以典型的畜牧民族都有过在部落的基础上建立更为高级的社会政治机构的经历。这一类型还可细分为四个亚类型：苔原畜牧型、戈壁草原游牧型、盆地草原游牧型及高山草场畜牧型。

3. 农耕经济文化类型

整个农耕经济文化类型分布在从帕米尔高原东坡到台湾，从黑龙江到海南岛的辽阔地域里。它的主体部分处在作为中国干湿地域分野的大兴安岭至拉萨线以东的湿润地区。该类型内各个类型的生态环境和经济文化内容丰富多彩，但它们遵守着共同的生态学原理，即"任何类型的农业，都试图努力改变某种生态系统，以增加流向人类方向的能量"。农耕生计开辟了把劳动直接注入生态系统的途径，使人类可以通过强化劳动和改进技术来放大或增加生态系统的输出功率，从而在生产力和劳动产品之间第一次建立起并行发展的正比例关系。以此为基础，人类不但能安居乐业，而且能积聚财富，发展技术，创造出前所未有的文明。这一类型可以细分为六个亚类型：山林刀耕火种型、山地耕牧型、山地耕猎型、丘陵稻作型、绿洲耕牧型、平原集约农耕型。

经济文化类型的提出，可以使我们对世界体育运动的发展有更好的理解，同时也能对各地民族传统体育的差异性及多样性有更清晰的认识。作为一种文化现象的体育运动，它是与经济生产方式相适应的，有何种经济生产方式就会产生某种与之相同的、会对该种生产方式有促进作用的体育运动方式，这种体育运动形式不断强化着生产方式的特点，间接地对生产方式的进步起着推动作用，完成着一种文化现象应起到的作用。

从中国的上述主要生产方式来看，游牧和农耕是古代中国两种主要的生产方式，由于这两种生产方式而导致了人们在身体活动方面的差异性。对游牧群体而言，在生产上受气候及环境的影响极大，人工控制的可能性较小，这就导致了游牧群体的一个重要活动——迁徙。在游牧生产方式中，生物能量主要以草原—牲畜—人类这一生物链进行传递，因而游牧人群要获得食物，养殖牲畜，只能依靠草原。草原的再生能力与牧群的食量是不相当的，要使牧群获得充足的食物只能采取"转场"的方式，轮流在不同的草地上进行放牧，这是正常的情况。遇到草原地区发生大面积的自然灾害，草的生长受影响，则畜牧生产也会受到巨大影响，而气候变化则是灾难性的，游牧民族常常因天气寒冷或寒流大规模南下，导致牲畜大量死亡，而不得不南迁到黄河流域的农耕区。在这种情况下，游牧生产方式使人类的迁移成为经常的活动，在迁移活动中，人类要付出相当大的运动量，要搬迁家居用品，要使畜群有目的的前进而不走失。

上述经济文化类型的描述是针对原始阶段及中国经济方式的特点，如果从世界范围来看，这种现象也是明显的。游牧及农耕是两种古代社会中主要的生产方式，其他各种形式的生产方式一般都受这两种方式的影响，只不过因各地的自然条件不同而产生一种变化而已。但有一种生产方式有些不同，即早期的手工业生产，这是一种与上述两种重要生产方式有较大差别的生产模式，人类也可以采用这种方式，再结合必要的商业贸易而完成获取人们生存所需的各种物质资源，如古希腊，在一定程度上它的社会生产是以手工业为主的，所以有些人把这种社会称为"工艺社会"。这类社会由于生产方式与其他两类主要的生产方式不同而导致社会文化的差异性，古希腊的民主城邦制与竞技体育的发展，正体现着这种社会的特殊性。

二、体育活动的分类

对于早期人类体育活动的分类，人们由于出发点、目的及采用不同的标准等原因，使得对人类早期体育活动的分类出现复杂多样的局面。一般来讲，从历史角度来考察体育活动多以军事体育、学校体育和娱乐体育三个方面来进行，目前许多传统体育研究者都以这三个角度来进行研究。以这种分类方法进行研究，确实有系统清晰、结构分明的特点，利于对体育进行全方位的考察，也是目前体育科研工作所普遍采用的分类方法，但这种分类方法也有其不足之处。从分类标准来看，这种方法是以体育的功能为标准进行分类，按这种标准所划分的体育活动虽说也能给人以较清晰的概念，但对实际中所存在的现象却有许多不能解释，如各地区、各民族间往往采取不同的军事体育训练内容，这些内容有些相似或相同，有些却有相当大的差异，历史上中原地区的军事训练注重的是力量与技术，但在北方游牧区，则更加重视骑射技术，这些区别更多的是按照生产方式的不同而体现出的差异，所以应该有可按照经济文化类型来进行的体育分类，这样就可以从文化角度更清楚地看到体育活

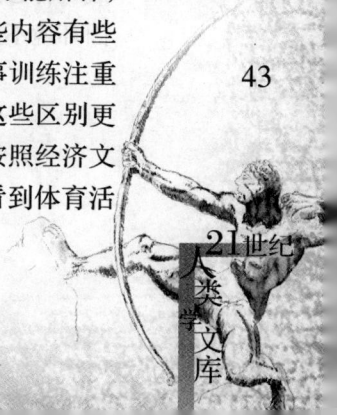

43

动之中的区别。

在中国提到武术常有"南拳北腿"的说法，以往人们常常认为这是南北两个地区的人在运动上的偏好，而没有人深究其原因，但我们如果以经济文化类型来看，这种差别就很容易理解。由于地理环境的原因，中国的北方与游牧经济接触较多，虽说黄河流域的人们早就开始从事定居农耕生产，但北方草原上的游牧民族对这些地区的影响相当大。从事两种不同生产方式的群体之间常常会交换劳动产品，以丰富自己的食物种类。游牧民族不断南下的入侵，使这一区域的农耕民族不断加深着对游牧民族的认识，在这种情况下，这一区域表现出明显的游牧文化，或可称为游牧文化区，在这些区域内与游牧相关的文化形式就表现得较为充分。从身体运动的角度来看，腿部的运动及骑马等方式成为这一区域身体活动的主要形式。再看南方地区，这一区域是典型的农耕经济方式，这时我们看到的人类身体活动方式主要是以上肢的运动为主。

到了工业革命兴起之后，社会化大生产成为一种新型的生产方式，于是又产生了一种新型的经济文化类型，即工业经济文化类型，这时期所产生的文化现象又较多地与工业化生产相适应。如现代奥运会竞赛项目中增加了集体项目，这就是为适应工业化生产所需的分工协作原则所产生的新内容。体育竞赛中的集体项目在现代社会中获得越来越多的支持、关注与参与，与形成这些项目的社会发展阶段性因素有着内在的关联性。

以后随着人类社会生产的发展，不断会有新的经济文化类型出现，体育也会随之有新的项目产生，丰富着体育活动的内容，满足人们对身体活动新的要求。

第四节　自然环境对体育活动的影响

人类的活动受到自然环境的限制与影响，可以说人类与自然界从物质基础上是统一的（见表2-2），这种同一性使人的活动与自然之间形成一种必然的关联，即人类的活动必然是以自然为限度的，同时活动也因环境不同而表现出不同的类型。

表2-2 人类与生物物质主要化学成分① （百分比）

元素	H	C	O	N	K	Na	Ca	Mg
生物物质	10.5	18	70	0.3	0.3	0.002	0.5	0.04
标准人体	10	18	65	3	0.2	0.65	1.5	0.05
元素	S	P	Cl	Si	Al	Fe	合计	
生物物质	0.05	0.07	0.02	0.2	0.005	0.01	99.997	
标准人体	0.25	1.0	0.15		0.001	0.0057	99.8067	

一、气候对人类活动的影响

　　人在自然界中，首先需要适应自然环境，其中重要的是适应气候环境，在这种适应过程中，人的生理特征会随之产生一些变化，并且形成一些遗传性状，使生活在不同地区的人有了某些和其他地区人群有差异的特征。在适应的同时，人们对特别恶劣的环境也会采取迁居的办法来避免这种气候的影响，这时人们也就在不断地迁徙、移动，以找到一个适宜于自己生存的环境。

　　中国古代对气候与人体健康之间的关系已有了认识，并且总结出了一些规律。在古代的中国人看来，人与自然界是一个动态变化着的整体。《素问·六微旨大论》指出：“上下之位，气交之中，人之居也。”在这一整体中，人与动植物、水、空气、土壤组成了生物圈。生物圈是人类生存的基本条件，《素问·六节藏象论》说：“天食人以正气，地食人以五味。”《素问·宝命全形论》说：“天覆地载，万物悉备，莫贵于人，人以天地之气生，四时之法成。”都说明人类与自然界息息相关。《内经灵枢·岁露》又说：“人与天地相参也，与日月相应也。”说明自然界的各种运动，必然对人类产生巨大影响，人体对这些影响也必相应地出现各种生理、病理的变化。自然界对人体的影响，人们只有顺从它并及时做出适应性调节，才能保持健康，如反其道而行，必会产生各种灾患。故《素问·四气调神大论》指出：“阴阳四时者，万物之始终

　　　　　　　　　　　　　　　　　　　　　　　　　　45

---

① 沈光范：《环境保护技术》，中国环境科学出版社。

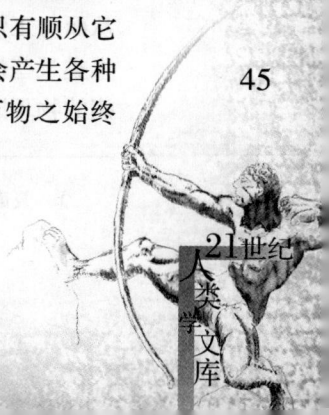

也，死生之本也，逆之则灾害生，从之则苛疾不起。"

《金匮要略》也说："人禀五常，因风气而生长，风气虽能生万物，亦能害万物。如水能浮舟，亦能覆舟。"的确，从一年四季的气候特点来看，春风，夏暑，秋燥，冬寒的规律，对生物的生、长、收、藏是必须的条件，但如果这些规律反常或超越常度，必然不利于生物的生存。

人体与自然环境既统一又相互矛盾，环境中的气候变化与人体的相互关系也是如此。一般情况下，气候的变化有利于生物的生、长、收、藏，这种正常的气候变化，《内经》中称之为"风、寒、暑、湿、燥、火"，即六气；不正常的"六气"，就称为六淫（淫者过也）。它不仅不能促进万物生长发育，反而可以伤害万物，人在六淫的作用下往往可以生多种疾病。就如《素问·至真要大论》所论："夫百病之生也。皆生于风、寒、暑、湿、燥、火。"但如仅有六淫这一外因条件，而不具备内因的决定性条件，还不致患病，必须在人体衰弱，抵抗力不足的情况下，人体出现了"虚"，这时才易得病。这就是《灵枢·百病始生》强调的："风雨寒热，不得虚，邪不能独伤人，卒然逢疾风暴雨而不病者，盖无虚，故邪不能独伤人。此必因虚邪之风，与其身形，两虚相得，乃客其形……其中于虚邪也，因于天时，与其身形，参以虚实，大病乃成。"《内经》进而提出注意与四时气候适应，避免外邪的侵袭，使人与自然环境保持统一与协调。①

自然环境中气候的不正常变化虽然对人有不利的方面，但如人有强健的身体，这种不正常变化所带来的对身体的不良影响就会得到大大的弱化，这也是人们开始注意运动健身的一个原因。

人类在采取运动方式来防御不良气候影响的同时，人体内的一些生理反应已经开始了相应的反应，以便使机体更好地适应外界环境和使外界环境更好地适合机体的生存。而且，不同个体产生的反应都有其个性，它们不仅引起局部变化，还会引起整个机体的全身反应。人是恒温动物，在一定范围的气温条件下，会根据冷热产生适应与调节反应。如在寒冷时肌肉会颤抖以产生热量，炎热时出汗，通过汗液的蒸发以散热。气象还能影响人们的行为与心理，影响人的工作效率和反应时间，从而与工伤、交通事故的发生有着直接和间接的关系。天气变化还可以使人类某些疾病的病情发生恶化或加重，而某些气象要素本身就是人类致病的物理因素。病毒、细菌、寄生虫和媒介昆虫的生长繁殖都与一定的

---

① 夏廉博：《人类生物气象学》，第13～14页，气象出版社1986年版。

气候条件有关。天气还能影响人对传染病的抵抗力，一定的气象条件对人体健康能产生有利的影响。人们在自然情况下利用适宜的气象条件进行健身治病已有数千年历史，利用人工模拟的气象条件如紫外线、负离子，人工气候室作为治疗手段也有数十年历史。随着生活水平的提高，建立于不同自然气候区的疗养院还在不断发展。

人类在100万年前生活于半潮湿的草原气候中，为了更好地适应天气、气候的变化。人类制作了服装，盖起了房屋。穿着服装和生活在室内，相对来说小气候比较稳定，气温、湿度、气流都接近于人的舒适范围。地球上不同地区的气候差异极大，为了在舒适的环境中生活，人类又进一步创造了人工的气象条件，这种变革带来了人与人工环境的适应问题。人工环境不仅有建筑内的人工气候，还有地下建筑和密闭潜艇及宇宙飞船等。

现代社会经济的发展，人们群居于城市，城市的形成改变了大气环境。工业和交通工具的废气污染了大气，污染带来了公害问题。污染程度虽决定于人的活动，但气象条件对污染物的扩散有很大影响，而这也与人类的健康有关。

对气候所引起的身体方面的变化，在人类一般形态中还发现了身体大小的分布，从属于以温度条件对人体形态特征影响而论的阿尔林和伯尔格曼法则认为：身体比较魁伟而腿短的人类变体集中在北方，腿很长而身躯较小的则集中在南方。[1]

二、地 质

地质情况首先影响到人的体质。中国幅员广大，人体体质的地区差异亦颇为明显，《素问·异法方宜论》说："东方之域，天地之所始生也。鱼盐之地，海滨傍水，其民食鱼而嗜咸，皆安其处，美其食。鱼者使人热中，盐者胜血，故其民皆黑色疏理。其病皆为痈疡，其治宜砭石……西方者金玉之域，沙石之处，天地之所收引也。其民陵居而多风，水土刚强，其民不衣而褐荐。其民华食而脂肥，故邪不能伤其形体，其病生于内，其治宜毒药……北方者，天地所闭藏之域也，其地高陵居，风寒冰冽，其民乐野处而乳食，脏寒生满病，其治宜灸焫……南方者，

47

---

[1] ［苏］阿列克谢耶娃：《地理环境与人的生物学》，第2页，兰州大学出版社1987年版。

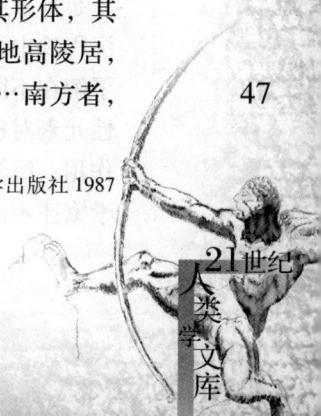

天地所长养，阳之所盛处也，其地下，水土弱，雾露之所聚也。其民嗜酸而食胕，故其民皆致理而赤色，其病孪痹，其治宜微针……中央者，其地平以湿，天地所以生万物也众，其民食杂而不劳，故其病多痿厥寒热，其治宜导引按蹻。"徐灵胎《医学源流论·五方异治论》对此也有论述："人禀天地之气以生，故其气随地不同。西北之人气深而厚，凡受风寒，难于透出，宜用疏通重剂；东南之人气浮而薄，凡遇风寒，易于疏泄，宜用疏通轻剂。至交广之地，则汗出无度，亡阳尤易，附桂为常用之品。若中州之阜湿，山陕之高燥，皆当随地制宜。故入其境，必问水土风格而细调之。不但各府各别，即一县之中，风气亦有迥殊者，并有所产之物，所出之泉，皆能致病。"由于不同地区的居民其体质不同，因此，在诊断与治疗上都有特殊性，应"因地制宜"。

生态学认为生物体中所存在的全部化学物质都来自土壤、空气和水，这些化学物质在适当的时候又回到这些储备库中去。由于不同地区的地壳中所含的化学成分不同，因此水质与植物成分也随之不同，动物与人的体质也因此而不同。现代环境地质学研究指出：在地质历史的发展过程中逐渐形成了地壳表面化学元素分布的不均一性。这种不均一性在一定程度上控制和影响世界各地区人类、动物和植物的发育，造成了生物生态的明显的地区性差异。地理因素中水与体质关系尤为密切。《吕氏春秋·尽数》记载了五种不同水土与人群疾病的关系："轻水所多秃与瘿人"，"重水所多尰与躄人"，"甘水所多好与美人"，"辛水所多疽与痤人"和"苦水所多尪与伛人"。至于这五种水各指什么，现已无法知道，但能指出由于不同地区的水质不同从而能影响地方性的多发病，这是可贵的。《管子·水地篇》称："越之水浊重而泊，故其在愚疾而垢。"《史记·货殖列传》称："江南卑湿，丈夫早夭。"瑞典贝约克等研究了水质硬度与心血管疾病死亡率的关系，他们认为心脑血管病的死亡率在软水地区比硬水地区为高。在日本，河水中硫酸盐高的地区脑血管病死亡率也高。另有报道发现在饮用水 pH 值低的地区发现癌症也较多。至于诸如大骨节病、克山病及单纯性甲状腺肿等疾病的地区性分布等事实已为大家所熟知。地球化学家们了解不同地区、不同岩石和沉积物中元素的含量；水文学家了解地表水和地下水的成分；土壤学家了解在不同气候条件下土壤的形成和成分；植物生理学家了解土壤中活性元素对植物的作用；医学生化学家和生理学家了解生理过程中离子的作用；医学家了解元素过剩和缺乏对健康与疾病的影响。唯有人类体质学家还不能确切地了解水及其中的元素对人类体质的具体影响，这是生态学与医学的空白区。①

在地质条件的影响下，人的活动也会表现出各自的特点，以活动而缓解体质上的不足，是人类健康需求的一种表现。

三、纬　度

低纬度地区，特别是热带地区，人的身体结构更多地表现出变异性的特点。"毫不夸张地说，在这种变异性的范围内，实际上包括了目前地球上全部已知的人类群体变异性"。② 这种变异是由热带地区的生态因素所引起的，诸如气温、湿度、蒸发量和气压等，都会影响到这个地区内人类的身体结构。这些生态因素在某种程度上造成了热带居民形态特征的特殊性，同样也促进了该地带内居民身体结构特点的地方性变异。③

低纬度地区的人在生理上还有其特殊性。炎热地区，人的基础代谢降低，这种影响是由于太阳紫外线辐射的作用。它的影响相当大，在热带地区环境内，太阳紫外线辐射的增强，能抑制人体内的氧化过程，并且使新陈代谢活性下降。热带地区原有居民的特点是肌肉基本上不发达，因此，在热带环境内人类基础代谢降低与原居民的体格相关。营养对基础代谢强弱也有着很大的作用。在热带气候环境内，人类基础代谢的降低可能是由不同原因引起的，这些原因中既有环境中由于太阳紫外线辐射增加而导致的高温（这种辐射抑制着人体内的氧化作用），又有饮食中卡路里含量的低下，还有肌肉组织不发达（肌肉组织不发达致使人体功能程度降低）。④

低纬度热带地区的蒙古人，像其他地区的蒙古人一样，同欧洲人种、黑种人以及澳洲人相比较，其特点是身体相当强壮。他们一般身材不高，但体重较大。在外国文献中最常见的身体强壮指数——罗列尔指

---

① 匡调元：《人体体质学——理论、应用和发展》，第 55～57 页，上海中医学院出版社 1991 年版。

② ［苏］阿列克谢耶娃：《地理环境与人的生物学》，第 77 页，兰州大学出版社 1987 年版。

③ ［苏］阿列克谢耶娃：《地理环境与人的生物学》，第 129 页，兰州大学出版社 1987 年版。

④ ［苏］阿列克谢耶娃：《地理环境与人的生物学》，第 142 页，兰州大学出版社 1987 年版。

数，是说明体重对其相应的身高比率的。蒙古人的罗列尔指数比其他种族高得多。小亚细亚、西南亚和南亚的欧罗巴人的罗列尔指数，处在拉丁美洲印第安人和非洲黑种人的罗列尔指数的中间。最瘦长体型的是澳洲的原有居民。①

伯格曼定理和艾伦定理提示了纬度与生物体体形之间的关系。根据伯格曼定理：同种的两个个体小，小个体更利于散热，因而更适应热带气候。因此，同一物种的热带个体会比寒带个体纤细。艾伦定理进一步指出：寒冷地区的动物肢体比炎热地区的动物肢体（特别是肢体末梢，如手指和脚趾）粗短。反之，炎热地区动物的肢体则比寒冷地区瘦长。我们看到这两条定理也适用于人，特别是成人。例如，中国南方人的肢体多比北方人纤细，而北方或西北地区的人体末梢，一般比南方人短粗。

四、海　拔

许多研究者认为，在高山地区环境中，人的基础代谢、体内氧化还原酶活性、肾上腺和甲状腺的机能都有所降低，心脏收缩节律也有所减缓。而血液依靠血红蛋白程度和红细胞数量增加所产生的加氧作用则有所提高。所有这些特点都是高山地区居民对氧气消耗更加节省的适应性。②

高山地区居民身体结构的共同特点是，胸廓外形和骨骼的长骨相对增长，而其生理特点则是血液中氧气饱和度增强，这种增强是在居民机能形态条件下实现的。这两个特点都可以作为居民对血氧过少环境的一种生物适应来研究，看来，导致居民身高和体重增加的整个基础代谢的提高，可以认为是居民的适应反应之一。③

---

① ［苏］阿列克谢耶娃：《地理环境与人的生物学》，第80页，兰州大学出版社1987年版。
② ［苏］阿列克谢耶娃：《地理环境与人的生物学》，第162页，兰州大学出版社1987年版。
③ ［苏］阿列克谢耶娃：《地理环境与人的生物学》，第181页，兰州大学出版社1987年版。

第**3**章

人类体育与自然

第一节 人类在对自然的适应过程中
产生的体育文化

自然界是一个残酷的生存竞争大战场。各种动物凭借自己的特殊天赋获取食物，虎、豹的利爪，马、羊的快腿，鹰犀利的锐目，龟鳖的天然盔甲，它们凭本能去抗衡外界，躲避袭击，以求得生存。唯独人类不是这样，人类从一开始就拿起了石头、木棍。显然，严酷的环境和落后的生产方式迫使人类必须具备攀登、爬越、奔跑、跳跃、投掷、射箭、游泳、操舟等方面的身体活动能力与快速、灵巧的反应能力，以及准确有力的击打和投刺本领。人类之所以在身体的角斗中早就凌驾于动物之上，在恶劣的环境中生存和发展，就在于我们的祖先在漫长的生产活动中逐步创造并完善了许多原始工具，如石制的刀、斧、矛、箭、镞和网罟、舟、车等。为了使用这些生产工具人们必须提高自身的技能，以发挥生产工具的最佳作用。攀登、爬越、奔跑、跳跃、射箭、投掷、游泳、操舟等技能是人类在同大自然的斗争中常用的身体活动方式，也是生产劳动技能，这些身体活动就是原始的体育，即体育的前身。

"人类通过劳动的过程，在认识自然的同时，也改善了自身劳动生理机能，劳动导致了人类自身对动作技能的需要。使人的体质日趋完善，手脚愈来愈灵活，人的肢体动作也愈来愈丰富多彩和生动优美。劳动创造了人，劳动创造了人类社会，体育在劳动中得以萌芽。"

人类不断摆脱自然的束缚，有目的地去认识自然、适应自然和改造自然。早在四五千年前由于生产劳动和战争的需要，人类已制造和使用

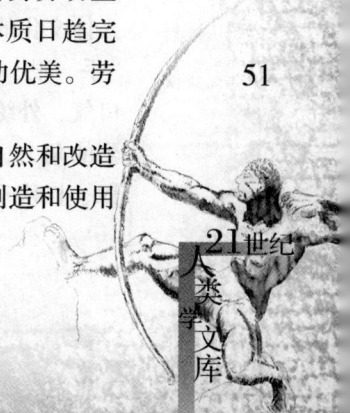

51

工具了，从简单到复杂的实践创造过程是以主动模仿制造，学习传授，训练使用和再学习再创造为基础的，是不断发展和提高的活动过程。这种有意识，有目的，有计划，有组织的活动，就是人类早期教育的雏形。原始社会教育的目的是为了有效地将前人在漫长的，极其严酷的条件下生息、繁衍、渔猎、农耕、劳动以及同自然界、生物界，包括人类攻防、搏击的经验和技能，传给一代又一代的年轻人，究其内容和手段，往往多是进行身体训练和劳动技能的模仿，也包括一些部族之间战争的手段和方法。从这个意义上讲，人类早期的教育是建立在"身体练习"的根基上的。由此，也孕育了古代早期体育活动的萌芽。从此，原始的体育活动形式伴随着人类艰辛的劳动生活而逐步出现了，如原始的砍、砸器，刮削器，大三棱尖状器等，既可以做工具，又是武器，在以后的发展中石头变成了弓箭，木棍变成了后世的刀、枪、剑、戟等兵器。又如，古代的举石球、掇石墩是木、石制的举重器具，从木、石器制到现在铁制的举重器械，都是发展与演化的结果。体育的产生和发展与生产劳动、教育、战争、祭祀、宗教活动、乐舞祭仪、休闲娱乐活动以及科学技术的发展有着密切依附和互相联系的关系。

生命的产生与终止，引起了人类对生命存在的哲学思考，对生命和身体运动的探索和研究。在中国，古代就有集搏击和保健特色为一体的武艺、武术、养生术活动，是中华民族独具特色的文化，被视为国粹。"保健养生有导引术、行气术、按摩术。导引、行气术中的五禽戏、易筋经、八段锦、小劳术及各种保健功和太极拳等，都是通过姿势调节、呼吸锻炼、身心松弛、意念的集中和运用，以增强人体各部分机能，启迪人体内在的潜力，达到防治疾病、延年益寿的目的。这种传统体育文化，强调以人为本，以伦理为中心，强调整体性、和谐性、统一性。使人们只求娱乐，不求胜负；只求健身养身，不求竞争；只求技艺。"中华武术中的招法、套路、器械，积累了多少代人的智慧，南拳北腿、少林武当，以至太极、气功都是在漫长历史的岁月中发展起来的。人类将多少代人的智慧集中于一招一式，功夫讲"真"，用意（用气）讲"善"，技艺（技巧）讲"美"。中国武术是独特的东方人体文化，东方人体文化的核心是身心一元论，要求内外五关俱要相合，外五关即"手、眼、身、步、劲"；内五关为"精、气、神、力、功"。"内练一口气，外练筋骨皮"。气势的获得才是武术的最高追求。无论是竞争激烈的角力、射弩、摔跤、赛马、顶扛，还是趣味性极强的跳鼓、摆手舞、打秋千，都呈现出东方文明的特殊气质，有争而又礼让，蛮劲而不粗野，力掘而不笨，灵巧而实，娴熟而不悬浮，情饱满而含蓄内向，趣味横生而不庸俗，表现了中华民族的性格和智慧，显示出几千年经久不衰，自强不息，厚德载物，阴阳变易，生生不息的精神文化和相应的系统方法论特征。表现出中国人注重内外兼修，形神兼备，具有鲜明的民族文化和丰富的哲学内涵。中国古代的体育文化是由各民族共同创造的，既有体现中原文化、草原民族文化与南方水域民族文化特点的运动内容，又有盛行于历代民间节令和宫廷中的民俗体育形式。丰富多彩的古代体育文化是从生产实践活动和军事战争技能中转化出来的系列活动项目，如射箭、田径以及水上与冰雪体育项目。奔跑、跳跃、攀登、爬越、投掷、游泳是古代人们在生产和生活中必不可少的一种技能，至今仍然是学校、军队训练和体育运动训练的主要手段及内容。中国古代有具有娱乐特色的球类运动——蹴鞠、马球和捶丸，有益智的棋盘类游戏，有具有地域和民俗时令特点的民俗、民间体育，如龙舟竞渡等一些具有民俗特色的体育活动。虽然有些内容、项目消失了，但从现代许多体育项目中仍然能够发现并找到与它相近或相通形式的影子。中国古代体育在世界体育史中占有重要的地位。

人类在长期文明进化的过程中，早就认识到飞禽走兽的活动功能，并设法模仿它们的动作以增强人的身体素质和活动能力。如春秋战国时期，人们编出了"二禽戏"来进行锻炼。到了后汉末期，名医华佗根据虎、鹿、熊、猿、鸟的自然动作，又将"二禽戏"发展成为"五禽戏"。我们现在的太极拳运动也模仿了许多禽兽的动作。例如，"白鹤亮翅"就是模仿白鹤展翅欲飞的动作而来的，这个动作既美观，又能达到伸舒筋骨、开阔胸怀的目的。还有些像形意拳、猴拳、鹰拳、螳螂拳等，则更像动物的原始动作。从角抵到相扑再到摔跤都是模仿后又相互关联，交互影响的变更形式。现代篮球项目是从"向有底的竹篮里投球"游戏而来，乒乓球运动是从打网球派生而来；排球是在"空中飞球"的基础上演变发展而来的。人类模仿动物动作，在提高运动技艺方面也有广泛的应用。当初，人们在田径比赛中的起跑姿势是直立的，动作紧张，所以速度不快。后来人们根据袋鼠在跳跃前总是把腿收缩起来再跳的方法，采用了蹲踞式的起跑姿势，果然，起跑后的速度要比直立时快得多。又如游泳，青蛙、海豚是游泳的能手，人类模仿青蛙、海豚的姿势，创造了"蛙泳"或"蝶泳"。在体操运动中，也有许多仿生动作。如鱼跃滚翻、燕子平衡等动作，都是仿生而得的。人们不断受到来自生物界的启示，并发现许多动物在漫长的进化中形成了适应生存的特

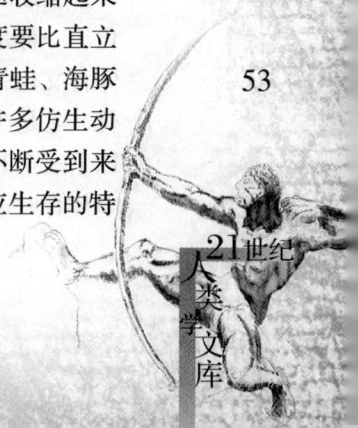

殊功能，人类虽然不具备许多动物的感官特征，但它们在生物界的众多动物身上都存在，人们发现动物的优点也能为人所用，20世纪中期仿生学诞生了。由此可见，体育是人类智慧的结晶，文化的积累。

体育是体能与身体技巧结合的教育。没有一种教育不属于文化范畴。体育的英文词汇常使用的有三个：physicaltrain意为身体锻炼，game意为游戏或比赛，而正规使用的physicalculture的直接意思是"身体文化"。由于文化的概念十分宽泛，几乎涵盖了人类社会的一切活动领域。从人类活动的领域看，有改造自然的活动，有组织和改造社会的活动，也有改进和完善人类自身的活动，这些活动都可看作是一种文化的反映。从功能要素的不同又可将文化分为意识文化、行为文化和物质文化及精神文化。体育与人类文化体系的交汇，形成一种独特的文化现象，即体育文化。随着人类社会文化的进步，为体育在文明时代的发展揭开了序幕。从奴隶社会后期到封建社会，体育在发展的速度和规模上，都大大地向前迈了一步，这一时期运动项目日益增多，参加体育活动的人明显增加。在中国养生术和养生思想的发展尤为迅速，在思想观念上文武双全已成为封建社会衡量人才的重要标准，军事武艺在社会活动中越来越显露出它的重要性，在这个历史阶段中，民族传统体育发展迅速，民族之间体育交流日益频繁。17世纪后，西方各国相继完成了工业革命，欧洲进入到了工业社会，并在19世纪达到昌盛。它引起了生产技术的根本变革，也促使了人们的社会思想和生活方式发生了巨大变化。这个时期的体育（即现代体育的早期），随着资本主义的蓬勃兴起而迅速发展。这一时期，体育具有以下特征：①体操、田径、球类、举重等运动项目已经广泛开展、普及；②体育开始形成独立的学科体系，并广泛运用近代科学的研究成果作为发展的理论基础；③体育运动已具有强烈的竞赛性和广泛的国际性，奥林匹克运动的产生成为必然；④体育已成为学校教育的重要组成部分，成为造就全面发展人才的重要内容和手段；⑤受西方资本主义社会的影响，体育运动项目和规模都远远超过了封建社会和奴隶社会。

长期的历史演变，形成了（东方与西方）两种传统的古代体育文化。一种是包括中国、埃及、印度、日本和伊斯兰等文化圈在内的东方体育文化；另一种就是以古希腊奥林匹克运动为主的欧美西方体育文化，它是当今世界体育运动的主要源流。体育的产生与发展大致经过了以下三个时期：原始体育萌芽产生时期，体育形成与发展和人们自觉从事体育时期，体育制度形成与完善时期。经过这三个时期，逐步形成了现代体育体系。其中：竞技体育、大众体育的发展是推动现代体育发展的主要动力。

第二节 人类体育象征着人对自然的征服及对自我的超越

人类体育从诞生之日起，就有追求自身极限能力或超越极限能力的美好梦想，这个梦是古老的也是永恒的。体育是人类有计划、有意识满足自身生存、享受和发展等不同层次需要的社会实践活动。因此，体育的发展总是随着历史的进步和人类社会对体育需要层次的提高而不断发展变化的。

体育对改善人类自身的环境具有特殊的作用，这种特殊作用是人的全面、自由、协调的发展，是身心的完美展开和全面实现，是个体人格和社会人格的和谐与统一。人们对体育所具有的这种作用的认识经历了由浅入深、由表及里、由感性到理性的过程。在原始社会，体育作为其他社会活动的副产品，原始人需要它仅是为生存和宣泄情感而已，这种需要是自发性的，因此人们对它的认识是自然的、盲目的。到了奴隶社会和封建社会，尽管社会经济水平提高了，但体育仍旧没有完全从其他社会活动中分离出来，成为有影响的独立的社会活动。虽然社会上有多种多样体育活动的开展，但这些体育活动很多都是依附在其他社会活动上的，所以，人们往往重视对那些体育活动中的另一类的载体，如教育活动、军事战争活动、医疗保健活动、娱乐、祭仪乐舞、宗教活动等的研究。人类对体育、对人自身改造的特殊作用的认识，是在人类社会进入资本主义社会后才逐渐明朗起来的。其一，在对人的价值和作用等方面，人们的思想观念发生了根本的变化。欧洲人文主义的启蒙思想家们主张"以人为中心"，充分肯定人的智慧、才能和人是现实生活的创造者与享受者。这一观念的确立，冲破了宗教的羁绊，恢复了人的力量和理性权威，人权取代了神权，人真正成了世界的财富和主人。其二，在新兴资本主义生产方式与生产力不断发展的基础上，资本主义经济得到了飞速发展。经济的发展极大地促进了近代科学技术的发展，如医学、解剖学、实验科学、血液循环理论、细胞学等与人体相关的科学发展很快。借助科技手段，使人对自身内部结构的认识加深了。特别是拉马克的用进废退学说和达尔文的生物进化论的创立，极大地推动了生物学、生理学、生命科学的研究与发展，人类对自身生命现象的探求兴趣也与

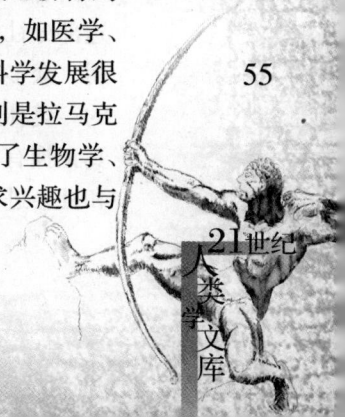

55

日俱增，且硕果累累。其三，在社会生产力和科学技术高速发展的推动下，体育形成了独立的科学体系。生产力的发展，经济的繁荣，给体育的发展创造了物质条件；科学技术的发展，则为体育向科学化方面发展插上了坚实的翅膀。体育与人们的生活越来越密不可分，体育对改善人类自身的特殊作用也越来越为人们所认识，体育已成为人类社会的一种独具特色的文化现象。

体育具有最广泛的社会基础，是世界上普及程度最高的一种文化形态，也是一种重要的社会文化资源，具有很强的社会影响和政治影响。在大文化的概念里，体育不过是文化参天大树上的一个枝杈，从外部形态的表面上看，体育无非是人类的一项肢体运动，然而原始本能的身体运动一旦被赋予了文化功能的内涵，任何生物的活动便不能与之相比了，也就是说，身体运动具有了文化符号的功能，使得人类的这种行为从一般生物行为变成了一种超越性现象。这种现象将人类生存状态作为最高的关注对象，表达人类生存的意义并构建基本价值，把提升人的精神境界，润泽人的心灵作为最终目的，这也是一种人格超越和理想境界的完成过程，直接关系到人类自身的精神再生产。人们把竞争、进取的生命活力同合作、交流的理性精神融为一体，以运动来体验或解答生命的意义，引发生命的活力，促进人的精神升华和人格的健全发展。

奥林匹克运动有一句著名的格言："更高、更快、更强。"这句格言是顾拜旦的好友、巴黎阿奎埃尔修道院院长亨利·迪东在其学生举行的一次户外运动会上，鼓励学生们时说的，顾拜旦借用过来，成为了奥林匹克格言。这句话充分表达了奥林匹克运动不断进取、永不满足的奋斗精神。虽然只有短短的六个字，而其中的含义却非常丰富。它既是指在竞技场上面对强手时，发扬大无畏的精神，敢于斗争，敢于胜利，也是指对自己永不满足，不断战胜自己，向新的极限冲击。这句格言还鼓励人们应该在自己生活的各个方面不断超越自我、不断更新，永远保持勃勃的朝气。体育运动是人类的文化现象之一。萨马兰奇说："奥林匹克运动就是文化加体育。奥林匹克精神是奥林匹克运动文化意识形态的本质内容。人类的各项竞技运动成绩和运动记录是社会文化的一部分。在这部分社会文化的积累、更新和创造过程中，奥林匹克运动起了重要作用，众多凝聚着人类智慧和体能的历史记载，多半是经过奥运会确立的。奥林匹克运动属于全人类，只有真正了解奥林匹克精神，人类才能真正拥有它。"体育作为人类文明的文化成果，是人类文明的重要成果和社会进步的显著标志。体育的文明成果（含物质文化、制度文化和精神文化）是一种实践活动，这一实践活动的特殊之处在于，它是通过有意识、有计划、有目的的身体活动来创造一种精神产品，这种产品有时凝结成一种物化的成果，以实物形态存在于社会之中，有时以一种制度化的形态规范着人们的行为，但更多的则是以一种精神形态的方式供人们欣赏品味和参与体验。同时，它还表现为精神形态的最高成果——自我超越。体育也是一个国家、一个民族文化中的有机组成部分，往往融合了本民族的历史传统、哲学理念、价值观念、生活方式等多种传统的、民族的本性特征。国际奥委会承认并尊重每个国家的特点及世界的多样性。

体育所蕴含的超越性普遍存在于竞技性、大众性、全民性、娱乐性、健身性、艺术性、民族性等许多范畴之中，这种超越性把大自然赋予人类的各种潜在素质从"沉睡"中唤醒，使人的天赋和潜能得到充分的发挥，产生创造性的表现，从而不断挑战与超越极限。无论是高水平运动员还是业余爱好者，都会在体育运动中暂时忘却生活中各类法则的桎梏而投身于一种超越的存在，以特定方式进行交流，达到精神境界的升华；都会在体育特定的环境中显示着人的价值，以运动参与来体验、解答生命的意义，引发生命的活力，并产生享受、快乐、幸福、愉悦、审美的情致。这种看似外在的、平常的、动态的、感性的体育活动，实际上也就是一种人格超越或人的理想境界的体验，直接关系到人自身的精神再生。观赏优秀运动员在一定的时间和空间条件下，把动作做得尽善尽美，使健、力、美高度统一起来，再加上和谐的韵律、鲜明的节奏、微妙的配合，表现出抒情诗般的、戏剧性的艺术造型，使人获得一种美的享受，消除疲劳和一切烦恼及不愉快。人们通过参加体育运动，特别是参加那些自己喜爱和擅长的运动项目，会在身体完成各种复杂练习的过程中，在与同伴默契的配合中，在与对手斗智斗勇的过程中，在征服困难的胜利后，如爬山登顶一般，得到一种非常美妙的快感和心理上的满足感；可以使人们产生自信心、自豪感，满足个人与同伴交往合作的需要。体育有助于形成竞争意识，被世人所公认的顽强拼搏、公平竞争、团结合作等精神，都具体地呈现了体育文化的意境。而"参与"、"更快、更高、更强"的奥林匹克口号更是典型地体现了人们赋予体育的文化价值，把竞争、进取的生命活力与合作、交流的理性精神和谐地融为一体。体育再也不单纯是生物和技术上的，还浸润着强烈的人文色彩。它不仅仅只表现为身体的强壮或肌肉的发达，还以深厚的文化、艺术的底蕴展现着人类追寻健康，以人为本，体现对人类自身，对生命的

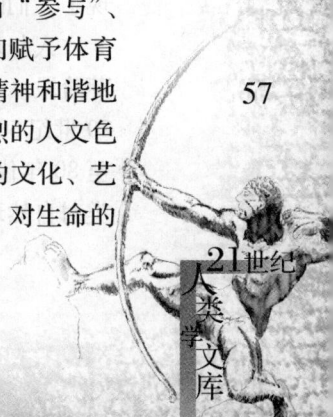

57

尊重与关注。体育运动有利于促使人从"自然"到"文化",从"现实"到"理想"的实现;有利于提高人体适应各种自然环境的能力;有利于促进人际关系的发展;有助于培养人们良好的合作精神;体育锻炼有助于形成竞争意识,有利于提高人们适应社会生活的能力或承担社会角色的作用,培养人们对社会节奏的适应性。体育运动关注人的精神解放,引导人的精神生活世界,关怀人的生活质量,促进人的健全发展,体现着人类对自身前途和命运的关怀。

体育是运动,是一种生命的运动,是一种锻炼身体、培养情操的运动,更是一种强与力的磨炼。现代体育已成为了人们日常生活的重要组成部分,以人为本、回归自然是追寻健康、快乐、幸福最积极的方式。体育最重要的价值就在于,它是人们自我表现和自我肯定的重要途径,是人们认识自我和超越自我的重要手段,其中蕴涵着巨大而深刻的精神价值。

第三节　人类在对自然的征服与改造中发展体育文化

人与自然的关系是生存与发展的基本关系。人与自然的关系体现在两个方面,一是人类对自然的影响与作用,包括向自然界索取资源与空间,享受生态系统提供的服务,向环境排放废弃物;二是自然对人类的影响与反作用,包括资源环境对人类生存发展的制约,环境污染与生态退化对人类的负面影响。从征服自然和改造自然来说,在历史文明进程中,特别是金属生产工具的出现,冶炼技术的不断提高,生产工具的不断改进,人们征服自然、改造自然的能力也在不断提高,从大禹治水到战国时期修建都江堰、郑国渠以及到后来的汉唐时期治理黄河等,都体现了中国人民征服自然,改造自然的能力。郑和下西洋反映了中国人民征服海洋的能力,丝绸之路的开辟则体现了征服西部戈壁滩的能力,这些都是生产力发展的结果。新中国把北大荒改造成"北大仓",同样体现了人们改造自然的能力。

人与环境的对立关系,总体上经历了四个阶段。一是环境问题的萌芽阶段(工业革命以前),二是环境问题的恶化发展阶段(工业革命至20世纪50年代前),三是环境问题恶化的第一次高潮(20世纪50年代至80年代以前),四是环境问题恶化的第二次高潮(80年代以后)。人类对自然环境真正产生影响是在西方工业革命的200多年间。在原始社会，人与自然和谐共处，由于人类社会的生产力水平十分低下，这种和谐更多地表现为人类对自然的敬畏和被动服从，到了农业文明时期，人与自然关系在整体上保持和谐的同时，出现了阶段性的、区域性的不和谐。随着人口的增加和生产力的逐步提高，人类开始不安于自然的庇护和统治，在利用自然的同时，试图改造和改变自然，而这种改造和改变往往伴随着很大的盲目性、随意性和破坏性。工业文明的出现，使社会生产力有了质的飞跃，人类改造或利用自然的能力有了极大的提高。这时，由利用变成了征服，人是自然的主宰思想占据了统治地位。20世纪，科学技术突飞猛进，工业发展的速度大大超越以往任何历史时期。人类从开垦荒地、采伐森林、兴修水利到开采矿藏、兴建城市、发展工业，创造了丰富的物质财富和灿烂的文化。现在人类的足迹上至太空，下至海洋，无处不有。然而，人与自然环境是相互依存、相互影响、对立统一的整体。人类对环境的改造能力越强大，自然环境对人类的反作用也越大，在人类改造自然界的同时，人类的生活环境也随之发生了变化，环境问题就是这种反作用引起的必然后果。当人类向自然界索取的物质资源日益增多，抛向自然环境的废弃物也与日俱增，一旦达到大自然无法容忍的程度时，大自然在漫长岁月里建立的平衡就遭到了破坏，这就是近200年来全球范围内环境问题日益突出的根本原因。

20世纪以来，人类向传统的"向自然宣战"、"征服自然"等理念提出了挑战。1962年，联合国发表了《人类环境宣言》，郑重声明只有一个地球，人类在开发利用自然的同时，也承担着维护自然的义务。卡森的《寂静的春天》以大量的事实论证了工业污染对地球上生命的损害，以及工业技术革命对生态破坏的后果，第一次就环境问题的严重性向全世界敲响了警钟。卡森的这部书拉开了"生态学时代"的序幕。绿色生态思想兴起于20世纪，60年代是绿色意识的启蒙阶段，绿色思想、绿色运动的理论基础是地球资源的有限性和生态的系统观。70年代是公众绿色意识的动员和形成阶段，罗马俱乐部关于"只有一个地球"的口号成为联合国人类环境会议的重要背景材料，工业发达国家及各国政府纷纷建立起环境管理机构，绿色意识成为了人类的共识。80年代是全球绿色意识形态的群众性普及阶段，学界、媒体全面介入绿色话题，绿色意识成为家喻户晓的常识，引发了全球化的进一步普及。90年代以后，绿色意识已成为全球化意识形态领域的重要组成部分，绿色运动的理念已广泛渗透扩展到政治、经济、科学技术、文化教育、体育等领域。

59

1987 年，世界环境与发展委员会发表了《我们共同的未来》，系统阐明了可持续发展的含义与实现途径。20 世纪 90 年代以后，一系列具有里程碑意义的纲领性文件和国际公约的问世，标志着走可持续发展之路，实现人与自然的和谐发展成为全世界的共识。1992 年，在巴西里约热内卢召开了联合国环境与发展大会，102 个国家的首脑参加了会议，共同签署了 5 个重要文件，通过了两个纲领性文件：《里约环境与发展宣言》和《21 世纪议程》。会议通过了《关于森林问题的原则声明》，有 153 个国家及欧洲共同体正式签署《气候变化框架公约》和《生物多样性公约》，确立了生态环境保护与经济社会发展相协调的原则，可持续发展成为了人类的共同行动纲领。2002 年，在南非约翰内斯堡召开的联合国可持续发展大会上，通过了《可持续发展执行计划》和《约翰内斯堡政治宣言》，确定了发展仍是人类的共同主题，进一步提出经济、社会、环境是可持续发展的三大支柱，以及水、能源、健康、农业和生物多样性等是实现可持续发展的五大优先领域。可持续发展思想缘于环境保护运动，但却是对人类传统发展模式，对人类有史以来，尤其工业革命以来的所有物质和精神成果的反思，它有着极其丰富的内涵。各个领域的专家、学者都相应地从各自的角度探讨可持续发展的概念、理论和方法。可持续发展的实施是一项综合的系统工程，包含了"政府调控行为、科技建设和社会公众参与"，是三位一体的系统工程。实施可持续发展战略就意味着一个国家或地区的经济发展和社会发展进程要从现在正在运行的传统模式转变到一个变化很大的新模式中去，这是一个重大的战略转变。同时，实施可持续发展战略要求建立真正的全球伙伴关系。从此，全球掀起了实施可持续发展的新热潮。

体育在现代 100 多年的发展历程中与环境问题也是冲突不断。在奥运会举办中诸多的不和谐进程，同样破坏了自然环境的和谐。每举办一届奥运会，从申办到筹办再到举办是一个较为复杂而浩大的系统工程，涉及多方面的问题因素，如大兴土木，使各举办国不可避免地要占地、伐林来建设体育场所、运动比赛场地、运动员村、道路交通、停车场等配套服务设施。巨额投资又加重了举办国的财政负担。（在历史上由于 21 届蒙特利尔奥运会 10 多亿美元的巨额亏损，使该市 300 万纳税人增加了 20 年都无法还清的债务负担。举办奥运会的费用又越来越昂贵，1980 年莫斯科主办的 22 届奥运会，总共耗费了 90 亿美元左右，这在奥运会史上是创纪录的数字。莫斯科遇到的是最严重的危机，一个国家一方面召开以和平、友谊为主要宗旨的奥运会，而另一方面却派兵入侵阿富汗，践踏国际法准则，给运动会带来严重影响，必然会遭到世界的反对和舆论的谴责。许多国家的奥委会相继表态拒绝参加，147个国家和地区奥委会，公开抵制或拒绝参加的占2/5，参赛的仅81个国家或地区。1984年奥运会的申办是洛杉矶一枝独秀，1988年的奥运会申办也只有汉城与名古屋两家，自从美国人尤伯罗斯将几乎没有人肯举办的1984年洛杉矶奥运会办成了一届赢利2.25亿美元的赚钱买卖之后，争办奥运会才成为全球许多国家和地区城市追求的目标。）而且，给举办国带来不同程度的生态环境污染，如城市建筑的噪音、车辆的尾气、生活与建筑垃圾、废水的排放、建筑装饰中的有毒气体、放射物质、建筑群高楼的增加会占用城市的大量空间，同时产生热岛效应及光线污染。水上项目也会污染水域。奥运会后，人去楼空，大量的设施、设备、场地空闲，资源浪费现象尤其突出。冬奥会若举办不当会消耗大量的植被资源。

现代奥运会使体育的规模越办越大，有向极限发展的趋势。自1950年以来，奥运会项目几乎是每一届都增加约20个，国际奥委会决定从2004年雅典奥运会开始消肿，新当选的国际奥委会主席罗格一上台，就提出了对奥运会的规模进行限制的建议。国际奥委会做出减少项目和参赛运动员的决定是一次革命，在缩小奥运会规模的同时，国际奥委会还作出了增加女子参赛人数的决定。众所皆知，许多运动项目的比赛都要利用自然资源，人类的一切活动对自然环境都有依附性，自然环境为体育运动的运行和发展提供了场所、资料，是人类体育产生、发展、演进的前提条件。在体育运动发展过程中所需的物质资料都是从自然环境中直接或间接获得的，自然环境制约着体育运动的运行和发展，对体育运动的运行和发展起着加速或减缓的作用。尽管国际奥委会在20世纪70年代就提出环保方面的要求。但是，随着国际间争夺"举办大权"的激烈竞争日益加剧，目前有些发展中国家或经济发达国家为举办大型体育比赛（含冬奥会、洲际运动会及各单项体育赛事），或兴建高尔夫球场、滑雪场而破坏大片植被森林来兴建体育场馆设施，造成了对自然生态环境的严重破坏。人们为开展体育活动而破坏自然生态环境、自然资源，已成为当今无可回避的现实问题，这完全不符合体育的宗旨。

早在20世纪70年代，奥运会与生态环境的尖锐冲突，就受到了国际社会和环境保护主义的强烈抗议。1972年的丹佛市就是迫于当地生态环境组织的压力，不得不让出举办第12届冬奥会的申办权，1974年温哥华也是同样原因而撤回举办13届冬奥会的申请，1990年9月奥委会

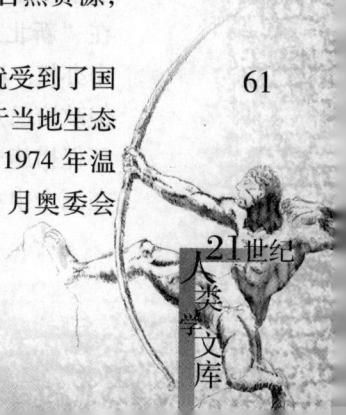

61

21世纪
人类学文库

第96次会议在决定第26届奥运会（奥运会百年盛典）举办地时，争办城市雅典从一直领先到最后落选，环境污染是落选主要的原因之一。最早进入申办角色的，并不一定胜出，自认为最有优势的，未必一定会赢。中国从1991年就加入了2000年奥运会的申办活动，1993年1月，北京奥申委向国际奥委会正式递交了2000年《申办报告》。在8个申办城市中，北京抢了第一。1993年9月23日，国际奥委会第101次全体会议投票决定第27届夏季奥运会的主办城市，结果北京以两票之差与2000年奥运会失之交臂。在圣洁的五环旗下，美国借口所谓的"人权"问题，悍然通过了一项反对在北京举办2000年奥运会的决议，奥运会申办程序没能躲得过强权政治的粗暴干涉。从另一方面来说，北京已属于世界严重污染的城市。据世界资源报告，对世界50家选定城市的大气环境质量进行评比，中国的参评城市是：北京、广州、上海、沈阳、西安。评比结果：最差的10个城市中国占5个。

现代大规模的各种体育赛事，需要人与自然的和谐气氛和条件，既要充分利用自然资源发展体育运动，又要自觉珍惜、保护自然环境，实施可持续发展的战略目标。"绿色体育思想是在整体、协调、循环、再生、平衡等基础上经过更深入发掘的思想。整体性和平衡性是绿色思想的基本原则，是可持续发展战略的理论出发点，而公正性与平等性则是绿色体育思想在继承了人类公正文化积极因素的同时，对公正与平等赋予的新意义，包含了'人地公正'、'代际公正'等。此外，实施节俭性、持续性也是绿色体育思想的重要准则"。人与自然是相互依存的，因为自然为人类提供了所必须的物质生活基础，可持续发展是人类文明向前发展的新战略，它主张社会效益、经济效益、环境效益的和谐统一，主张在人类文明进步中要处理好局部经济发展与整体生态系统的关系，处理好人类当前利益与长远利益的关系。作为全世界的奥运体育盛会更是应该遵循绿色思想的各项原则。继"体育、文化"之后，国际奥委会将"环境"列为奥林匹克运动的第三大支柱，并将保护环境的条款写进了《奥林匹克宪章》。1999年制定的《奥林匹克21世纪行动议程》要求申办和举办国家在越来越严格的环境标准下办奥运会。2001年北京在"新北京，新奥运"的申办口号下，成功地获得了2008年奥运会的申办权。国际奥委会在评估报告中说："北京存在较重的环境污染问题，但政府已意识到这个问题，并已承诺要改善空气质量，提出了一整套的环保措施……将把北京在环保方面可能存在的问题减少到最低限度。"在五个申办城市中之所以能够以绝对优势胜出，很大程度上取决于北京提出的"绿色奥运、科技奥运、人文奥运"三大申办理念，体现了中国5000年来哲学思想的精髓，"天人合一"是环境与人类生存之间的和谐统一，发展是人类永恒的主题。

人类的可持续发展要想成为可能，就必须协调好人、资源与环境之间的关系。资源是否能够得到合理的开发和利用，生态环境能否维持自身的平衡与良性循环，这不仅关系到每个人的切身利益，而且还关系到整个人类的延续和发展。

第四节　人类在回归自然中产生的人与自然和谐发展的科学体育发展观

从今天的眼光看，在过去漫长的岁月里，人类文明在很大的程度上存在着盲目性。近200年来的工业文明在带给人类巨大繁荣和享受的同时，不也带来了巨大的灾难和痛苦吗？据世界卫生组织报告："目前全世界有10亿以上人口生活在污染严重的城市，而在洁净环境中生活的城市人口不到20%。全世界有近1/3的人口缺少安全用水，每天有数以万计的人的死与水污染有关，食品中毒事件经常发生。由于自然资源的非正常利用，人工异化物大量滋生，干扰了自然生态的正常演化，破坏了整体自然生态系统的稳定和平衡，出现了全球性的生态危机。"蓦然回首，人类发现自己已深陷10大环境的危机中，臭氧层的破坏、温室效应、酸雨危害、土地沙漠化、森林面积减少、物种灭绝与生物多样性锐减、水环境污染与水资源危机、水土流失、城市垃圾成灾、生态失衡与世界人口危机已成为世界性的公害。今天人类的危机越来越多，究其缘由在人与自然的平衡关系被破坏，科技的敞开越是透亮，大自然的隐匿越是深沉。在现代科技昌明的时代，人类开始重新敬畏自然、追思自然，回归自然，与自然和谐共处。珍惜地球资源，实施可持续发展战略，成为了全人类一项迫切的思想和行动任务。

现在提起环境保护，已经不再是一种单纯的环境保护的概念了，而是已经发展成为包容自然、社会、人文、经济、政治、文化、体育科学等众多领域在内的社会发展理论，并形成了社会、经济效益和自然环境协同共荣的可持续发展目标。体现为一种协同的绿色价值观、绿色的行动、绿色的行为与准则、绿色的生活方式等。绿色生态思想观察、考虑问题的出发点不再是自然界中狭隘的人类子系统，而是整个生态系统。绿色生态思想认为要节制对自然资源、能源的掠夺性索取，要"恩泽鸟

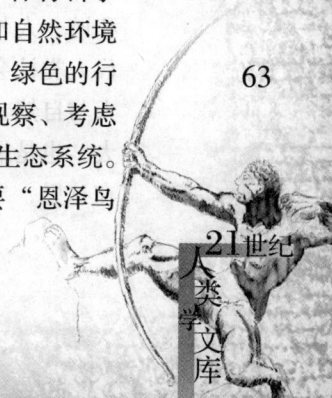

兽，惠及子孙"，要在追求人与自然和谐协调的过程中实现人类社会的可持续发展。今天，绿色生态思想已成为日益改变整个人类思想观念和生活方式的一种国际化思潮。绿色思想的广泛传播，促成了一系列国际环保组织的成立，推动着国际环境保护运动的蓬勃发展，为新世纪人与自然的协调和谐，为人类社会实现可持续发展指明了正确的方向。

健康是一种理念，生命运动是一种生活方式。今天，当人类为绿色环境而投资，在接受大自然风调雨顺的恩赐时，当我们用锻炼为生命储蓄时，我们不仅能唤起昂扬的斗志，练就强健的体魄，更能用毅力、耐心去滋润绿色心灵的成长。体育与绿色一脉相承，绿色给予人类旺盛的生命力或蓬勃的发展生机，代表着友善、和睦、宽容、理解、和平、和谐。体育给予人类生机与活力、健康与快乐、友谊与和谐、公平与公证、和平与发展，体育作为人类社会的一种特殊文化活动，具有广泛的兼容性或融合性。从体育的产生和发展可以说明这一点：一是人类需要并创造了体育，因体育对人类自身及社会的推进作用，体育本身就是一部绿色史；二是体育给人类和社会以生机、活力、和谐、友谊、和平，是健康、幸福、快乐的使者，是人类社会实施可持续发展的最好代表；三是现代人类的健康和社会文明的进步受到挑战与危机，现代体育发展遭受"公害的污染"也日益严重，时代呼唤着绿色体育思想的建立和实现；四是绿色体育将融合"绿色奥运、科技奥运、人文奥运"的三大理念，使现代体育向无污染、无公害、团结与和平、平衡与和谐、进步与发展、公平与公正、科学与生态的时代持续发展，绿色与健康是人类唯一幸福的源泉。

联合国教科文组织在《体育运动国际宪章》中指出："考虑到体育运动与自然环境相结合能使体育运动丰富多彩，唤起人们尊重地球资源和关心为了整个人类更大利益而保护与使用这些资源，考虑到世界现有的训练与教育形式的多样性，尽管各国运动结构有差异，体育运动却并不局限于人体的幸福与健康，还有助于人的充分和平衡的发展。"绿色体育与人们在回归自然中所产生的人与自然和谐发展的科学观是一致的，是相互联系、交互影响和相互促进的。在人与自然和谐，在人与人和谐、人与自身和谐等方面创造的财富价值、精神价值及作用价值是现代人类社会可持续性发展的典范。当今世界，人类正致力于减少或减弱人与自然、人与人的对立和人与自身的冲突时，越来越看清了那个最强大，也是最后的敌人，就是我们每个人自己。"知己知彼，百战不殆。"在这里，"己"是自己，"彼"也是自己。所以，西方名言警示人类：

"认识你自己。"中华古训提醒我们："人贵有自知之明。"古今中外，所有关于"人"的学问告诉我们：作为人，无论我们战胜了什么、成就了什么、拥有了什么，无论外界给予了我们什么样的帮助，如果我们没有养成有利于身心健康的思维习惯与行为习惯，就很难战胜自己、改变自己，很难以超然真纯之心融入这个世界以至深爱这个世界，那么，我们就很难领略生命美妙的真谛，并体验不到人生美好自由的境界，很难不被命运任意摆布，使身心在病魔的纠缠中，制造出各种矛盾、错误，铸成各种痛苦甚至罪恶，危害自己、他人甚至社会。人类大多数文化的内容手段是指向自然界开战的，而体育却指向了人类自己。体育的这种价值规律，可以使人产生自信心、自豪感、自尊心，满足人的个体与群体的合作与交往，发展人际关系，促进个体融入社会。在人的社会化过程中，体育无论是作为手段还是内容，都具有十分广泛重要的作用，如教导人的生活技能、传授文化科学知识、教导人的社会行为规范、整合社会的价值，能为人们提供一种积极向上的生活方式，生活方式的奢侈化、庸俗化必然造成一个社会整合力的下降，体育是精神文明建设的重要内容。

人类社会已迈入了新世纪。但人类正面临着自然环境破坏化、社会环境复杂化、生活制度机械化、余暇时间浪费化、健康状况恶劣化的问题，体育在现代社会中的作用和意义越来越成为人们关注的焦点。随着社会的发展和科学技术的进步、生活水平的提高。现代人的生活节奏变得越来越快，工作压力越来越大，生活空间越来越小……现实的环境让现代的人们应接不暇，持续的、不断增多的刺激，使人们的感觉阈限也不断提高。在中国从20世纪70年代的交谊舞，80年代的迪斯科，90年代的保龄球、桑拿浴，到本世纪的高尔夫球、上网吧、进茶室打扑克、学驾驶等流行风潮，都已经远远不能满足人们日益增长的感觉与需求欲望了。一方面，人们更加需要寻求刺激、发泄压力、释放能量；另一方面，对于一般性的刺激、享受，人们也习以为常、不足为奇。这时，人们便开始追求更为强烈的刺激，从而获得所需要的感觉和唤醒。人类自身自主意识的觉醒，使人们越来越清楚地认识到生命的可贵。回归自然、以人为本、追寻健康成为了现代人的体育理念，"体育为健康"、"体育为大众"、"体育为终身"的现代体育观已经形成，体育的功能和内涵在不断地扩展和外延。在信息化、知识化、经济化、科技化的时代，人不仅要创造生活，而且要享受生活。现代人把健康、快乐、幸福的生活作为终生追求的目标。体育是人类为了自身健康和快乐而选择的

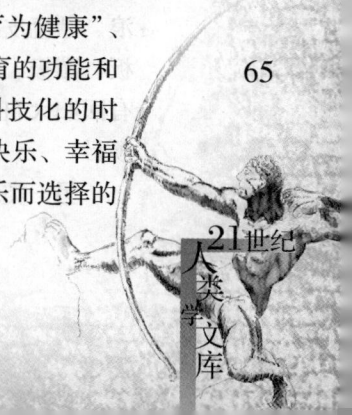

一种运动方式，对人们的现实生活和社会发展起到了积极的作用。生活条件的改变，使人类也越来越清楚地认识到体育在健康、幸福、快乐、生活中的价值，是人类生活不可缺少的组成部分和重要内容。为此，国际上体育热潮的兴起，在新时代已成为一种新的时尚。

社会的发展依赖科学，体育的进步有赖于科学，在当今竞技水平已经很高的情况下，运动场上的竞争实质上是科学技术的竞争，没有科学训练，不可能达到高水平，体育科学化是体育现代化的重要标志。社会越发达对人类自身的要求越高，人不仅要认识自然、认识社会，更重要的是认识人自身。科学使人与自然协调融合，体育使人与自然的融合更趋完善。凡是参加体育运动的人们都要把人体自身的科学与自然科学有机联系起来，在了解自身体质特征的基础上进行科学锻炼，以达到提高运动锻炼效果的目的，另外，体育知识系统化学习、主动模仿也是体育学习的重要方式。当人们树立了终生运动的观点后，就能主动吸收各种信息，自觉确定锻炼目标与运动方案，寻求各种形式的体育运动。而通过信息的系统技术主动模仿、主动学习运动技能，将成为运动学习的重要方式。现代社会许多领域已广泛采用了现代科学技术的理论与方法，如科学的决策、科学的管理、教学的科学化、训练和科研等。体育已成为社会各领域、阶层，成为不同人群、不同民族和不同国家普遍接受的一种生活方式和社会文化现象。

在现代体育的发展过程中有一股新颖的运动潮流称为"极限运动（extreme sports）"，它是指人类在与自然的融合过程中，借助现代高科技手段，最大限度地发挥自我身心潜能，向自身挑战的娱乐运动。它除了追求竞技体育超越自我生理极限"更高、更快、更强"的精神外，更加强调参与和勇敢的精神，追求在跨越心理障碍时所获得的愉悦感和成就感。同时，它还体现了人类返璞归真、回归自然、保护环境的美好愿望，因此被世界各国誉为"未来体育运动"。极限运动的许多项目都是近几十年刚诞生的、是方兴未艾的体育项目，根据季节可分为夏季和冬季两大类，运动领域涉及"海、陆、空"多维空间。夏季运动主要比赛和表演项目有：难度攀岩、速度攀岩、空中滑板、高山滑翔、滑水、冲浪、漂流皮划艇、摩托艇、水上摩托、水上滑翔、水底探幽、雪地滑板、蹦极、滑板（轮滑、小轮车）的 U 台跳跃赛和街区障碍赛等。还有回归大自然的定向越野、漂流、探险、野外穿越、野外生存等运动项目。

另一类新潮的运动是"拓展运动"，它起源于第二次世界大战期间

的英国海军。当时英国船只常被德国人袭击，很少的人能生还。生还者中，却多是年长的人。为什么会这样呢？后经专家的反复研究，终于得出了结论：原来，当遇到灾难时，年轻人很容易被恐惧所吓倒，一时慌了手脚，心理上的绝望，使他们丧失了求生的能力。而富有经验的年长者却能临危不惧，积极勇敢地面对现实，调整心态，发挥自身潜能，并最终获救。1942年英国为此创办了"阿德伯威海上训练学校"，专门训练年轻海员在海上的生存能力和野外生存技巧。战后，人们从中得到启发，把这种训练形式保持了下来，并创办了一所叫"outward bound"的学校，意为一艘小船驶离平静的港湾，义无反顾地驶向大海，去迎接挑战，去战胜困难！后来，拓展训练逐渐风靡欧洲，并于1995年进入中国。训练对象由海员扩大到军人、学生、职员等，训练目标也由单纯体能、生存训练扩展到培养积极进取的人生态度和团队合作精神。训练主要是利用崇山峻岭、大海、大川等自然环境，通过各种精心设计的活动，在解决问题、接受挑战的过程中，使学员达到"磨炼意志、陶冶情操、完善人格、熔炼团队、挑战自我"的培训目的。如今，拓展运动已是现代人和现代企业全新的学习方法和训练模式。拓展领域：意志力培养、心理历练、管理启迪、团队精神、生存训练；拓展作用：个人潜能、团队精神。拓展训练学校的课程分为回归自然、挑战自我、管理自我、团队建设、学习诊断、卓越领导、营销谋略、人生起点8类。

非竞技体育的蓬勃发展不断地丰富并充实着现代体育的内容，也开阔了人们对体育的视野，给人们参加体育活动创造了无限的选择空间。人们逐步离开传统的体育场馆，走向荒野，纵情于山水之间，向大自然寻求人类生存的本质意义。只身户外，以娱乐、休闲、冒险、刺激形式所展现的各种"未来体育运动"项目成了人们超越自我、挑战极限的空间。同时，也使人们认识到参加体育运动不再是竞技体育中职业运动员的专利。现代竞技的体育项目（奥运会项目等）逐渐被众多的难题困扰，打假球、吹黑哨、兴奋剂对体育的渗透，商业化、金钱对运动员的侵蚀，官员贿赂丑闻等，使体育精神遭受到空前的质疑与危机。以之相比，"未来体育运动"更富有超越身心极限的自我挑战性或观赏刺激性。当体育的本质越来越被金钱的光芒掩盖时，视野之外并非主流类的运动项目中，却潜藏着一股回归自然、融入自然、挑战自我，"天人合一"的思想境界。冲出都市文明的封锁，去和自然对话，还原人类作为大自然一员的本色，悄然成为都市人们最流行、最持久的时尚运动。回归自然，以人为本，体育为健康，体育为大众，体育为终身激励着更多的人

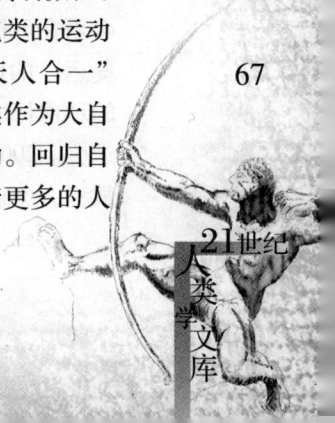

67

群投身于生命节律的运动中。在大自然这个博大精深、美丽而惊险的演练场里，人们抛弃了现代化文明带来的舒适与懒惰，充分体验回归人的本性与初衷，寻找人的力量、智慧和乐趣，使人拥有与自然界中的万物生灵所共融的本能。它的产生无论对体育运动的发展，还是对人类的健康，社会的进步都具有显著重要的意义。

第五节　对现代生态体育的科学解读

现代生态体育从实质上讲就是体育与环境的关系问题，生态体育就是积极主张在保护环境的有效前提下发展体育运动，建设绿色体育。现代人类向往绿色，也就是向往回归大自然，希望地球的生态不再被破坏，从维护人类、社会、经济、自然系统的整体利益出发尊重自然，珍惜、保护自然资源，重视生态环境的建设，提高生态环境的质量，使现代社会经济的发展建立在生态系统良性循环的基础上，以有效解决人类在经济社会活动中的需求同自然生态环境系统供给之间的矛盾，实现由单纯追求经济目标向追求经济与生态双重目标的转变，通过人类对自身的计划、资源的配置、土地的绿化等措施，实现社会、经济、自然三者协调全面发展的目标。今天，绿色生态思想已成为日益改变整个人类思想观念和生活方式的一种国际化思潮。为新世纪人与自然的协调和谐，为人类社会实现可持续发展指明了正确的方向。人类的最终目标是在供求平衡条件下的可持续发展。绿色关系到人类的生存和发展，绿色代表了人类的健康与友谊、和平与和谐、协调与发展。现代生态体育发展的典型特征就是绿色奥运理念的提出。

绿色奥运从实施的具体运作上就是要用保护环境、珍惜资源、维护生态平衡的可持续发展思想来筹备和举办奥运会。促进举办国家和城市环保基础设施的建设和生态环境的改善，从而更广泛地开展环境意识的宣传和教育活动，提高公众的环境意识。衡量现代奥林匹克运动成功与否的三项指标是体育、文化和环境。1999 年《奥林匹克运动 21 世纪议程》把体育、文化、环境保护作为奥运会的三大支柱，要求所有奥运会必须在可持续发展框架内举行。悉尼为争办奥运会，首先提出了"绿色奥运"的口号，从赛场设计、建设到比赛运行为全世界提供了一个全新的环保标准，实现了绿色体育的构想；2000 年悉尼成功举办了 27 届奥运会。2004 年 28 届绿色奥运会在雅典举办，108 年后奥运会终于重返故里，奥运会后的雅典是一个环境更加优美、建设大为改善、人与自然协调统一的美丽城市。2008 年绿色奥运是北京奥运会的三大主题之一，人们衷心地期待新北京、新奥运将在一座空气清新、环境优美、生态良好的世界东方大城市成功举办。通过举办奥运会促进经济、社会和环境的持续协调发展，使公众的环境意识不断的提高，为世界体育留下一份丰厚的环境保护遗产。《奥林匹克运动 21 世纪议程》是奥林匹克运动在可持续发展方面的理论和实践指南，将有助于世界各国奥林匹克运动大家庭的所有成员以及政府、企事业单位、公众更好地理解奥林匹克精神和持续发展理念，以实际行动来实践"绿色奥运"。

现代体育作为人类社会的一种特殊文化活动，是动态性、融合性发展的体系。奥运会在世界各大洲城市轮流举办，使奥林匹克运动从世界各民族绚烂多彩的文化中获得了取之不尽、用之不绝的文化源泉。奥林匹克运动需要在全世界不断吸收新思想和新文化，奥林匹克运动积极地吸收了绿色思想和持续性发展的新战略目标。奥运会是人类历史上的一个史无前例的杰作，它将体育的多种功能发挥得淋漓尽致。奥林匹克运动的目的是"致力于建设一个和平美好的世界"。借助体育的普遍性，奥林匹克运动完全能在推动可持续发展方面发挥更积极的作用。绿色思想和体育是相互联系、交互影响和相互促进发展的，绿色与奥运的密切结合为绿色思想和奥运精神的发展带来了良好的契机，是人类现代社会可持续性发展的典范。国际奥委会参照联合国环发大会的《21 世纪议程》，结合奥林匹克运动的特点，制定了《奥林匹克运动 21 世纪议程》，用以指导奥林匹克运动在环境领域的行动。从此，促进和实施可持续发展成为奥林匹克运动的重要任务之一。为使体育更广泛地为人类的协调发展服务，促进和平社会秩序的建立，以维护人类尊严是奥林匹克精神新的生动体现。如何创造一个优美的生态环境，同时又能促使人与自然的协调全面发展是奥运会的主要目标之一。为此，举办奥运会成为了改善城市环境的催化剂。

2004 年的雅典奥运会，环境建设是基础设施建设的重要内容。雅典奥组委提出了减少空气污染 35% 的计划，包括种植 100 万棵矮化风景树、29 万棵大树、1100 万棵灌木；要求所有的奥运会比赛城市建设都要在符合自然规律的前提下进行，太阳能、风力发电等新的能源和自然资源的综合保护技术被广泛采用。2002 年盐湖城冬奥会为保护重要生态地区而将滑雪项目移往别的地方。2000 年第 27 届悉尼奥运会的"绿色奥运"理念则更为人称道，奥运会主会场占地 200 多公顷，其中有 40 公顷是建在原来被工业和生活废弃物污染的场地上，在修奥运会公路

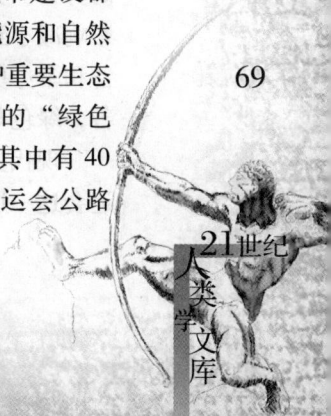

69

时，还专门修建了野生动物林蛙的出行通道，使其得到了保护；使用环保材料建造奥运设施；对固体废弃物分类回收利用，对使用再生纸等都提出了具体的指标。悉尼的杰作之一要属建造容纳万名运动员的奥运村，因为该村实现了可循环能量和能量功效的充分利用，成为世界上同一领域的成功典范。奥运村的住房安装有一套太阳能光照、通风和能量有效利用的设施，这也意味着奥运村的能量被节约50%。同时，奥运村还成为了世界上最大的太阳能社区，其太阳能设施每年所产生100万千瓦小时的电能，相当于一个小型发电站的发电量，太阳能在"绿色奥运"中得到了最好的体现。禁止乘私人轿车观看比赛，修建专门的公交路线，悉尼奥运首次实践了"绿色奥运"，好评如潮。1996年亚特兰大奥运会提出了有关垃圾、能源消耗和大气污染的计划。组织者认为，占地21英亩的奥运百年公园、新建的节能水上中心和交通系统是其环保努力成功的证明。亚特兰大在环境保护方面所做的努力还包括：在亚特兰大种了3万棵树，目的是改善亚特兰大的空气质量和给人们提供一片片浓浓的绿阴。耗资2100万美元的水上中心是一个节能样板，那里有世界上最大的屋顶太阳能系统，这套太阳能系统可用于发电和保持池水水温。由于使用了这套太阳能系统，每年可节省近3万美元的开支。组委会的另一大成就是五六百辆接送运动员和观众的可使用替换燃料的车辆，这些车辆因不烧汽油，大大减轻了大气污染。奥运百年公园是30年来美国修建的最大的城市公园。1994年利勒哈莫尔以环保为主题，建筑场馆、火炬和奖牌都使用环保、天然材料，在保护植被，保护野生动物，防治交通污染，废物回收等方面做了大量工作。被称为第一届绿色的冬季奥运会。1992年巴塞罗那将城市的环保作为核心，公布了《环保职责》，提出了"无烟运动会"口号。1988年的汉城第24届奥运会，为了控制燃煤的污染，采取了改变能源结构的措施，同时对汉江水环境进行了大规模的治理。在运动会期间，还采取了部分工业企业临时停产等环保措施。奥运会后，汉城的直接燃煤量减少了2/3。从这些例子中我们可以看到，人类在通过体育这一强而有力的"工具"为"绿色"而努力。奥运会和体育竞赛对环境是有影响的，把奥运会对环境的负面影响减小到最低程度是完全可能的。用体育的力量促进环境保护，借筹备和举办奥运会之机，促进城市环保基础设施的建设和生态环境的改善，绿色与奥运密不可分。

现代奥运会已经不仅仅是竞技体育的盛会，而是通过申办、举办奥运会这一过程，促进大众体育活动的开展，促进世界和平友谊，同时带

动社会经济产业开发、促进科学技术发展、促使人类文化的交融和人类
文明的观念得到进一步的更新。绿色奥运把社会、经济、生态环境作为
一个复合系统，以绿色思想的基本原则为指导，在城市改造、道路交
通、场馆布局、建筑建设用材、生态环境保护、竞赛环境、科技建设、
人文建设以及经济的可持续发展方面都充分展现出新时代的生态价值
观。绿色奥运已发展成为一个全方位的理念。为此，在生态建设与奥运
的关系上有了更高一个层次的要求，要正确认识绿色奥运与环境持续发
展的关系。现代体育的兴起是文明社会的标志之一，在国际奥林匹克运
动的推动下，竞技体育、社会体育的国际规模日益扩大，奥运会已成为
全世界体育文化的盛会。在一百多年的发展历程中，体育作为一种积极
的特殊的人类社会文化活动现象，一直伴随着社会的发展、文明的进步
而发展，并对人类的进步和社会的发展起到了巨大的促进作用。"以奥
林匹克为核心的世界竞技体育为 20 世纪人类发展的进程作出了伟大的
贡献。①奥林匹克运动为人类的交流和沟通创造了条件，成为众多领域
全球化的先驱。②是和平时期振奋民族精神，激发国民潜能的重要途
径。③展示人的外在和内在美，使人们享受到人体向生理极限、体能极
限挑战开掘出的无限魅力所带来的乐趣。④强调顽强拼搏和集体协同，
成为塑造民族品质和国民素质的有效手段。⑤实行公开、公平、公正的
竞争，示范着社会进步必须遵从的原则。⑥充实丰富着人类的精神生
活，推动着新闻传播业的发展。⑦扩大了就业机会，有力地刺激着体育
产业的扩展。⑧在改善城市面貌，提高城市知名度以及获得经济效益和
社会综合效益方面发挥着越来越突出的功能作用。可以说，当代奥林匹
克运动已构建成为保持强大发展势头的现代体育文明，且正以它特有的
形态、丰富的文化内涵影响着新世纪人类文明的行程"。在人类文明史
中，从来没有其他任何一种信仰和精神，能通过不流血的方式弥散全
球、深入人心，只有奥林匹克精神。奥林匹克理想之所以能够跨越各种
纷繁芜杂的藩篱，成为全人类共识的一面旗帜，是因为它融合了全人类
最普遍的理想，代表了人们对公平竞争的渴望和对自身体能及美感的至
高追求。"更快、更高、更强"超越了体育的范畴，人类呼唤和平、期
盼和谐。"奥林匹克休战"，以一种至高的文明感召力抵御战争对人类的
摧残。现代奥林匹克运动的发展，相伴着辉煌和荣誉，也遭遇过困难、
丑闻甚至是危机。但从来没有因为这些困难、丑闻和危机停滞不前；相
反，历经磨难后，它就会以更健康的身躯呈现于世间，挖掘出更深刻的
内涵，创造出更加灿烂的辉煌。

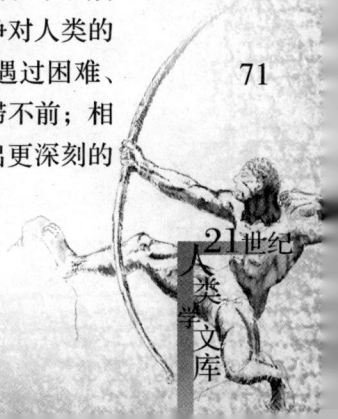

71

联合国将 2005 年定为"国际运动与体育年"，联合国发起这个活动旨在通过体育运动增进健康，推动教育、发展、和平。联合国秘书长安南说："体育运动是一门世界通用的语言。不管是什么样的血统、背景、宗教信仰和经济状况，人们都可以在体育运动中团结到一起。"体育、文化、环境是现代奥运会的行动方向和指南，它仅仅六个字却隐藏着深刻的哲学、伦理、社会经济、政治文化和科学技术背景；是绿色奥运与可持续发展战略对传统的人与自然相互关系的重新认识，是缘于当代生态危机而引发的对人类有史以来所有文明和成果的反思，是为了人类持续生存和发展所进行的对自身意识和行为必要调节的一个转折点，是对以人类为中心主义思想局限性和具有成果性的工业文明模式的突破，是人类从对自然的（顺从、依赖、恐惧、敬畏）征服（或统治、主宰）到重新敬畏的必然体现；是系统学、生态学和科学技术发展的必然趋势，是人类发展规律的必然结果。它预示着现代体育正向着无公害与无污染、健康快乐与幸福友谊、公平公正与协调和谐、科技奥运与人文奥运的方面发展，也预示着人类一个新的生态文明世纪的到来。是现代奥林匹克运动精神新的展现。人类开始用生物生态学来审视现代体育"绿色体育"、"绿色奥运"、"现代体育生态化"、"未来体育运动观"等理念和方式已经形成。人类不仅要为自身的生命发展创造条件，而且更应该为所有生物的一切生命创造各种条件。天更蓝、水更清、草更绿、空气更清新，"绿色"是我们每一个人都期待和盼望的，"绿色"需要大家共同努力来开创。

第**4**章
人类社会与体育

　　人类社会的发展与体育有着密切的关系，体育是人类文明的标志之一，它对人类社会的发展与文明起到了推动作用，同时，体育的发展同样也受到社会多重因素的制约，这些因素既有静态的也有动态的。在本章里，我们就社会与体育的认识问题；体育与社会的功能与价值问题；体育与社会互动发展问题；体育与社会的三个文明建设问题进行了阐述。

第一节　人类社会与体育的认识论

一、社会的内涵与结构

1. 社会的内涵

　　所谓社会，从外在形态上看，是人和自然环境以及人与人之间有机结合而成的共同体；从内在本质上看，概而言之是以生产关系——在生产活动中形成的社会关系——为基础的各种社会关系的总和。

　　我们今天所说的"社会"，主要是基于马克思主义对"社会"的精辟见解。马克思曾说过，"社会，不管其形式如何，究竟是什么呢？是人们交互作用的产物"。他又说："生产关系总合起来就构成为所谓社会关系，构成为所谓社会，并且是构成为一个处于一定历史发展阶段上的社会，具有独特特征的社会。"在这里，马克思科学地指出，社会是人们相互交往的产物，是各种生产关系的总和，生产关系是社会的本质或基础。社会是具体的，而不是抽象的。

　　根据马克思的上述见解，同时借鉴其他各种"社会"定义中的有价

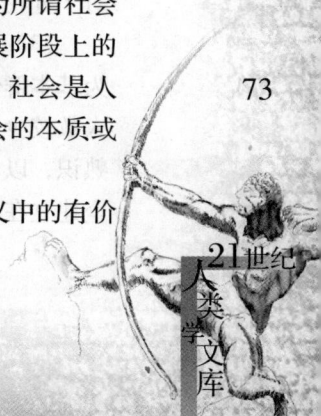

值的成分，我们可以把社会界定为处于特定时空领域内的、享有共同文化并以物质生产活动为基础而相互联系的人们的共同体（或有机总体）。社会具有以下特征：

第一，社会是一种按照一定的文化模式组织起来的系统。社会由人群组成，但人类群体不像动物结群那样生活。文化是人类群体生活区别于动物群体生活的一大特征。

第二，物质资料的生产活动是一切社会活动的基础。生产活动一旦停止，社会非但不能发展，就连基本的生存也不可能。

第三，在任何特定的历史时期，社会都是人类共同生活的最大的群体。它独立存在，不从属于任何其他群体。

第四，任何具体社会都有明确的地域界限，存在于一定空间范围之内。

第五，任何具体社会虽各有特点，但都不是孤立存在的。它既是从过去的社会演变而来，同时又和周围的其他具体社会发生横向联系。

第六，社会具有自我调节的机制，它能够主动地调整自身与环境的关系，创造自身生存和发展的条件。

2. 社会的结构

社会结构是指社会体系基本组成部分之间的有机联系。虽然这些基本组成部分的特点及内部联系因社会不同而有别，但它们构成即有人类社会的基本框架。社会结构最重要的组成部分有以下几个方面：

（1）社会地位。指任何具有从社会角度规定了的权利和义务的社会位置，通常是根据财富、声望、权力和受教育程度的高低、多寡作出的社会排列。一个人的地位决定了他在社会上"适合生存"的地点及其与他人发生联系的方式。例如，"女儿"这一地位决定了她与家庭其他成员间的联系；"公司经理"的地位决定了这一地位的占据者与雇员、股东、董事会、其他公司、税务人员之间的联系。

（2）社会角色。即社会上每一种地位都伴以为社会所期望和要求的、与人的社会地位、身份相一致的一套权利、义务和行为模式。它是对于处在特定地位上的人们行为的期待，也是社会群体和组织的基础。

（3）群体。群体分为两类：首属群体和次属群体。首属群体，又称为基本群体或初级群体；次属群体，又叫做次级群体。首属群体包含的人数较少，他们之间的相互影响较为直接、密切和持久。他们之间互相熟识，以非正式的方式进行交往。事实上，一些小型的传统社会几乎完全建立在具有亲属关系的群体基础上。次属群体往往是为了某一目的的暂时组合，其成员间的互相影响比较短暂，互不相识或至多知道彼此所担任的某种正式角色。首属群体的关系是个人性质的和自发性的，而次属群体里的关系却是非个人和强制性的。诸如海尔公司、新加坡政府、哈佛大学之类的正式组织都是次属群体。这种大型组织在最简单的人类社会并不存在，但是在现代社会中却大量存在，并且发挥着日益重要的作用。

（4）社会制度。是维系团体生活与人类关系的法则，它是人类在团体生活中，为了满足某种基本需要所建立的有系统、有组织、为人们所公认的社会行为模式，它是建立在一定的经济基础之上的有组织的社会力量，是各种社会力量交互作用的产物，反映了社会生活各个领域的基本需要，是相对持久的社会关系的定型化。它们规定了在社会关系网络中每个特定角色的权利、义务及行为方式。它是社会结构中稳定而重要的组成部分。无论在哪种类型的社会里都起着非常重要的作用。

二、体育的本质与价值

1. 体育本质的认识论

（1）认识体育本质的方法论前提。什么是体育？体育的本质是什么？围绕这些问题，中外体育科学研究者们发表过各种各样的看法。归纳起来大致有以下几种：

第一种：体育是通过身体活动对人的品格进行培育、教育。即体育的本质在于育人。

第二种：体育是对身体的教育，认为体育的本质是健身，是增强体质。

第三种：是上述两种看法的综合，认为体育的本质既在健身，又在育人。

第四种：体育的本质具有双重结构，是由体育的自然质与社会质之间的相互作用而决定的。即体育的本质是根据社会的需要，以运动作为主要手段，通过对人，特别是对人体的培养达到一定目的的一种社会实践活动。

以上的不同观点，虽未完全统一，但它对推动体育科学理论的研究起了积极作用。我们认为，对体育本质的认识有一个认识论问题，对它的研究也有一个方法论问题。

研究体育本质的方法论问题，应考虑的前提如下：

75

研究体育的本质应把它放在"文化"这个大概念的前提下来考虑。体育文化是一种独立的文化形态，国外早已有论述，西方早在 19 世纪末就有学者提出"身体文化"（physical culture）这一概念。当时人们以为体育已经发展成为独特的文化门类，故用"身体文化"（或译为"体育文化"）一词来概括体育领域中的各种现象。1974 年，国际体育名词术语委员会主席尼古·阿莱塞克博士领导下的用各种文字出版的《体育运动词汇》中，对体育文化的定义为："广义文化的一个组成部分，它综合各种利用身体锻炼来提高人的生物学和精神潜力的范畴、规律、制度和物质设施。"对体育文化这一概念目前虽然认识还未完全一致，但已得到了越来越多的人的承认。从体育文化的概念下研究体育的本质，有利于对体育深层次的理解和认识。

对文化的研究历来有两种传统，一种是实证社会学的研究传统，一种是文化哲学的研究传统。前者的研究方法着重于对文化既成状态的各种事实（或要素）进行细致的剖析和具体的考证，后者则倾向于对文化发展活动的状态及各文化事实相互关联而形成的结构进行研究。我们对体育文化的考察应取这二者之长。但在 20 世纪 70 年代末 80 年代初，我国在关于"体育"概念应否包括竞技运动的讨论中和在 80 年代末关于"体育文化"一词是否可以存在的研究中，有学者仅以对他人用法的大量考证为立论根据，仅仅这样是缺乏说服力的。必要的考证是需要的，但不必用概念的考证代替全部研究，考证只能说明以往的情况和既成状态，事物是在不断变化发展的，反映事物本质的概念也不是一成不变的。对体育概念的研究应该把主要注意力放在总结当前体育运动发展中的新经验上，用新的内容来丰富原有的认识。

（2）对体育本质认识的多层次性。体育现象最根本的质的特征在于：它是人们以身体练习为基本手段的一种强健身心的活动。但是，体育又是一种社会现象，要了解其本质，还必须把它放在一定的社会联系和关系中，才能全面地、具体地考察它的本质。因此，上述体育最根本的质的特征，在不同的历史阶段中和不同的社会关系下，又会出现各个阶段矛盾的特殊性和部分质的差异性。

在原始社会，体育的本质特征在于：它是以身体活动技能作为人类基本的谋生手段。因为这时的体育尚未与生产劳动分离，而是依附于生产劳动的。在劳动过程中出现的各种身体活动，如奔跑、跳跃、攀登等，都是为了满足获取生存资料和驱敌避害的需要。

在奴隶社会和封建社会，体育的本质特征在于：它以身体练习为手段，作为人类的一种健身与娱乐的技能而存在，满足当时的人们在维持生存之余的文化和精神生活的初步需要。因为，这时的体育已与生产劳动相分离，摆脱了从属于生产劳动的地位，开始成为体育文化现象，但还未形成自身特有的、完整的理论体系，没有形成独立的体育文化形态，它与其他社会活动，如教育、宗教、医疗卫生、军事战争以及统治阶级的享受活动联系交织在一起，并服务于这些活动。

近代体育，主要指在资本主义自由竞争条件下的体育。这一时期体育的本质在于：它是培养人的强健体魄和意志品格的教育工具。体育的这一特点也成了当时体育文化的本质特征。因为在这一时期，由于社会大生产的发展，体育摆脱了古代技艺传习的形式而发展为科学理论，形成了作为教育的体育文化形态，成为了教育科学的重要组成部分。

现代体育，是指自 19 世纪下半叶以来的体育。现代体育的本质在于：它是一种以身体练习活动为基础的现代人类的重要的文化生活方式。因为现代体育是在现代经济、现代科技的基础上发展起来的体育运动。它是体育发展过程中实现的又一个质的飞跃，它突破了体育仅仅作为一种教育的概念而成为更加发达的体育文化形态。

现代体育能够成为现代人的一种文化生活方式，在人们的社会生活中占有重要地位，与现代社会大生产的发展有着密切的联系。因为，现代化的大生产不仅要求培养出新型的政治人才、管理人才，而且也要求培养出大批具有一定文化科学知识、掌握现代科学技术、体格强壮、心理健康的劳动者。因此，20 世纪中期以来，世界各国加强了各级学校体育教育，扩大体育场馆，并增加了体育专业学校。此外，大生产的发展提高了劳动生产率，也增加了劳动强度，使劳动者在工作之余的时间内迫切要求恢复体力和脑力，积极参加各种放松性的体育娱乐活动。而且为了适应广大劳动者业余精神文化生活中观赏的需要，各项体育竞技活动和表演活动也蓬勃发展起来，因而使体育成为现代人重要的文化生活方式。

总之，体育作为一种社会活动，它要受一定社会政治、经济和社会关系的制约，在不同的历史阶段显出具体的质的特点。在原始社会，体育是人类的谋生手段；在奴隶社会和封建社会，它主要是健身的技能；随着资本主义的发展，它成为促进人们身心健康的教育工具；在当前，它以身体练习活动为基础，成为现代人类的文化生活方式。人们对体育本质的认识也随实践发展而不断深化。未来社会的体育将更充分地显示出它是关于人的发展的科学这一质的特征。

2. 体育运动的价值观

（1）价值理论概述。价值是客体与主体——人的需要之间的一种关系。一方面，价值取决于客观事物所具有的能够满足人的某种需要的功能属性；另一方面，价值又取决于人的需要，对价值的理解、度量和实现都受人的利益、需要和观点的制约。因此，价值在本质上是客体的属性和主体的需要在一定社会实践中的具体的、历史的统一。价值虽然是与人的需要相联系的，但唯物主义者首先承认价值要以客观现实为基础，它来源于外部世界。一件事物之所以有价值，首先在于它能提供某种有用性，同时也承认价值会因主体方面条件的不同而有差异性。一场精彩的体操表演之所以有价值，是因为它具有优美的体态，惊险的难度，娴熟的技巧，从而提供了可观赏性和娱乐性，这是价值的客观基础。当然，同样一场体操表演又会因观众主体条件的需要、观点、爱好、情绪、欣赏水平等的不同，而对表演价值的理解和度量出现差异性。

马克思主义承认价值的多层次性，不同层次的价值构成系统，其中经济价值是基础，此外，还有政治价值、文学艺术价值、美学价值和道德价值等，它们彼此之间是互相影响，互相作用的。这些价值又可分为物质价值和精神价值，满足人们物质生活和精神生活多方面的需要。体育运动的价值就具有这种丰富多彩的特点，具有物质和精神的、自然和社会的、经济与道德的等多方面、多层次的价值。

马克思主义还认为，价值产生于人的社会实践活动，实践活动又是衡量价值的客观标准。也就是说，凡符合客观实际的，经得起实践检验的，又能满足人们需要的事物，就有价值。体育运动的价值正是在人类的社会实践中产生的，它满足人们健身、育人、经济、政治、娱乐等方面的需要。

（2）体育运动的价值观。体育运动的价值观是指一般价值论在体育运动中的具体表现和实现，是人们对体育运动价值认识和评价的指导思想与理论概括。在阶级社会中，由于人们所处的地位不同，对事物的作用认识和评价不同而具有不同的世界观。在现实社会中也由于人们对体育运动作用认识和评价的不同，而表现出不同的体育价值观。概括起来，体育运动价值观有以下几种。

拜金主义体育运动价值观。这种观点是以实用主义哲学为思想基础，以功利、赢利为目的，只看重体育运动的商业价值，完全否定了体育的健身、教育价值。认为竞赛经济利益高于一切，把体育竞赛仅仅看作是赚钱、获利的手段，把运动员当作榨取利润的对象，驱使他们不顾死活地卖命。把运动员作为高价商品而忽视人的尊严，是西方体育的悲剧。但通过体育活动能挣取收入，包括世界规模最大的奥运会也可取得赢利，这是客观事实。我们反对把运动员当作"摇钱树"，反对把体育竞赛看作是仅以功利和赢利为目的的手段。但我们承认，体育运动具有商业价值，运动员的技能、技艺具有交换价值，能满足人们的精神需要和丰富社会文化生活。

市场经济条件下的商品意识体育运动价值观。这种观点是以马克思的劳动价值理论为思想基础的。认为体育运动所生产的"产品"有两类：一类是物化产品，另一类是精神产品。物化产品指的是有形的物品，如器材、服装等；精神产品是无形的，如运动员的技巧、技艺、体育电视、广告、广播等。体育运动的这两类"产品"都具有使用价值和价值，能成为商品。这种商品的生产不是简单的劳动，而是复杂抽象的劳动，理所应当获得较大的利益。因为马克思的劳动价值理论认为：商品的价值量就是商品里所包含的抽象劳动量，抽象劳动是人类脑力和体力的消耗，这种消耗，既不能用秤称，也不能用尺量，只能用消耗的时间长短来计算。计算劳动量的单位有年、月、日、小时等，所以抽象劳动量也叫抽象劳动时间。一般来讲，商品里包含的抽象劳动时间越多它的价值就越大，否则反之。因此，运动员的有偿服务、有价"转让"成了世界各国体育界的一种突出的经济现象，体坛上的佼佼者们在献给人们精湛的技艺后，所得的巨额收入，已能被世人接受和认可。在高收入的刺激下，不仅能使那些在体育上有天赋的运动员以体育作为谋生和发财的手段，同时必将有更多的人从事体育运动，从而促使运动技术更快地发展和进步。

感情宣泄、社会安定的体育运动价值观。这种观点是以心理学的挫折理论为思想基础的。认为人的一切行为都是围绕着某种需要而确定目的或目标而进行的。现实生活中，人们在实现其行为目标的过程中，总是会遇到一些障碍和干扰，使行为主体——人受到影响，并在其心理和情绪上产生挫折，失去平稳，并产生变态心理，出现愤怒"能量"的累积，往往导致对他人和自我的攻击，最终造成社会不安宁。然而，由于体育运动具有竞赛性、对抗性，竞赛的结果有不确定性，因此，它不仅能使人们产生强烈的感情刺激和情感体验，而且能通过感情的宣泄将愤怒的"能量"释放出来。所以有人认为，体育运动是生命冲动的激流，是一种"感情的调剂方式"，同时它可以起到"社会安全阀"的作用。

79

当然，我们也要反对那些不顾法规、法律把体育运动视为个人感情任意发泄的行为，提倡个人情感在体育运动中得到正常、适度的宣泄。

（3）体育运动的价值。体育运动价值是指在人类社会实践活动中能满足人们健身、育人、经济、政治、娱乐等方面需要的功能属性。体育运动的价值分为生物性价值和社会性价值两类。

生物性价值。体育运动的生物性价值有下列几种。

健身价值。体育活动是以身体练习为基本手段的，它要求人直接参加活动，这是体育的最本质的特点之一，因此，强身健体是体育活动的主要价值。体育的健身价值具体表现在以下几个方面：①能促进神经系统的发育，提高神经系统的灵活性。②能促进人体正常生长发育，提高人体的机能水平。③能全面发展人体的体能，提高运动能力。④能调节人的心理，使人朝气蓬勃，充满活力。⑤能提高人体的适应能力。

健美价值。美是人类的希望，是人们对生活的向往和追求。近年来，随着科学技术和经济的飞速发展，物质文明的不断提高，人们越来越重视健康投资，注意自己的生活。正是由于这种观念上的变化，"形体美"为文明的含义增添了新的内容。而体育运动对塑造形体美有着特殊的价值，具体来讲体现在以下几方面：①体育运动能使人体肌肉发达，体魄健壮，躯体刚健，体现人体健与力的美。②体育运动能使人体具有匀称的体型，线条鲜明的体姿，体现人体型与姿的美。③体育运动能使人体精神饱满，充满生机，容光焕发，姿态端庄，体现人体的神与韵的美。④体育运动能使人在艰苦的训练中自觉陶冶自己美好的情操，能提高思想修养和艺术修养，能将外在美与内在美很好地融合在一起。

保健价值。体育运动的保健价值表现在预防疾病，运用体育手段治疗疾病，康复身心。具体表现在以下几方面：①体育运动能增强体质，提高人体各系统的机能，从而提高预防疾病的能力。②运用医疗性体育措施，能改善病人生理功能，促进健康恢复。③通过体育疗法，能使某些先天性或因病致残的病者身体缺陷得到矫正和恢复功能。

延年益寿的价值。该方面的价值主要表现在：体育运动能使血液中的胆固醇溶解，维蛋白增多，它有助于溶解血块，减少和消除动脉中的胆固醇，防止和消除动脉粥样硬化所引起的病症，避免病理衰老的发生，使人获得健康长寿。

社会性价值。体育运动的社会性价值有下列几种。

教育价值。体育在对人的发展和培育中具有重要的作用。中外历史上的不少哲学家、思想家和教育家们，都把体育视为教育不可缺少的组成部分, 是培养全面发展的人的一个重要手段。体育的教育价值具体表现在以下几个方面: ①体育是形成人的道德和精神面貌的积极手段, 是培养德、智、体全面发展新人不可缺少的内容。②体育运动能训练人们勇敢、坚毅、乐观、果断、刻苦、耐劳的品质。③体育具有调节感情, 增强意志, 培养高尚审美情操和创造美的独特作用。④体育运动能培养人们遵纪守法、诚实公正的思想作风和光明正大的良好品德。⑤由于体育运动的竞赛具有群众性、国际性、技艺性和礼仪性的特点, 它成为了传播价值观的一个理想的载体, 它能激发人们的爱国热情, 振奋民族精神, 是一个民族朝气蓬勃、强盛有力、乐观进取的象征和表现。

娱乐价值。体育运动具有游戏性、竞赛性和艺术性特征, 能使人从中享受到愉快、欢乐, 因此, 它具有娱人娱己, 满足人们业余精神文化生活需要的价值。体育运动的娱乐价值主要从以下两方面体现出来: ①观赏性: 体育运动与各种艺术形式一样, 可供人们娱乐观赏。它除了具有与其他艺术形式都具有的共性之外, 还具有表演性的观赏特征。当运动员在运动竞技或体育表演过程中以自己的能力、才智、技术、战术、风格在创造美、表演美, 使观众欣赏到他们精湛的技艺, 从中受到情感的陶冶和教育, 实际也就是他们劳动创造的效益通过名次或奖励表现出来, 具有激励人们的感情, 发扬国威, 振奋民族精神的社会效益。②直接参与性: 体育运动的直接参与性有与其他艺术形式相区别的价值特征。一般艺术形式提供的娱乐手段是间接性的。体育运动则不同, 人们从事体育运动时, 虽然也支出体质力量, 但它不是对象化的产品, 而是直接改变着人自己的机体和性格、情绪、心理。可见, 体育运动不仅能供人娱乐观赏, 而且还具有使人在亲身参加活动中直接体验娱乐欢快的价值。

政治价值。体育作为上层建筑的一部分, 与政治紧密相联系, 受政治的指导, 为政治服务, 在政治方面的价值主要表现在: ①振奋民族精神, 为国争光, 提高民族威望。②发展国际交往, 增进各国人民之间的团结和友谊。③可作为外交斗争的一种政治手段, 能为各国的外交政策服务。④体育有加强民族和睦, 人民团结, 促进国内政治一体化的作用。

经济价值。随着人们物质生活富足、闲暇时间的增加以及竞技体育观赏价值提高、现代通讯技术的发展和普及, 体育成为了现代社会中经济效益显著的文化行业。加之由于第三产业的兴起, 使现代体育出现了许多新的经济行业, 如体育旅游业、体育保险业、体育康复与健美业、

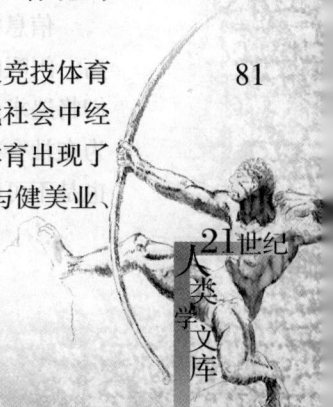

新型体育用品生产业等，使体育开拓其经济价值成为可能。大体来说，体育的经济价值通过以下途径体现出来：①体育竞赛电视转播权的出售。②体育竞赛门票收入。③体育彩票的发行与体育奖券的出售。④广告费的收取。⑤纪念邮票、纪念币、纪念章的销售。

第二节 人类社会与体育的关系

一、社会的进步促进体育的发展

体育作为一种社会文化形态，它的产生与发展始终都离不开社会，尽管我国尚处于社会主义初级阶段，但作为一个迅速发展的现代社会，体育不仅与人们的生活有关，还使体育渗透到社会生活的各个领域，成为与政治、经济、文化、教育、科学技术乃至国际外交等方面密切相关的一种庞大的社会现象。

1. 社会生产方式的变更是体育发展的动力

体育的发展从社会生产方式的变更中得到了动力。这是因为：生产方式是由生产力和与之相适应的生产关系所构成。其中生产力又是最根本最活跃的发展力量，就是说，是生产力的变革才引起社会诸成分的变化。体育的发展变化从宏观背景讲，也是由于生产力的变革而引起，生产力主要从以下三个大的方面的变迁而为体育发展提供依据：

（1）当代社会和生活方式变化更显体育运动的价值。由于生产力的发展使当代社会有五个特别重大的变化：第一个变化是产业结构的大变化；第二个变化是人类的劳动方式有了一个革命性的变化，电子计算机部分代替了人类的脑力劳动；第三个变化是知识的作用越来越大，劳动者的素质和结构在变，即体力劳动的比重越来越小，脑力劳动的比重越来越大；第四个变化是生产组织、管理制度方面的变化；第五个变化是经济领域由于新技术的发展而起了重大变化，而且在广泛的社会生活领域里也受到它的影响。在这五个变化中，社会生活领域的变化将会越来越明显，对人们的社会生活方式将发生重大的影响。

信息技术的广泛应用，工作和生活节奏将加快，工作效率将大大提高，闲暇时间将大大增加。加上物质生活的极大丰富，生活的改善，人们将追求新的社会生活方式，甚至产生新的观念、品德和社会行为。因为在社会生活里，物质生活的需要是基本、首要的，但精神生活的需要也是不可缺少的。人们除了衣食住行，还要求不断丰富自己的生活，要求"锻炼充实、发展和完善自身"。人们如何看事物，如何表达思想，人们的"价值观念"是什么？想必人将变得更加开朗、更强壮、更聪明和更有洞察力。

随着生活方式的改变，价值观念将发生转变。人们对美的享受和追求将愈来愈强烈，内容也愈来愈丰富，将华丽的服装与优美的体形较好地体现在生活现实中，不但追求高质量的物质生活，而且也追求充实的精神生活。

在信息社会里，不管新技术如何发展，人始终是新技术的创造者和掌握者。随着科技的发展，整个劳动者的素质和结构将发生深刻的变化，劳动者的素质无疑包含着智力和体力两个方面。提高劳动者的素质，既要重视智力开发，也要重视体力的开发。这是因为伴随着社会生产力的发展，人类逐渐由运动状态的体力劳动者向安静的伏案状态的脑力劳动者方面转化，致使整个人口中出现了以脑力劳动者为典型的"肌肉饥饿"、"运动不足"等现象，大大改变了人类正常的生物适应能力，从而大量产生以心血管疾病为主的"文明病"。

此外，脑力劳动者数量的扩大，还会相应地扩大一种特殊的致病因子的致病作用，这种致病因子就是脑力劳动者所特有的精神紧张。精神紧张是引发心血管疾病、恶性肿瘤、糖尿病、神经疾病以及风湿类疾病的重要原因。

因此，从生产力变化引起当代社会和生活方式变化这一角度讲，体育运动的价值就越发显得重要，这种价值就在于补救由于这种变化而出现的人类病理学机制的突变和由此而引起的健康危机，体育随生产力的变革而发展是一种历史要求。

（2）生产力变革中的"文明病"是体育走向社会并得以迅速发展的历史依托。随着经济的发展、科学的进步以及工厂自动化、办公室自动化、家庭自动化等，改变了社会生产和个人生活的方式和面貌。越来越多的体力劳动被机器所代替，这大大加快了人类文明的进程，但也带来了现代科学进步的烦恼的"文明病"，即运动不足和身体某些部位过分劳累带来的心脏病、糖尿病、高血压和肥胖症等疾病。据报道，美国有20%的人患肥胖症，德国的肥胖症人数高达38%，美国死于心血管疾患的占死亡总人数的5%以上。我国由于生活水平和各方面条件的改善，近几年在一些大中城市脑血管病、心脏病、高血压、恶性肿瘤等发病率有所上升，甚至成为致死的主要因素。另一方面，由于人口增长缓慢，出生率下降，平均死亡年龄延迟，老龄问题成为全世界普遍关心的

83

问题。在美国、德国、法国、比利时等国几乎平均每6~7人中就有一个65岁以上的老人。我国老年人口，据中国老龄问题委员会报道，2000年，已增长到了1.3亿，占当时人口总数的11%，其中65岁以上的老人由5000万人增至8600万人。以上这些问题，日益引起各国舆论和政府的重视，各国为此采取了一定措施，对体育教育在防治"文明病"方面的作用有了进一步的认识。

在大众体育教育中，开始重视运动医学知识的普及与运用。各国都成立了专门机构从事"运动处方"的研究，指导人们进行科学锻炼。在我国还成立了气功、太极研究会。这些对防治由于运动缺乏而引起的"文明病"起到了一定的作用。

在提高人口素质方面，充分认识到了体育的教育功能，改变了以往在提高人口素质方面只注重智力开发而忽视体力开发的现象，并深刻地认识到"德智皆寓于体"是人们必须遵循的法则。因此，近年来，国家把提高人口素质从儿童开始抓起，并在战略上把学校体育作为整个体育事业的重点，把学校体育作为国富民强的百年大计来抓，认真贯彻"面向现代化、面向世界、面向未来"的教育方针。

在现代生活方式中，体育被看成是不可缺少的内容之一。因为随着经济的发展，社会的进步，体育消费意识的转变，体育已被认为是物质文明和精神文明建设中的重要内容。体育不仅在健康的生活方式中有着不可比拟的作用，而且在文明和科学的生活方式中也有着重要的作用。人们充分认识到：体育锻炼和体育欣赏能激发一种向上精神，使人精力充沛、情绪饱满、体格健全，获得健康。没有健康的身体，一切物质享受都会受到影响。因此，《体育运动国际宪章》指出："确信有效地行使人权的基本条件之一是每个人应能自由地发展和保持他或她的身体、心智与道德的力量；因而任何人参加体育运动的机会均应得到保证和保障。""确信保持和发展人的身体、心智与道德力量能在本国和国际范围内提高生活质量。"这一文件把参加体育运动与人权相联系，提出给予保证和保障，同时肯定体育提高生活质量的意义。我国立法也充分体现了这一精神。我国宪法明文规定："国家培养青年、少年、儿童在品德、智力、体质等方面发展。"1984年10月中共中央《关于进一步发展体育运动的通知》指出："现在，国家政治局面安定、经济情况好转，人民群众对发展体育运动有着强烈的要求，具备了把体育运动更快地搞上去的条件，要充分利用这个条件，把我国建设成体育强国。"在1995年我国制定和实施的《全民健身计划》工程中，也体现了党和政府维护与保障公民参与体育的权利，说明党和国家充分地认识到体育在防治现代"文明病"以及现代化建设中的作用。"文明病"成为了体育走向社会，并得以迅速发展的历史依托。

（3）生产力的发展引起人类死因构成的顺位变化，使体育成为疾病防预体系中心的不缺少的内容。生产力的发展确实给人类带来了不少实惠，特别在物质生活方面。不仅如此，科技这一根本因素的发展还使人类疾病的预防方式有了巨大改变，这主要表现在药物科学的发展方面，抗生素的出现使几十年来人类望而生畏、不可战胜的传染病终于得到了控制。于是，传染病在死因构成中便开始不占主要位置而让位于非传染性疾病。死因构成的这种变化，说明威胁人类健康的致病因子发生了巨大改变，即由原来较为单纯的生物因素，转向了生物、心理、社会等方面的复合因素。由于这种致病因子的全面变化，又进一步使医学发生方向性和结构性变化。方向性变化表现在由传统生物医学模式发展为现代化的"生物—心理—社会"医学模式，由临床转向了预防；结构性变化表现在由原来的一般预防转向三级结构同时出现的预防体系，并大力突出一级预防的价值与作用。

所谓一级预防主要指预防各种与疾病有关的危险因素，建立并维护有益于身心健康的自然环境和社会环境。二级预防则主要指对已患疾病者进行防治，阻止病情恶化，以达到早发现早治疗的目的。三级预防完全是一种补救性工作，主要指对病人进行抢救，减少后遗症，努力恢复劳动能力，降低病死率和死亡率。

在预防体系中所以要大力突出一级预防的作用，是因为目前威胁人类健康与生命最严重的疾病其病因大都不是理化手段和生物手段可以控制的，其病因是生产方式的变革而引起生活方式的改变，是这种改变了的生活方式引发了这类非传染性疾病。这些疾病的致病过程相当漫长，如恶性肿瘤最少需要 5～30 年的酝酿过程。因此，要想从整体上控制或减少非传染疾病的蔓延、流行，焦点就落在了每一个社会成员的自我保护上，如消除紧张、身心娱乐、体育活动增加体力和减肥等便成了真正有价值的预防对策。

我们从以上人类疾病、死因构成以及医学方向与结构等多方面的变化来看，体育运动越来越显示它的卫生学价值。这种价值主要在于它在整体医学中的一级预防作用，是现代人疾病防疫体系中不可缺少的内容。

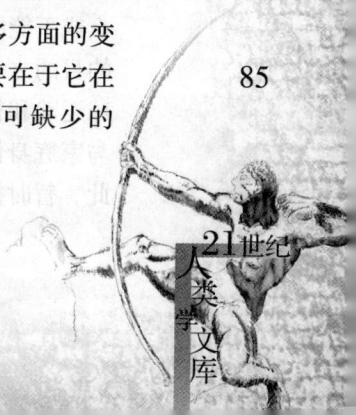

85

2. 社会的变化使体育的发展更具特点

20世纪以来，世界发生了巨大的变化，这些变化的主要特征是：①新的科学技术成果大量涌现，一些先进国家的工业化进入了一个新的发展阶段；②随着工业化的发展，人们也面临着前所未有的自然破坏、公害及国家与国家之间的贫富差别；③先进的情报系统把世界联成一个整体；④人们对未来的驾驭能力不断增长；⑤社会价值观念体系的多样化。在这样一个复杂纷纭、瞬息万变的时代里作为社会活动的体育不可避免地将发生深刻的变化。这些特征，使体育的发展呈现出以下的特点：

体育运动进一步国际化。先进的情报系统和全球性通讯网络的建立，使宇宙空间相对缩小，万里之遥朝发夕至。加之整个世界在物质极大丰富的条件下，人们更加热衷于文化的竞争和交流，这就使体育运动的国际性得以更好发挥。

体育运动进一步社会化、大众化。现代社会，人们参加体育活动的条件日益优越，从物质、时间、精力等方面人们都更加具备了个性自由发展，全面发展的条件，体育将属于所有人，为了所有人，运动为人人开放。作为一种被激活了的需要，人们都自觉自愿地参加体育活动，体育活动成为人们日常生活不可缺少的组成部分。

体育更加科学化。新的科学技术和理论为体育的科学化提供了更多的可能性。计算机将在体育科学研究中扮演主要角色，新技术、新材料发展和运用于体育，使体育的科研、教学、训练、竞赛组织、场地设施、仪器等达到高质量、高效率；一些科学理论的新发现，使体育的功能得到最充分的开发和利用。如人体科学、生物工程、遗传工程、管理决策、心理学等新的研究成果，对人体的结构、功能、质量产生了突破性的影响，为体育的科学化提供了重要的理论根据。

人们对体育的兴趣更加广泛，内容更加丰富。现代社会为人们提供了充分的体育活动场所和足够的、具备专长的指导者，加上社会体育组织和团体的普遍性，人们有条件根据自己的爱好选择随社会发展而不断增多的各种体育活动。由于人们不再因为受某些条件的限制而只能练什么或不能练什么，因而活动内容呈多样化。社会中更多人参加体育活动的目的之一是为了享受和追求愉快健康，一些负荷小的、较为轻松的小球运动和徒手体操等更加受人欢迎。由于现代社会的都市化和居住条件与家庭身体娱乐条件的进一步优越，带来了邻里关系的日益疏远。因此，暂时摆脱喧闹的都市，返回大自然中，通过锻炼身体，享受大自然的风光，发展人际关系，成了人们的一种需要和追求。

体育终生化。在社会中，家庭、社会、体育各自分离的状况将得到弥补，形成家庭体育—学校体育—社会体育相连贯的新体育，在人的一生中连续不断地进行。终生体育在目的上的一贯性，使家庭、学校和社会体育内容具有连贯性，在场地设施方面实现了学校体育与社会体育相互提携，融为一体。

学校体育由强调"健身"转为"全面育人"。基于对体育功能的全面认识和开发。学校体育将不再仅仅局限于"健身"，而更加强调利用体育这种多功能的手段，从培养全面发展的一代新人出发，提高学生的生活质量，建立科学、健康、文明的生活方式，培养现代人的意识和品德。这就使学校体育的目的与整个学校教育的目的更趋一致。

体育场地设施的大批兴建和资源共享。体育场地设施不仅在学校、企业、厂矿、公司大批兴建，而且在一些社区和家庭里也会拥有一些小型的体育设施，供人们日常锻炼使用。同时，各种吸引人们参加的体育组织、体育辅导站将大量涌现。在那里，人们可以找到自己喜爱的、方便自己活动的场所。这些是体育活动社会化、大众化的物质和组织条件。

人体机能水平和运动能力大大提高，人的寿命逐渐延长。人体机能水平和运动能力的潜力是很大的。现代社会，在新理论、新技术、新材料、新方法的支持下，人体的机能水平和运动潜力将得到了极大的发挥。

另外，随着社会福利事业、医疗条件的改善，生活水平的提高，人类的平均寿命将不断提高。2000 年以来，人口平均寿命已超过 70 岁。

二、体育的发展使人类社会更加完善

经济的发展，科技的进步，社会的文明促进了体育的发展，然而随着体育的进一步发展，又反作用于社会，使社会的发展更加完善，具体体现在以下几方面。

体育是提高人口素质，适应信息社会的重要手段。由于未来社会，工作和生活的节奏将加快以及生产和生活中将大量出现电子计算机，使得人们因工作的单调、枯燥，思想高度集中，神经处于紧张状态而很容易疲劳。同时因为现代社会是高智能社会，要求每一个人从青少年时代起就要更多地掌握知识，才能适应现代社会的需要。这就要求人们有更

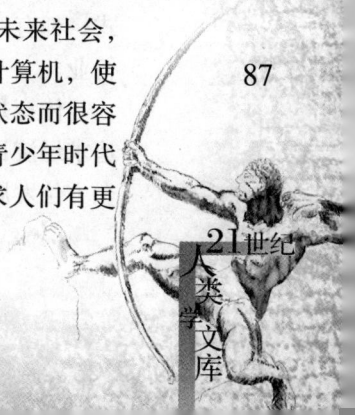

87

21世纪
人类学文库

健康的身体、更旺盛的精力才能胜任学习和工作。而体育则是提高人口素质，适应现代社会的重要手段。

体育是社会生活方式中不可缺少的因素。随着经济的发展，科学的进步，人们的物质生活将不断提高，同时由于在现代社会里人们的劳动将逐渐减少，工作时间缩短，余暇时间增多，体育将不仅仅满足人的肌体需要，而且将是精神享受的一个重要手段，成为人们文明、科学、健康生活方式不可缺少的组成部分，甚至可能成为人们业余生活中的第一需要。

体育是社会安定和提高经济效益的重要途径。体育由少数人的专利品逐步成为群众性的活动，这是人们体育观念的改变以及对体育社会效能认识提高的生动体现。因为不少资本家认识到，出钱给工人进行身体锻炼，比因工人迟到、缺勤、疾病给企业造成的损失更划得来。现在在一些国家里，体育运动条件的好坏成为人们选择职业的标准之一。企业为了吸引素质好的职工，千方百计地兴建和改善体育设施。通过许多国家的调查分析，认为通过体质投资来提高人民的健康水平，比通过医疗、药物来恢复人们的健康更符合国家的经济利益，也更有利于社会的安定。这是当今社会的一个重要特点，也是未来社会的重要发展趋势。

体育成为社会中一种新的经济行业。随着现代科学技术的进步，许多国家的国民经济结构发生了重大变化，一种称为"第三产业"的行业异军突起，蓬勃发展，同国民经济其他部门并驾齐驱，互相联系又互为补充，把这些国家的社会生产力、消费水平推进到一个前所未有的新阶段。这种第三产业，包括体育保健、体育娱乐、体育场馆、体育服装、体育器材、体育旅游等。各国体育产业和体育消费显著增长，体育服装的时装化、外衣化、社会化以及款式多样、色彩斑斓，使一些著名的生产厂家供不应求。其他体育用品，如健身器材、运动饮料、运动鞋以及游泳衣、气床、网球拍、武术器材等，都日见畅销。"体育热"带来体育用品市场的兴旺，体育用品市场的兴旺又促进体育新的经济行业的产生和发展，如体育旅游业、体育保险业、体育康复与健美行业、新型体育用品生产业等，这对于劳动就业，对于建立文明健康科学的生活方式，都有百利而无一害。体育产业已成为了现代社会中一种新兴的经济行业。

体育是小康社会建设中的清新剂。全面建设小康社会，决不仅仅是追求经济目标，实现单纯的经济增长，而是经济、政治、文化、体育的全方位发展与进步。体育作为我国社会发展的重要组成部分，在中国经济取得世界瞩目的历史性巨大成就时期，体育的功能也得到了回归和再认识，体育越来越成为大众生活的重要组成部分，受到社会的广泛关注和重视。体育是小康社会建设中的一种"清新剂"，这是因为：①体育能满足人们的休闲娱乐需要，能促进人们心理和精神健康；②体育能沟通人的情感，使家庭、社会更加健康文明、稳定团结；③体育能树立健康文明的社会风气，减少社会的不良现象；④体育是完善社会保障，减少医疗开支的有效途径；⑤体育能为社会增加就业机会，促进第三产业发展；⑥体育有利于人们社会角色转换，消解社会等级的歧视和差异。

三、体育与社会的互动发展

1. 体育社会问题的改善

信息化时代的来临，一方面给人类带来了诸多的方便和现代气息，但同时也对人类施以报复和惩罚：①机械化、电气化文明造成生物结构和机能的退化；②高营养、低消耗代谢造成体内物质积累；③快节奏、大压力生活造成心理障碍与疾患；④高危险生活、高密度拥挤造成意外事故；⑤大面积环境污染、生态环境的破坏造成人类生存条件恶化；⑥建筑物综合症；⑦信息爆炸带来的信息焦虑综合症；⑧网络综合症；⑨不良生活习惯，颈肩腕综合症；⑩工作场所抑郁症；⑪电脑狂躁症。

今天，提高生活质量，乃至生命质量的现实任务和历史责任已经严酷地摆在健康工作者面前，摆在众多与健康直接或间接有关的学科面前。体育运动与体育科学在这场健康革命中承担的价值已为越来越多的人们所接受，体育运动在关照、监控和提高人的生命质量方面所起的特殊护佑作用，是许多其他活动不可替代的。

在现代社会，健康已经成为公民享有的一种基本权利。同时，体育参与也被视为是现代社会人权的组成部分。联合国《体育运动国际宪章》提出："每个人具有从事体育运动的基本权利，这是为充分发展其个性所必需的。通过体育运动发展身体、心智与道德力量的自由必须从教育体制和从社会生活的其他方面加以保证。"一个现代社会必须确立起良好的健康观、环境观、营养观、生活观、体育观和相应的体育权利意识。

2. 社会与体育社会问题的解决

首先，体育是社会的一种缩影，大社会中的各种社会问题会以不同的方式折射到体育这个小社会中来。如美国社会普遍存在的种族歧视问

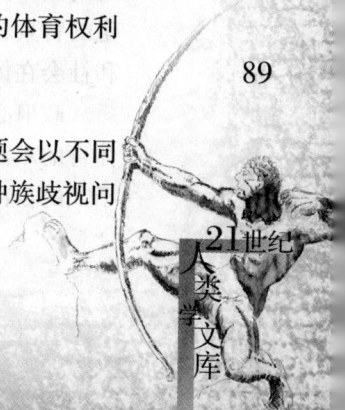

89

题，反映到体育运动中来就表现为对黑人运动员地位、出场、待遇的不公正。其次，参与体育运动的各利益群体（国家、民族、地区、单位、集体、个人）都会因利益的追逐和分配产生各种矛盾。其中有的利益群体可能要采取一些不合法或合法而不合理的方式谋求利益，这便产生了社会问题。第三，体育运动因竞争性的驱动，是一种极不稳定的文化形态，它的技术方法、管理体制乃至价值观念，都在不断变更着。体育运动自身的性质，使体育社会问题经常、大量的出现。第四，我国当前正处在一个剧烈变革的历史时期，各种新的思想观念正在形成，市场经济社会中的人的行为方式和情感方式正在发育，同时历史上遗留下来的文化渣滓也在乘机泛起，如赌博、封建迷信、卖淫嫖娼等。在这样一个如同万花筒一样瞬息万变的社会环境里，体育运动当然不可能将种种社会问题隔绝于外。因此直面这些体育社会问题，积极主动地解决它们才是正确的态度和方法。任何回避、讳言的做法都无助矛盾的解决，更不能推动体育事业的发展。

体育社会问题有世界性的体育社会问题和我国的体育社会问题两种。世界性的体育社会问题有：①对社会道德和奥林匹克精神的背离问题；②服用兴奋剂的问题；③运动员资格作弊的问题；④球场暴力问题；⑤种族歧视问题；⑥妇女偏见问题；⑦体育商业化和职业化使体育失去了本来功能；⑧竞技体育发展过程中的异化问题。

我国的体育社会问题有：①竞技体育发展不平衡问题；②社会体育重城市、轻乡村，重发达地区、轻落后地区的问题；③传统体育项目面临失传的问题；④竞技体育队伍文化素质偏低和退役出路难的问题；⑤公共体育事业发展相对滞后的问题；⑥体育场地设施被占用的问题；⑦体育经费匮乏的问题。

对待体育社会问题的态度应该是实事求是，既不要缩小掩盖，也不要夸张扩大，因此必须做深入的调查研究工作，提出这些体育社会问题发展现状、成因和解决的办法以及改革的措施。体育社会问题并非一朝一夕形成的，解决这些问题也需要有一个过程，从理论研究到实际矛盾的解决，常常需要消耗一定的人力、物力和财力。有些体育社会问题产生的背景较为复杂，不是体育一个部门能够独立解决的，需要加强政府和社会在体育发展中的主导作用。

政府必须承担起发展体育重任，为社会公共目标和公共利益服务。体育的本源是促进人的自由全面发展。从这一目标出发，应把是否有利于人的自由全面发展作为衡量体育发展的根本标准。在体育发展过程中坚持社会效益优先的原则,必须把关系人民身心健康的群众体育,关乎青少年体育活动能力的学校体育,关乎大多数人健康水平的农村体育,关乎城市居民生活质量的社区体育放在首位。

在竞技体育和大众体育的关系上,坚持普及和提高相结合,大众体育和竞技体育协调发展的方针。在体育发展的重点选择上,切实把体育发展的重点放在增强人民体质这项基本任务上,着力解决群众体育工作中面临的困难和问题,把增强人民体质作为衡量体育工作的重要标准。

在城市体育和农村体育关系方面,我国是一个农业人口占大多数的国家,没有 9 亿农民的健康,就没有中华民族整体身体素质的提高,体育强国就是一句空话。在我国农村医疗保障体系尚不发达和完善的今天,体育在提高农民的身体素质、丰富农村业余文化生活方面的意义特别重大,各种防病于未然的健身活动也深受广大农民的欢迎。因此,各级政府要加大对农村体育的支持力度,把体育事业纳入到当地社会发展规划中去,逐步形成以乡镇为龙头,以村民委员会为基础,以农民体育协会为纽带的组织网络。

在区域体育发展方面,目前,我国区域发展不平衡的现象比较突出。国家要发挥宏观调控职能,通过财政资金的转移支付,支持不发达地区发展体育事业。

在西部地区积极开发全民健身工程建设,提高西部地区广大人民的健康水平,为西部大开发战略提供健康的体魄支持。

在体育发展方面必须改变重世界体育,轻民族体育的倾向,一方面,有关部门要加大对传统体育的保护、抢救和开发力度,把一些健康向上,科学合理,对抗性强,群众喜闻乐见的传统体育项目列入国内正式比赛项目,促进传统体育的普及和推广,使民族民间体育进入全民健身机制,走进学校、社区和村镇。为此,有关部门必须在资金、技术、运动队、教练员等方面给予保证;另一方面,鉴于中国传统体育中有一些非科学的成分,应该对中国传统体育进行更新和改造,积极吸收现代体育的先进因素,自觉摈弃那些不符合科学原理、对身体有害甚至带有封建迷信色彩的传统体育活动。借鉴现代体育科学的原理和方法,对一些特色鲜明、健身效果明显、易于开展、群众喜闻乐见的传统项目进行改造、整合,在竞赛规则、运动技术、训练手段、竞赛组织管理等方面同现代体育接轨,使之既符合时代要求又保持民族特色。

3.体育与社会的协调发展

体育运动是社会文化活动的重要组成部分,也是维护社会稳定的基

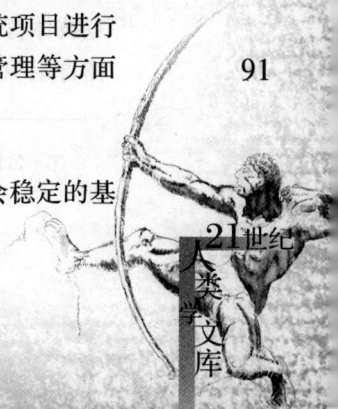

91

本因素之一，体育运动与社会的协调发展，不仅有利于自身的存在和再生，也有利于社会安定和平衡。体育与社会的协调发展，是指体育运动与社会环境之间，物质、配置、信息交换中的平衡互动达到最佳状态。要使二者的平衡互动达到最佳状态，必须具备以下的条件：

（1）目标的统一性。体育发展的目标要与社会发展的总目标保持一致性，将体育的发展与社会的发展模式融为一体。在实现社会发展总目标的过程中实现体育的发展目标。这样才能做到局部服从整体，整体促进局部。

（2）运作的高效率。协调发展的根本目的在于高效率运作，以实现目标，使用较少的人力、物力、财力和时间，高质量地完成各项体育工作，是协调发展的必然结果。

（3）具有良好的调节、控制和修补机制。一个系统的协调发展是在动态中不断与不协调、不平衡的干扰因素作斗争中实现的，这就需要有一个良好的调节、控制和修补机制。体育运动的社会广泛性和运行的多样性以及某些结果的不可预测性，决定了它更需建立一种良好的调节、修补机制。建立一个灵活的反馈系统，实行法律、道德和社会组织的调节控制，通过和解、妥协、顺应、容忍等方式解决各体育单元之间的矛盾冲突，都是必不可少的。

（4）具有充足的物质、能量和信息供应。作为社会系统的体育运动必须得到足够的发展资金、专业人员、场地设施、科技力量、大众传播媒介，才能保证体育运动与社会之间的协调发展。任何一个资金匮乏、人员短缺、场馆被挤占，不重视科学研究的体育系统都不可能实现协调发展。[①]

体育与社会协调发展有以下几种类型：

（1）结构性协调。所谓结构性协调是指社会要素的联系具有较高的有序性、合理的比例与排列、严密的组织性。体育运动在社会大系统中的位置及其内部结构，是制约体育事业是否能取得良性运行的基础。体育运动事业的合理结构，应包含以下几方面的含义：①专职体育机构与教育、卫生、军事及其他政府、社会组织中体育机构的关系；②高水平竞技体育与学校体育、社会体育的关系；③体育的政府管理机构与群众体育组织的关系；④行政区划层次之间的关系；⑤运动训练中训练网的

---

① 吕树庭、卢元镇：《体育社会学教程》，第203～204页，高等教育出版社1995年版。

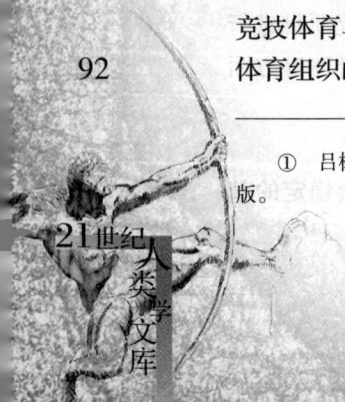

结构组成与训练、教学、科研之间的关系。①

　　社会的物质生产水平决定着社会体育事业的规模和速度，也决定着体育事业内部的结构和比例。社会的政治需求和动向，则决定着一个社会体育的目的和性质，政治制度从根本上制约着体育制度的发展。政治是对社会所进行的最基本、最宏观的控制和调节，作为社会子系统的体育必然要受到来自政治的影响。国家的体育事业常常可以成为一个焦点，集中反映政治制度的特征。

　　社会发展程度与体育的关系也十分密切，特别表现在以下几个方面：①国家的文化教育水平；②民族的体质状况；③居民的医疗卫生、营养条件；④居民的余暇时间。

　　体育运动在受到社会发展程度制约的同时，也促进社会的发展，如体育运动可以提高民族的文化素质、身体素质，还可以合理利用余暇时间，提高社会健康水平，避免和减少社会流行病的发生。

　　（2）功能性协调。所谓功能性协调是指社会系统的活动和作用上的相互配合和相互促进。功能性的协调在社会的运行中发挥着重要的作用。体育的社会功能是处在变动和发展之中的，经常实行体育社会功能方面的协调，能对社会的良性运行产生积极的影响。

　　（3）结构—功能之间的协调。结构与功能之间的协调程度是衡量体育运动与社会相互协调发展的重要条件。结构与功能之间可以相互补偿，功能的变化可以导致结构的变化，结构一旦发生变化，就要求产生新的功能迅速与之配合，否则，体育运动就难以实现良性运行。

第三节　人类体育社会功能的建构

一、体育在人类生命运动中的功能

　　生命在于运动，没有运动也就没有生命。而体育活动是人类有意识、有目的的高级运动，它对人类的生命运动有着以下几方面的影响：

1. 使人类的进化更加完善和协调

　　随着生产的高度发展，人们将生产过程中繁重的体力劳动交给机器代劳，而自己去从事脑力劳动，按照"用进废退"的法则，未来的劳动

---

① 吕树庭、卢元镇：《体育社会学教程》，第 205～206 页，高等教育出版社 1995 年版。

者将是一个有着越来越大的脑袋和瘦弱细小的四肢的怪物。再则，由于体力的消耗减少，生活水平的提高，使人类出现了神经系统、内分泌系统、心血管系统不良的"文明病"。如果人类在进化的发展过程中不愿让生活条件来塑造自己，更不愿成为自己创造物的"寄生虫"的话，就必须通过体育活动，按照"美的规律"创建全面、和谐发展的现代人的体格。因为体育运动能弥补生产劳动给身体造成的运动不足，扩展人的机能能力，能为人类身体方面的劣汰留良、发展进化、遗传变异提供良好的内部条件，使人类能逐代健康地繁衍下去。另外，根据"用进废退"的原理，体育运动能使个体的运动器官及辅助运动器官得到发展，能有效地改善机体的形态结构，使人类的进化更加完善和协调。

2. 使人类遗传具有良好的基因

据国外利用同卵双生和异卵双生儿所做的有关体育方面的遗传学观察和实验证明，人在形态结构、生理机能和运动能力等方面都受到遗传的影响。其中形态特征所受的影响大于机能的特征，如身高、坐高、四肢比例、脏器大小在后天环境中都不易改变。而脉搏、血压、肺活量、血糖含量、心输出量等则受后天环境的影响较大，这就为通过体育运动增强体质提供了可能性。人体遗传学还证明，人的运动能力也是受遗传影响的，例如每个人完成动作的速率，是后天不易训练和改变的，这种影响在短跑和跳跃项目上十分明显。这就说明了通过体育锻炼，能使体内遗传基因方面的某些种类、数量和结构改变，这种改变若按照一定的方向发展，能直接影响人体发育的快慢、体质的强弱和寿命的长短。如果我们逐代实现这些改变，使某些有利的程序稳定下来，使某些不利的程序消除，这对于提高整个民族人口素质是具有重要意义的。

3. 能创造人类最完善的生长发育程序

人体的生长发育过程具有以下的特性：

（1）波浪性和阶段性。不同种族、地区、性别、时代的人，在身高、体重及各个部分的长、围、宽度的年增长率、增长值等方面，都随年龄增加而变化，变化曲线呈波浪形，并有明显的阶段性。

（2）人体生长发育的非等比性。人体是统一完整的有机体，因而人体各部分的生长发育有相应的比例，但各部分在同一时期及整个发育过程中，并不按相等比例生长发育。

（3）生长发育的统一性。同一民族、同一地区的人在形态机能、运动能力、生长发育速度、寿命长短等方面具有比较相近的共同规律。

人体生长发育发展的规律与体育运动的关系十分密切。人们利用生长发育发展的统一性，可将体育运动的对象按年龄划分为少年儿童、青壮年、中老年等，提示人们终身参加体育运动。个体发育的差异性决定了体育运动必须实行区别对待，因人制宜的原则。使人体生长发育全过程的最优化是增强体质的内容之一。体育运动改善人的生理过程和心理过程，其目的正是在于创造最完善的生长发育发展程序。

4. 能使人类生命持续、长久

生物体从胚胎、生长、发育、成熟直到衰老、死亡，是一个不可改变的客观规律，任何人都不可避免地要受这一规律的制约。但是体质的好坏、衰老的快慢却是可以控制的。体育运动之所以能防病治病推迟衰老，除了它能增强体质，提高有机体自身的抵抗力外，近年来的科学研究证明，体育运动可以提高免疫力。由于体育运动的影响，可使白血球数量增加，使它们的活性增强，而白血球可以吞噬病菌，增强机体的免疫功能，并且能保持在较高的水平上，因而能使人类的生命持续长久不衰。

二、体育在人的全面发展中的功能

现代体育是文明社会的产物，也是促进现代文明的因素之一，以系统的观念来看，体育是一个多功能的系统，而体育教育是一切教育的基础，是教育作为全面发展人的个性的一个组成部分，那么它在人的个性全面发展中有什么特殊作用和意义呢？

1. 体育与人的个性形成

个性，是指人们在心理上和行为上经常稳定地表现出来的特征，主要包括气质、能力、性格。影响人的性格形成的因素包括很多，但其中素质是个性形成的自然前提。心理学把人的机体的某些解剖生理上的特点，特别是人的大脑结构与机能的特点称为素质。素质是与生俱来的，它为人的个性形成提供了物质基础，没有这个物质基础，要形成个性是不可能的。因此，在造就选拔人才方面必须重视素质的培养提高。而体育教育在此方面有独特的作用。

首先，体育教育能通过合理的方法和手段，使人改善和提高中枢神经系统的工作能力，使头脑清醒、思维敏捷。我们知道，人们的学习活动，是一种紧张的智力活动，人们往往会由于长时间进行脑力劳动而感到头昏脑涨，这是由于大脑供血不足，缺氧所致。现代生理学研究表明，人的生理活动具有一定节律性。这种节律性，能保持各器官系统的正常

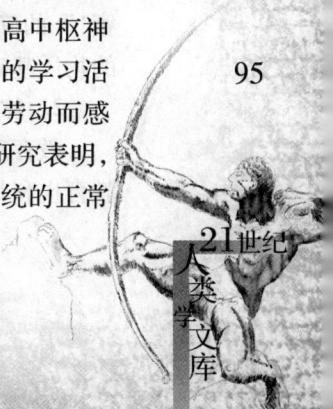

95

工作而不至于发生过度疲劳。在一般状态下，人脑对血液的需要量为每分钟 700～800 毫升，约占心脏每分钟输出量的 1/6，比肌肉细胞工作时耗血量高出 15～25 倍。人们从事脑力劳动时，大脑负担加重，神经能量消耗增加。一个人连续用脑时间较长，吸氧量及心脏血输出量均会减少。由于供脑的氧及血液不足，便会产生疲劳，神经活动的协调性降低，视听觉感性下降，反应变得比较迟钝，记忆力下降，思维能力也会受到影响。但体育教育通过其独特的教学形式，能使人体内的胰岛素工作正常，促使肝脏储存更多的肝糖原，保证血液浓度，从而保持大脑的正常工作能力。因此，人们在紧张的智力活动中，要有节律地穿插体育教育，进行各种身体活动，这样才能有效地保持身心健康，提高学习效果。

其次，体育教育，可促进机体和心理的发展。从生理因素来看，青少年的身体仍处于生长发育阶段，肌肉和骨骼仍在继续增长，从心理因素来看，青少年的心理尚未完全成熟。因而通过体育教育，积极参加体育活动，不仅可以增强体质，改善和提高中枢神经活动的平衡性和灵活性，提高大脑皮层的分析与综合能力，而且也能发展人的观察力、记忆力、思维力、想象力、创造力，促进人的健康情绪和勇敢、果断、自制、坚韧等个性品质的形成和发展。

再者，体育能丰富人的精神生活，使人不断地体验着增力情绪，感到心情愉快，精力旺盛，充满活力和提高适应能力。

运动的技术高难性、造型艺术性、配合默契性和易于接受的朴素性，使得人们在参加体育运动，特别是参加那些自己喜爱和擅长的运动项目时，会在身体完成各种复杂练习的过程中，在与同伴的默契配合中，在与对手的斗智拼搏过程中，在征服自然胜利后得到一种非常美妙的快感。这种心理状态可使他们产生自尊心、自信心、自豪感，满足他们与同伴交往、合作的需要。同时，由于体育中各种运动项目的不同特点，使人在实践中获得各种不同的情感体验。难怪，现代奥运会的创始人皮埃尔·德·顾拜旦在他的名作《体育颂》中写到："啊！体育，你就是乐趣！想起你，内心充满欢喜，血液循环加剧，思路更加开阔，条理更加清晰。你可使忧伤的人散心解闷，你可使快乐的人生活更加甜蜜！"的确，体育教育无愧是一种最积极最健康的、提高形成人的个性的物质基础——素质的方法。

2. 体育与人的个性发展

教育对人的个性发展起着主导作用，作为教育重要组成部分的体育教育也和其他教育一样，是一种有目的、有计划、有组织的自觉活动，

96

是由一定的体育教育者按照一定的教育目的对环境影响加以选择，组成一定的体育教育内容，对受教育者进行系统的影响。因而，体育教育在人的个性发展中有不可忽视的作用。

首先，现代社会的体育教育意义，不仅仅是传授体育的知识和技能，也不仅仅是增强体质，而是在提高生活质量、改善生活方式以及培养人在与时代特征相吻合的个性方面有其独到之处。我们知道，竞争是体育的重要特征之一，有体育以来，竞争就是体育的一个特征。现代奥林匹克的口号"更快、更高、更强"就是竞争的体现，也是我国体育教育的指导思想。体育教育与保守性格势不两立。强烈的竞争性督促着每一位参与者要不断去创新和变革，要顺应时代的发展，就必须竞争，要竞争就必须在教育中培养竞争精神和竞争意识，这一切只有体育教育才能捷足先登。

其次，体育教育对培养人的拼搏精神有着重要作用。拼搏，意味着必须有一个崇高的理想和目的，并为之奋斗；意味着个人必须做出一定的牺牲，付出一定的代价；意味着吃大苦、耐大劳，勇于克服各种困难，在一般人不能忍受的条件下，能坚持下来，取得胜利；意味着永不休止地向自己的生理极限挑战。这些拼搏精神正是人们完成历史使命——创造更丰富多彩的物质文明和更高质量的精神文明最需要的心理品质。因此，体育教育，其意义不仅在于个人健身，运动竞赛的意义也不仅在于胜负和名次，而在于它要培养人们的拼搏精神。

再者，体育教育还可调整人的社会心理，使其心理保持平衡，与社会相一致。

在一般情况下，人的个人需要和社会需要是基本一致的。以这些需要为原动力，可推动个人刻苦努力地学习、遵纪守法，但是，有时却因各种原因，如考试失败、情场失意、分工不满等，而导致一些人的心理失调。

由于体育教育中具有竞赛性、对抗性和竞赛结果的不确定性，因此，体育教育不仅在增强体质方面有积极作用，而且能使人们在体育教育的过程中产生强烈的感情刺激和感情体验，从而使某些失去心理平衡的人得到调整和恢复，可使人们在身体活动的实际体验中，对自己的健康、生活和未来充满信心，从而激发起爱国热情和民族精神。因此，体育教育是调节人们社会心理平衡的卓有成效的重要内容和手段。

3. 体育与人的个性完善

由于我国的教育目的是培养德育、智育、体育全面发展的人，是为

97

实现四个现代化造就有理想、有道德、有文化、有纪律、热爱社会主义祖国和社会主义事业、勇于思考、勇于探索、勇于创新的人才,这就使我们在教育中必须去寻找那些对人们全面发展和个性不断完善有积极作用的内容、方法和手段。体育教育的内容、方法、手段是人们全面发展和个性不断完善的不可缺少的重要方面。

马克思曾经说过:"未来教育对所有已满一定年龄的儿童来说,就是生产劳动与智育和体育相结合,这不仅是提高生产的一种方法,而且是造就全面发展的人的唯一方法。"由于科学的高度分化和综合,知识的快速增长和更新以及信息量的大量增加,不解决人的全面发展,没有体力和智力结合的高度完善的个性,就难于适应知识不断更新的形势,难于捕捉到自己有用的信息,就会失去发明创造的机会,难以在工作中发挥更大的作用。

然而,一般的教育方式在完善人的个性方面有着一定的局限性。只有体育教育在此方面提供了现实的可能性。首先,由于它具有开放、立体、多渠道的教育方式,打破了一般教育单一、平面、封闭的教学方式,培养了人们更为广泛的学习兴趣,从而使人们的观察力、分析问题和解决问题的能力、创造力和实际工作能力都有所提高。其次,由于体育教育的许多特点,特别是它的群众性、集体性特点,使人们在体育教育的实践过程中个人之间、集体之间发生着频繁而激烈的思想感情或行为的交流,培养和发展了人们的人际交往技能,相互间也架起了信息和思想交流的"桥梁",为人们开阔视野和思路,建立全面的能力结构和适应更广泛的社会需要打下了一定的基础。

三、体育在社会整合中的功能

现代社会中的体育运动是一种不依附于政治、经济、教育、军事、宗教而独立存在的社会文化形态,然而体育运动又与社会生活有着广泛的联系,这些联系包括经济、政治、人、社会活动、精神文化、自然环境等。体育在以上社会各关系的整合中有着特殊的功能。

1. 体育是提高劳动力质量和促进人的现代化的重要手段

劳动力指具有一定生产经验和劳动技能的从事物质资料生产的劳动者,即有劳动能力的人最基本的条件是体魄健全。体育教育在此方面能起重大的作用。"生命在于运动",这是法国思想家伏尔泰的名言,是古今中外被实践证明了的真理。古人所说的"流水不腐,户枢不蠹"已成为千古名言，说明了身体活动对健身的意义，激励着人们自觉积极地去锻炼身体。

身体运动能改善和提高人体各个方面的功能。如大脑神经、运动系统、循环系统、呼吸系统、消化系统等。因此体育对提高劳动力质量有着重要的作用，具体来讲：

（1）体育运动能有效地保护劳动力。通过体育教育，经常参加体育锻炼，能增强对自然的适应能力和抵抗疾病的能力，可以避免由于职业特点对身体造成的不良影响和对身体局部机能的损害，减少疾病，降低发病率，提高出勤率和延长劳动年限。

（2）体育运动能有效地增强劳动力。作为劳动力体现者的人，过去是，今后也仍然是社会经济增长的主要决定性因素，在生产力体系结构中起决定作用。体育运动在人类社会中最显著、最本质的作用是发展人的体力与体能。体育是造就人、改善人的身心素质的主要手段，能改进提高人体各器官系统的功能，增强肌肉的力量，使劳动者体力强壮，而强壮的体力又是旺盛精力的物质基础。正如英国斯宾塞所说："长期的身体毛病使最光明的前途蒙上阴暗，而强健的活力可以使不幸的境遇也能放金光。"

因此我们可以看出，体育以其特殊的服务形式，使人们形成充满价值的生活与劳动所必需的身体能力。这种服务以人们发展身体的知识、能力、技巧的形式出现。充分体现了体育教育在增强和提高劳动力方面的作用。

（3）体育运动能有效地提高劳动生产率。只有劳动者增强身体素质，有了强健的体魄，才能保证学习、工作和劳动的正常进行，才能提高学习、工作和劳动的效率，才能提高和发展生产力。通过体育教育，经常进行身体锻炼，不仅头脑清醒、精力旺盛、体力健壮，而且速度、耐力、力量、柔韧、灵敏等运动素质和跑、跳、攀、握等运动能力也大大优于不参加锻炼的人。这从前苏联经济学家奥克萨尼在此方面的大量研究和计算中已得到证实。他计算出经常锻炼的人要比不锻炼的人劳动生产率高 0.6%～10%，按此数据推算，前苏联在 1979 年因参加体育活动的劳动者生产率为国民收入多增加 40 亿卢布，再加上由于体育活动参加者出勤率高，伤病影响生产的时间少，又可增加 57 亿卢布，两项合计在 1979 年就为前苏联国民经济增收 97 亿卢布。它再一次证明了体育教育能使人们的体质增强，使人们的劳动承受力加强，劳动效率提高，而且将大大推动和促进生产力的提高和发展。

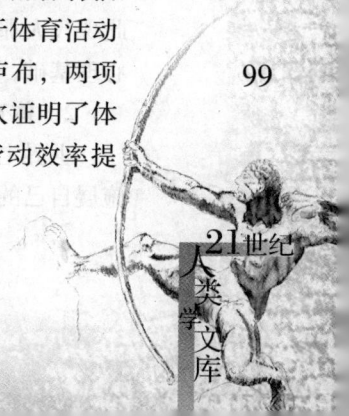

（4）体育运动能有效调节和恢复劳动力。人体常因自然或社会因素的侵袭、干扰而遭致各种疾病和损伤。若要降低伤病率和治疗人体疾患，减少经济损失，通过体育运动能有效地达到此目的。这是因为：通过科学的体育方法锻炼，可以改善患部组织的血液循环以及软组织的营养及氧气的供应，同时能使体内能量物质消耗增加，改善全身血液循环，对消化吸收功能的增强很有益。此外，在较长时间的体力劳动和脑力劳动之余，进行一些课间、工间的体育活动，可调节身体，愉悦身心，起到积极休息和调剂作用，还能使人继续保持充沛的体力和精力，从而有效地推动企业生产的发展，获取巨大的经济效益。这一点，我们可从沈阳黎明机械厂在职工中开展体育活动和体育疗法，两年后的结果：职工病休率下降 20%，节约工时 22042 个，折合产值约 76 万元中得到充分的证实。

（5）体育运动对促进人的现代化有着重要的作用。首先，现代社会体育教育的意义不仅仅是传授体育的知识和技能，也不仅仅是增加体质，而是在提高生活质量和改善生活方式等方面均有积极的作用。体育对促进人的现代化具有独到之处。竞争就是体育的一个特性。体育不仅增强体质，掌握各种技能，而且通过体育教育和实践能获取敢于拼搏、创新的精神和努力赶超的竞争意识以及顽强意志。现代社会的竞争越来越激烈，竞争精神是现代人的一种特殊重要素质，在当今发达国家中就十分重视一个人的体育经历。美国许多成名的大企业家或多或少都有体育经历，在美国的公司职员招聘中，总在条件基本相同的应招对象里优先录取有体育经历者。日本著名企业家松下幸之助把人分成三种类型：文人型，善于思考；武士型，敢冲敢打，有开拓能力；运动员型，有竞争精神。他认为一个人不可能三者俱备，但如把这三种人结合在一起，将形成一股很强的竞争力量，这就是他们企业成功的秘密。

其次，现代人具有强烈的个人效能感，对人和社会充满信心，办事求效率，"效能"、"信心"、"效率"在体育教育中均有体现。体育教育往往是通过技术教育进行的，对于现代人探索未知、尊重知识的特性已在体育教学训练中得以贯彻。由于运动竞赛是凭水平技术争高低的，因此现代人那种重视专门技术，愿意根据技术水平高低来领取不同报酬的心理基础，可以在体育实践中形成和巩固。

2. **体育是增强民族拼搏意识和凝聚力的重要场所**

世界上现存在着 2000 多个民族，每个民族都要在这个地球上竞相施展自己的才能，强化本民族的个性。而体育运动在现代社会中则是唤醒、激励、振奋民族意识的重要场所和手段。因为，体育运动是一个国家发达兴旺的标志，重大国际比赛的成绩总是和国家、民族的形象紧密地联系在一起。由于体育运动的竞赛具有群众性、国际性、技艺性和礼仪性等特点，使它成为传播价值观的一个理想载体，比如国际比赛中的国家标志牌、奏国歌、升国旗等都增加了体育运动的国家与民族意识，虽然人们不会简单地以竞赛的胜负来论国家的优劣，但人们总是把一个国家的运动员在国际比赛中的表现和他们所取得成绩看成是该国国力和民族气节的反映。民族的威望也随着国际比赛的成绩提高或下降。鸦片战争后的中国，屈辱的民族心理、低下的民族精神、羸弱的民族体质，在长达一个世纪的时间里，如同阴云笼罩在中华民族的心头。新中国成立后，这一段心酸屈辱的历史已成为过去，我国体育健儿表现出来的拼搏精神，极大地震撼着民族的心灵，成为激发亿万人民民族激情的动力。如今人们对现代体育在树立民族形象中的作用有了更高、更深的认识，如卢元镇教授在《现代体育、现代人与现代社会》一文中写道："现代体育牢固的维系着民族感情，它使每一个成员都能享受到归属于它的荣誉感，认同于它的义务感。中国的现代体育始终与民族命运和振兴有着天然的联系，我们中国体育的发展动力来自民族的忧患意识，而反作用于民族的自强意识。无论是我们在奥运会上争取金牌，还是我们推行全民健身计划，都深藏着这样一个民族文化背景。"

3．体育是培养人类自我超越与合作精神的重要途径

自我超越与合作精神是现代社会创新发展中不可缺少的人文素质。体育在此两方面都有其特殊的作用。

首先，体育运动的巨大魅力来自它所体现的超越自我、挑战极限的精神气概，来自于它提供了人类进行自我发现和自我超越的机会和可能，"更快、更高、更强"最充分地挖掘和发挥人的潜能，追求自我完善。运动赛场上没有永恒的冠军，人们将不断攀登更高的高峰。这就是人类不断超越自我、战胜自我，进而完善自我的特殊表现。只有顽强拼搏、不懈努力、不断超越，才能体现自强不息的信念。体育选手们互相竞争、互相超越的进取精神和品质，将强烈地感染每一个人，让人们从中受到鼓舞、教育和激励，进而去探索新的领域，推进社会向前发展。

其次，体育运动作为一种社会性的群体活动，可有效地增进人与人之间的交往。特别是当今封闭式的家庭生活环境的出现，体育运动可以促使人们走出高楼，为人们提供一个友善交往的社会媒介环境，在余暇的户外活动中，一起锻炼，一起交谈生活、学习与锻炼中的体会，既娱

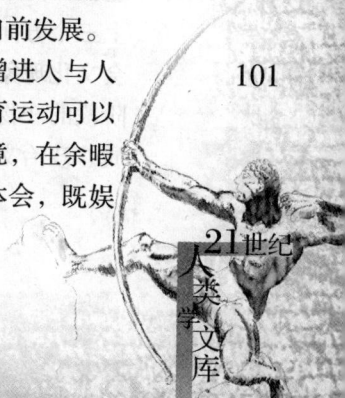

乐健体，又增进人际间的友情与交往。

一些集体性的体育竞赛，由于抗争激烈，集体配合性强，在比赛中不仅要充分发挥场上队员身体机能、技术、战术、心理的能力，而且需要大家同心协力，默契配合，相互谅解，才能夺取比赛的胜利。因此，通过体育竞赛活动可有效地培养现代人在竞争中善于与人协作共事的群体意识。

4. 体育对人类的和平起着重要的促进作用

体育对世界和平起着重要的促进作用。追求和平、友谊与进步，是人类的共同愿望，体育运动能使人们这一愿望得以实现。如在古代奥运会期间，全希腊各交战的城邦都要实行"神圣休战"。开始仅一个月，后来延长到三个月。在此期间，禁止一切军事行动，任何人都不准携带武器进入奥林匹亚地区，全希腊道路要畅通无阻，所有参加奥运会的人都不可侵犯。凡破坏神圣休战的城邦和个人都要受罚。古代奥运会这种追求和平、友谊与进步以及公正竞赛的精神不正是人们这一美好愿望的实现？我们再从奥林匹克运动会的会徽——红、黄、蓝、绿、黑五个环连接在一起看出，它是五大洲各族人民友好团结的象征。在奥林匹克会旗的五环上还写着拉丁文"更高、更快、更强"，这一口号我们如果把它和奥运会宗旨联系起来，就不仅仅是指运动技术的高、快、强，不能狭义地理解为竞赛成绩，它包含着促进精神文明、世界文明的因素，体现着人类永远向上、不断进取的精神，是推动社会发展的一种动力。所以，现代奥运会创始人皮埃尔·顾拜旦如此感慨地认为："啊，体育！你是和平。你在人们中间建立愉快的联系，这种联系在彼此有节制、有组织、有技巧的体力较量中产生。全世界的青年学会互相尊重。不同民族特质成为高度和平的竞争的源泉。"

四、体育在社会文明建设中的功能

人类文明是由物质文明、精神文明和政治文明有机构成的统一体，它们互为条件，互为目的，相辅相成。人类文明教育的目的在于实现以上三个方面的文明，最终实现整个人类社会的文明。体育运动是一种社会文化现象，它是和人类社会的产生与发展相联系的，是一定历史发展阶段的产物，是文明的标志之一，下面就体育运动对于建设精神、物质、政治文明的作用进行阐述。

1．体育与精神文明

有关精神文明的概念，邓小平同志曾这样指出："所谓精神文明，不但指教育、科学、文化（这是完全必要的），而且是指共产主义的思想、理想、信念、道德、纪律、革命的立场和原则、人与人的同志式关系等等。"① 建设精神文明，最终目的是要培养社会主义一代新人。体育作为教育的重要内容和手段，它在精神文明建设中有其独特的作用。

（1）培育人的拼搏精神。拼搏，意味着必须有一个崇高的理想和目的，并为之奋斗；意味着个人必须勇于超越自我、战胜对手、克服各种来自身体与心理的困难和挫折，在一般人不能忍受的条件下能坚持下来，取得胜利；正如一位跳高世界纪录创造者所说的："我非常喜爱跳高运动，因为它使我永远面对一个新的高度，而每一胜利都是以失败的形式告终，它使我永远奋进。"这些由体育健儿们所表现出来的拼搏精神，极大地震撼着人类的心灵，这是现代化建设中最可贵的心理品质。它将激励着各行各业的建设者在自己的岗位上进行拼搏，各行各业的人们还可通过亲自参加体育训练和体育竞赛直接培育拼搏精神。这样，现代生活中的体育，其意义就不仅在于个人健身，运动竞赛的意义也不仅在于胜负和名次，它直接影响到社会的每一个人，培育着人们的拼搏进取精神，促进着社会精神文明的建设。

（2）树立人们的竞争意识。竞争，是现代社会的主要特征之一，是推动社会向前发展的动力，它能激发人们的积极性和创造性，没有竞争，便会扼杀人们的积极主动性，给社会造就一批寄生虫和懒汉，形成巨大的社会内耗。然而体育运动与保守性格势不两立，强烈的竞争督促着每一参与者要不断去创新和变革。因为在体育运动里，不讲门第、不排世袭、没有尊卑；在体育竞赛中，不承认除个人身体和心理以外的任何不平等。体育运动最讲法则，不拘人情；最讲现实，不论资历；最求务实，不图虚名。名次的排列，完全按秒表、钢尺所计量出的成绩或进球、得分的分数优胜劣败，别无他据。只有体力、技术、战术超过对手，才能成为胜利者。这就促使每一个体育竞赛的参加者不断在竞争中总结经验，提高身体素质和技术、战术水平。这种无情的激烈竞争促进着各项运动技术、战术、训练方法、器材、场地的迅速发展和变革，陈旧落后的不断被淘汰，新兴的、先进的不断被创造和推广。我们大家都知道，体育竞赛中的严酷事实是，胜利只是暂时的，竞争却永无止境。

---

① 《邓小平文选》，第 326 页，人民出版社 1983 年版。

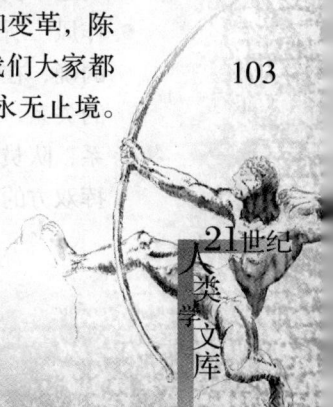

名次一经决出，奖牌一经领到，胜利已过去，竞争又重新开始。体育竞赛如此，社会的精神文明建设又何尝不是如此呢？没有为国家、集体的利益和荣誉去拼搏、去创新的竞争意识，国家就不能发展，民族就不能兴旺，就会处于被动挨打的地位。所以，在现代社会中不能没有竞争。要树立起竞争意识，体育是最好的手段。

（3）净化人的心灵。体育运动是对身心健康有益的高尚而文明的活动，在这些活动中，不仅能锻炼身体，增强体质和保持健康，而且能促进相互交往和增进友谊，并能培养体育道德和集体荣誉感，从而减少人们的犯罪行为，净化人们的心灵。古希腊哲学家柏拉图早就指出："罪恶来自不良教育以及不健全的体格。体育锻炼既是预防手段，又是改进手段，所以它也有消除罪恶的作用。"这是因为体育运动竞赛有规则要求，是社会法规的一种模拟形式，在许多方面是和法律十分类似的。

首先，竞赛规则和任何法律一样，必须明确规定适用的条件，各种不同的运动项目适用不同的竞赛规则。其次，竞赛规则必须对各种行为定出明确的概念，并说明哪些是允许、要求或禁止教练员、运动员采取的。再者，和一切逻辑上完整的法律一样，竞赛规则也指明了违反规则后应承担的后果。任何竞赛规则都具有罚则，并规定违例的处理方法。正因为竞赛规则具有和一般法律的相同性质，所以体育竞赛也是广大群众学习法律、增强法制观念的好课堂。体育运动有助于人们养成遵守规则、服从裁判的良好习惯，使人们善于控制自我、克服感情用事，这对增强法制观念，避免犯罪，净化人的心灵具有积极的意义。所以现在各国把开展体育活动作为教育犯人改邪归正的手段之一。

（4）有利于改善人与人之间的关系。在现代社会中，人际关系越来越被人们所重视，但又由于社会的竞争性和不安全性使得人们更加自我封闭，相互交往减少。为了改变这种状况，人们想寻求一种容易被乐意接受的方式和手段来改善人们的交往。体育运动正是一种改善人与人关系的好方式。因为，体育运动可以加强人们的交往，并且在一场运动竞赛中，包含着错综复杂的各种人与人之间的伦理关系，每一个人在运动场上不仅表演了运动技巧，而且同时也表演了他的思想品质和体育道德作风。所以，有人说竞技运动场实际是文明和道德的试验场和实验室。的确，在各种体育比赛中包括了诸方面的关系，如队员与本队同伴之间的关系，队员与教练员、裁判员之间的关系，队员与对方队员之间的关系，队员与观众之间的关系。只有这些相互关系得到正确处理，才能发挥双方的技术、战术水平，构成良好的体育道德作风和精彩热烈的高水

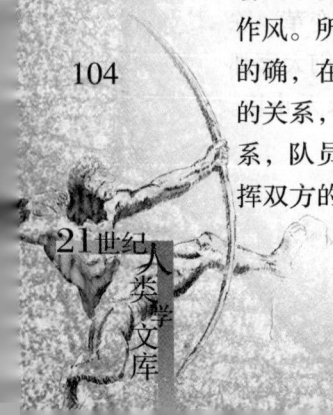

平比赛。从队员来说，首先要和同伴配合默契，互助互爱，尊重教练，服从裁判，对于对手，则要在激烈的争夺中以友谊为重，不伤害对方。教练员在场上要知人善任，充分调动队员的积极性。裁判员则应做到公正无私，坚持原则。观众应尊重裁判，爱护队员的积极性，鼓励双方队员发挥技术水平，争取胜利。这些关系的处理，不仅使人们在运动场上取得成绩，而且在日常生活中也能改善人与人之间的关系并能获得较大的社会效益。

另外，体育运动是通过自身的努力去达到健身、健心、健美实效的，它决不仅仅是个人孤立的活动和几个人的机械劳动配合。有人说，体育运动是一个小社会，是人与人充分交往、交流、交际的重要场合。因此在体育运动中除了要遵循人体生物运动规律和心理变化的规律以外，还要遵守一定的竞赛规则和伦理规则，也就是说不仅要用科学来判别真与伪，而且要用规则和道德来判断人的善与恶。体育运动的特征就在于鼓励人们按照一定的体育道德基本原则和行为规范去竞争。人们在体育运动中追求更快、更远、更高、更强、更难、更新、更熟练优美，这是体育赖以生存和发展的内在动力。勇于进取，积极拼搏是体育道德的重要内容。体育活动是需要付出大量体力和脑力的，缺乏顽强、乐观、吃大苦、耐大劳的作风是不行的。运动竞赛中，成功和胜利的机会常常转瞬即逝，因此，果断、敏捷、冷静成为不可缺少的运动品质。在运动中，除了运动能力、技巧技术的差别外，不承认其他任何不平等，因此，诚实、公正和遵守规则、服从裁判与尊重观众是重要的道德要求。此外，顾全大局的风格、文明礼貌、谦逊大方的风度都是体育道德所要求的。正是这些要求，使体育运动在精神文明建设中具有改善人与人之间关系的独特作用。

2. 体育与物质文明

现代体育是现代文明的标志之一，是现代生活中不可缺少的内容。随着经济的发展，参加和热爱体育运动的人越来越多，如每周锻炼至少3次，每次不少于30分钟的人，德国有61%，美国有64%，日本有65%，加拿大有59%，挪威有67%，中国有40%，前苏联有50%以上。从参加体育专项训练的学生人数看，中国有153.3万，美国有730.2万，前苏联达1200万。从某些项目的运动员人数上看，美国有篮球运动员1000多万，前苏联有300多万，中国有田径运动员7万多，意大利有80多万，前苏联则有90多万。从某些大型体育竞赛的观众人数看，也在逐年增多，如第11届世界杯足球赛为10亿多人次，到了13届则增到了

150 多亿人次，而奥运会的观众高达 700 多亿人次。如此之多的人爱好或参加体育活动，无疑带来对体育用品的广泛需要，如对场地、运动服装、运动器材的需要。为了满足人们的这些需要，就必须加强对体育场馆的修建，运动器材、运动服装的研制，从而促进了物质文明的建设。首先，20 世纪中叶以来，体育场馆的数量不断增加，质量不断提高，出现了众多全天候的大型、豪华的体育场馆。其次，体育用品越来越丰富，档次和质量也越来越高。运动服装成了流行服，健身器材也走进了千家万户。体育产业的生产值也在不断增大，如美国的体育生产总值，20 世纪末已达到 2000 多亿美元，1994～1995 年加拿大体育休闲产业产值为 88.58 亿美元，占加拿大国内生产总值的 1.1%，就业人数为 26 万多人，占加拿大就业人口的 2%。至 1995 年澳大利亚体育休闲业有 1.1 万个经营单位，拥有 163 万名雇员，获得 233.68 亿美元的收入。第三，为了有效地消除疲劳，发挥体能，提高竞技水平，各国研制了专门需要的运动食品、药物、饮料等，为人类身体的良性发展提供了条件。最后，体育的发展、竞技体育成绩的提高是离不开体育用品的开发研制的。各种先进的体育器材和仪器的问世，如电子计时器、电子分析仪、电子模拟器、乒乓球发球机、排球自动抛球机、足球射门器等的研制成功和投入使用，促进了技术的提高，这也是物质文明的具体体现。

3. 体育与政治文明

政治文明是人类在政治实践中形成的文明成果，表现为人类社会政治生活的进步状态，其核心内容是民主发展的积极成果。社会主义是以生产资料公有制占主体地位为基础的经济制度，它反映在政治上，必然要求全体人民充分享有管理国家事务和社会事务的权利，享有各项公民权利。因此，从根本上说，人民当家做主是社会主义本质在政治上的体现，是社会主义政治文明的内在要求和价值目标。

在我国，自党的十一届三中全会以来，我们党把建设民主政治的任务提到了战略高度，并确定为我国社会主义现代化建设的重要目标。1979 年，邓小平在党的理论工作务虚会上，提出了"没有民主就没有社会主义，就没有社会主义的现代化"的著名论断。这一论断科学地指出了民主和社会主义、民主和社会主义现代化的不可分割性。社会主义不能离开民主政治，社会主义现代化也不能离开民主政治。完整意义上的社会主义现代化建设是包括经济建设、民主政治建设和精神文明建设在内的有机统一的整体，以实现富强、民主和文明为目标。三方面应当全面协调地推进，不能偏废，只有加强民主政治建设，才能使社会主义现代化建设获得重要的政治保证，才能推动社会现代化的全面发展。

政治文明的核心是民主，体育在人类民主化进程中，也有着其特殊的作用。

首先，现代体育是人类一种民主程度很高的活动，它给现代人提供了一种民主生活的模式和民主行为的范例。

在体育运动里，不讲门第、不排世系、不论尊卑，在竞技活动中，不承认除个人身体和心理以外的任何不平等。这就要求每个人尽自己最大的努力去竞争，靠平均主义、仰仗他人、依赖条件都是没有出路的。然而，体育的竞争并不排斥合作与互助，它是在一种崇高的伦理原则指导下的无私竞争。同时，现代体育又模拟了人类的法制社会，人们一旦踏进这个小小的"社会"，就会心悦诚服地遵守它的各项"法律"——游戏竞赛的规则，它教导着每一个参与者珍惜自己获取利益的权利，同时尽其所能承担义务。

其次，现代体育与民主同在。历史上，任何一个专制制度从本质上都是排斥、压制，乃至仇视体育的，而任何一个有生气的民主制度都欢迎、鼓励和发展体育。所谓"国运兴，棋运兴"的道理就在于此。

民主，包括目标的民主和程序的民主两方面的含义。人类赋予体育的理想：和平、进步、团结、友谊以及相互尊重和了解，对人的正直和尊严的充分尊重等，都集中表现了人类梦寐以求的民主愿望，充分反映出了体育的民主目标。

而体育活动参与的大众性和比赛结果评定的公开性，在程序上决定了体育比赛必定是个民主过程。人人都可以平等地参加，并在活动中"获得与其天赋相适应的运动成就"，已成为一种民主权利写入了联合国教科文组织的《体育运动国际宪章》。体育规则的制定、竞赛的组织、胜负的判断、人才的选拔都有充分的民主性，这常常令许多社会活动家们羡慕不已，被视为一种民主程序的典范。在这里，每位运动员都享有参与与退出、选择与被选择、解释与申辩等民主权利。但体育比赛中的民主不是无限度的，它是在规则严格控制下发展的。规则和其他竞赛文件，使人们形成一种"契约关系"，即力争最大限度地发挥自己的能力战胜对手，同时又要承担义务允许对手在平等地位上与自己竞争。这一点恰是一个民主法制社会成员必须具备的心理品质。

107

体育比赛的结果在比赛前具有不确定性，任何人不能以任何越轨的手段，造成事实上的结果明确（如年龄作弊、资格顶替、"君子协定"、服用违禁药物等）。在比赛后，其结果的评判是在众目睽睽下进行的，

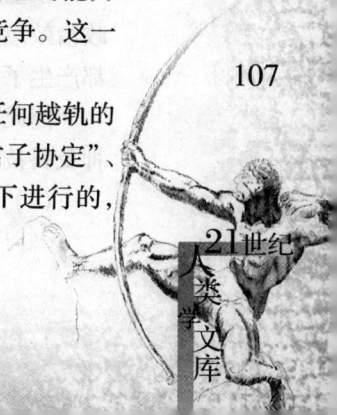

常常要经受仲裁和社会舆论的监督与考验，这种极大的公开性和极高的透明度，是体育程序民主化的保证，是区分真理与谬误的试金石。在这里，人的主体精神、竞争意识、民主观念和科学态度达到了高度的统一与张扬。

五、体育在政治、经济、文化和谐发展中的功能

1. 体育的政治功能

（1）体育是国家的标志。在现代，竞技体育日益发达，它强烈地影响着数以亿计的观众，产生了特殊的政治效应。这效应首先在于：它是国家的标志。作为一种标志，体育的政治效应和国家发展的关系有三个特点：

一是由于现代生产力和科学技术的高度发展，建造了许多规模宏大的体育场馆，形成了覆盖全球的卫星电视网络，由此，竞技体育拥有数十亿观众，在奥运会或世界杯足球赛期间有上百亿人次通过电视观看比赛。吸引如此众多的大众来同时观看一个比赛，这种壮观的境况仅为现代体育所创造。

二是竞技体育中的选手、团队，鲜明、形象而又集中地代表着每个国家。尽管奥林匹克运动的奠基者们一再强调体育脱离政治，强调奥运会的选手是作为个人参赛的。但从一开始，奥运会的选手们就是作为国家的代表参赛的。在所有的国际比赛中，选手们都佩戴着本国的标志，举着国旗，以他们的服装、标志、身体、活动向亿万观众显示着自己国家的存在，塑造着自己国家的形象。这是一个国家在亿万受众眼中最鲜明、最形象而又集中的代表。

三是体育竞赛中选手间的直接对抗，这是双方在观众面前直接的、立即分出胜负的对抗。由于选手代表着国家，在观众眼中，比赛就被当作了国家之间直接进行的、立即分出胜负、高低的竞赛。这对观众的心理产生了极强烈的刺激和影响。

以上三个方面相结合，就使得现代竞技体育产生了巨大而又强烈的政治效应，对一个国家、一个政府的国际地位、政治威信、民族精神等都产生了巨大的政治影响。

因此现代体育不仅是简单的体育竞赛，而是一个国家国力和民族精神及科技水平的综合体现。

（2）体育是国际外交的一种重要手段。体育为政治服务通常表现在

为国家的对外政策服务，作为外交的一种辅助手段。国与国之间的体育竞赛往往是和国家对外政策的整体需要相联系的。体育作为外交手段有它特殊的有利条件。从表面上看来，它没有艺术表演形式那样浓厚的政治色彩；它也比用科学技术作交往方式更有普及性质；它可以超越不同语言，不同的社会制度，能适应各阶层联系的广泛需要。例如，20 世纪70 年代中期，毛泽东同志曾经用"小球转动了地球"，突破了中美之间的历史"坚冰"，大大推动了国际社会的发展，使世界政治格局发生了重大变化。在 2000 年奥运会上，韩国和朝鲜代表团共同高举绘有朝鲜半岛图形的旗帜，携手出现在开幕式上，引起巨大轰动。每届奥运会举行期间都要实行"奥林匹克休战"。

此外，国际间的运动竞赛是各国间力量的抗衡，体育要为国家利益服务。国际的体育交往，也是各国人民加强联系、发展友谊的重要方式以及各地区、各民族文化交流的重要内容。

（3）体育是一个国家国防或军事需要的侧翼。体育为政治服务还体现在运动技术与军事训练结合，作为一个国家国防或军事需要的侧翼。例如，19 世纪初期，拿破仑称霸欧洲，对外进行武力扩张，强占普鲁士国土，当时，曾被誉为"德国国民体操之父"的弗利德利希·路德维希·杨具有强烈的爱国思想，用体操配合军事训练鼓舞民族精神，取得了巨大的成功。日本军国主义为了发动侵略战争，也曾将残忍的武士道精神与军事体育、训练相结合，使体育成为对内压迫人民，对外侵略扩张的工具，这些也体现着体育为政治服务的特征。

（4）体育能在错综复杂的世界政治风云中发挥积极作用。体育作为人类活动的一部分，它处理每一件事物本身，就必然反映出它对这件事物的观点、看法和认识，必然把社会起主导作用的政治潮流作为处理事物的依据和准则，它是通过体育形式反映出政治的。比如 1920 年，不邀请德国及其发动第一次世界大战的盟友和刚刚取得社会主义革命胜利的苏联出席第 7 届奥运会，就反映出美国和英、法等国对战争的谴责，以及对社会主义的恐惧。南非在 1964～1992 年间，继续顽固推行种族歧视政策，一直被奥林匹克大家庭排除在门外，这反映出种族主义遭到全世界人民的反对。特别是美国和前苏联分别抵制第 22 届和第 23 届奥运会，则更体现了两大国际政治集团的对抗对奥林匹克运动的影响。

2000 年的悉尼奥运会，朝鲜、韩国共同组队参加，同举一面旗子出现在世界人民面前，成为世界体育的佳话，使人们看到了体育对政治的影响。

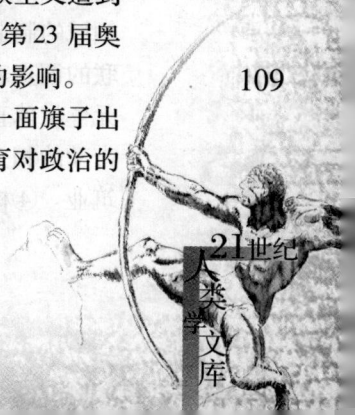

109

树欲静而风不止。如将奥林匹克运动比作大树，在错综复杂的世界政治风云中，这棵大树必然要受到影响而摇摆。我们应利用这个世界有影响的社会活动，抵制歪风、逆风，发挥其积极的、正面的作用，为正义的、进步的、和平的事业服务，为推动社会生产力的发展服务，为人类更美好的生活服务。

2. **体育的经济功能**

（1）体育推动着经济的发展。体育运动作为社会活动的一种形式，必须以社会经济基础为依托，它的发展和普及与经济的发展成正比，社会经济越发达，体育运动就越普及，同时体育运动的普及又对经济的发展起到推动作用。

例如：1984年的洛杉矶奥运会以前，奥林匹克运动与社会经济的关系是被动的、消极的、依赖性的，必须由社会和政府投资，而不会对发展社会经济带来多少推动作用，举办奥运会的巨大经济投资，使得一些城市在举办后几年，还没有还清债务。1984年的洛杉矶奥运会第一次把市场运作机制引进奥运会，把政府开支举办变为自筹资金，运行方式的变革取得了丰厚的经济回报。仅组委会直接的赢利就达两亿多美元，南加利福尼亚地区因奥运会取得的经济效益近33亿美元。其后的汉城、巴塞罗那、亚特兰大、悉尼奥运会也取得了巨大的经济效益，带动了相关产业的发展，推动了经济增长。最典型的是汉城奥运会，使韩国从一个不被世人重视的国家，一跃成为亚洲的"四小龙"。洛杉矶奥运会将奥林匹克运动与社会经济的关系由被动变为主动、由消极变为积极、由依赖性变为互补性。由于经济的杠杆作用，使奥林匹克运动得到空前的发展。体育推动经济的发展，是奥林匹克运动对当代社会发展的一大贡献，这是奥林匹克创始人所没有想到的。因此，有能力举办奥运会的国家为申办奥运会，它们之间的竞争将越来越激烈。

（2）体育带动着新兴产业的发展。体育产业的发展会扩大对相关产业的需求。从生产的角度讲，体育产品的生产需要一些投入品，即通常所说的生产要素。体育产业的发展首先会直接扩大对这些生产要素的需求，从而促进这些生产要素产业的发展。这些生产要素产业主要是工业领域的制造业、建筑业及第三产业的某些服务业。以足球为例，国际足联的调查表明，全世界经济中，由足球运动带动的资金就有2500亿美元。足球直接和间接地为全世界4.5亿人创造了就业机会，由体育产业带动的相关产业有：①运动器械产业。②运动服装产业。③运动场馆建筑业。④标志产品制造业。⑤交通和通讯产业。⑥旅游业。⑦广播电视传媒业。

3. 体育的文化功能

（1）体育是社会文明程度的标志。体育运动不仅有它外在的身体活动形式以及设施、器材等物态体系，而且具有内在的价值观念、意识形态、行为规范等。这些深层的意识形态方面的内容，已经成为人类共同理想的一部分，如奥林匹克精神、奥林匹克体育道德等，均已成为对青少年进行教育（承袭文化）的重要内容。现代体育文化形态是以西方工业革命和文艺复兴运动为文化背景产生的一种旨在谋求身体的发育和发展，增进健康和保持积极的心理、生理状态，维护社会稳定和发展的体育理想、体育意识。其行为主要是群体性的竞技活动和个体性的保健活动以及各种类型的娱乐活动。其目的在于实现身、心、群的合理发展，为社会提供和造就时代所需要完整人格和理想体格。说体育运动是文化的一个部分，是因为当代体育只能是一种文明活动的结果，而且随着人类社会的发展，体育运动将越来越繁荣，成为社会文明程度的一个标志。

（2）体育运动具有鲜明的时代特征。体育运动的时代性特征是十分鲜明的。如古代奥运会进行的项目主要是田径、摔跤等个人项目，这是与古希腊教育中倡导个性发展的历史特征相契合的。而到了20世纪的现代奥运会，越来越多的集体项目则深刻地反映了工业大生产条件下的一种新型人际关系。现代奥运会是全世界170多个国家和地区参加的体育盛会，而古代奥运会只不过是古希腊一些城邦参加的地区运动会。由于国际政治、经济、文化、科技的飞速发展，以现代奥运会为代表的竞技体育，几乎在每10年中，甚至在每一届奥林匹克运动会上，都可以看出新的时代特征。

（3）体育是最便利的文化传播媒介。文化是可以通过各种传播媒介传到世界各个角落中去的，绝大部分的人类文化形式是可以在各民族中相互沟通的。正因为这个缘故，文化中存在着大量的冲突、交流、选择和融合等现象。体育运动是一种最便于交流的"国际语言"，在世界范围内几乎没有障碍，具有极其便利的条件，这就是构成体育运动国际性的一个重要因素。体育在推动文化和意识形态的传播方面，也发挥着巨大的作用。各国都在利用体育和体育明星展示本国的民族精神和文化，在输出体育的同时，还输出其价值观，如美国就利用棒球大联赛、篮球职业联赛、冰球职业联赛、橄榄球职业联赛，利用体育明星的效应，展示和传播美国文化和美国人的生活理念，扩大美国在世界的影响。乔丹

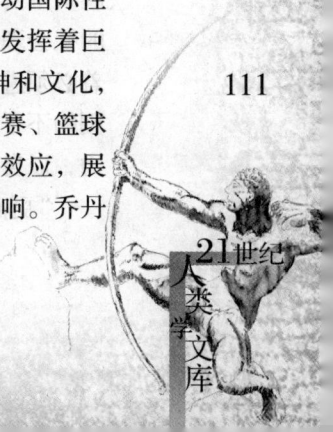

111

已经成为家喻户晓的人物，在人们心目中他不仅仅是一个篮球明星，还是爱国、亲善、友好的象征。乔丹的名气和影响甚至超过了美国总统，超过了许多政治家、科学家、文学家、经济学家和企业家，出现了一种"乔丹现象"。中国的篮球明星姚明在美国引起了巨大轰动，在某种程度上可以说，许多美国人是通过姚明认识和感受中国的，因为，大多数美国人对中国的认识是有限的。这样的例子还有很多，包括邓亚萍、郎平、李连杰以及巴西的贝利、阿根廷的马拉多纳、英国的贝克汉姆等。体育明星通过现代传播媒介的广泛宣传甚至炒作，影响和改变着人们的生活方式、行为方式、价值观念，尤其对青少年的影响不可低估。

（4）体育能使人的身心完美发展和谐统一。若从体育活动的行为和方式来考察体育，会认为体育运动只不过是一种自身的强健、自身潜力的开发过程。但从文化的角度来看，体育的价值绝非仅仅如此。即，体育不仅意味着它是人类生物能量的开发和释放，而且意味着体育在促进人的全面发展和社会化进程中所具有的特殊价值。

体育作为一种人类文化形态和现象的伟大意义在于，同人类通过劳动改造和创造环境一样，体育也改造和创造着环境，只是这一环境并非外在的自然环境，而是人类自我的个体生理环境，乃至社会群体的生理、心理环境，体育在不断地、永恒地创造和赋予人类文化形态新的意义和价值。

正如马克思所认为的，任何一种解放都是把人的世界和人的关系还给人自己。体育运动作为一种实践活动的文化价值就在于实现人自身的价值，即人的全面、自由、和谐的发展，是人的身心的完美展开和全面实现，是个体人格和社会人格的和谐与统一。

团结、友谊、和平、进步是奥林匹克精神追求的理想和目标，奥林匹克的人文教育寓于奥林匹克运动之中，通过奥林匹克运动可以加强不同地区、不同国家以及不同民族之间的文化交流，促进相互理解、减少摩擦、增进友谊和化解矛盾。

奥林匹克运动中"公平竞争精神"的社会学意义远远超出体育比赛胜负本身，它向世界人民展示了人类追求"正义、平等、公正、民主"的社会理念，提供了人类社会应当共同遵守的行为规范。公平竞争意味着必须遵守国际社会认可的规则，公平竞争意味着反对一切违反这一原则的不平等现象和腐败现象，公平竞争意味着充分发挥和挖掘人的潜力，以自身的实力取胜，与对手共同追求卓越，为社会创造财富。

"更高、更快、更强"的奥林匹克格言不仅用在运动场上创造优异成绩，更是向全人类发出的奋力拼搏、开拓进取、不断探索、勇于创新的口号，它喊出了人类自强不息精神的最强音。

第四节　人类体育与社会的发展走向

一、未来社会的社会学分析

近年来，在西方许多著名未来学著作中，对社会发展阶段比较普遍的提法是农业社会、工业社会和信息社会三个阶段，并把这三个阶段分别叫第一、第二、第三次浪潮。农业的兴起，是人类社会发展的头一个转折点，由此开始了为期一万年的第一次浪潮；工业革命是第二次伟大的突破，形成了至今还不过300年的第二次浪潮，而工业化在第二次世界大战后10年达到顶峰，从而开始了第三次浪潮。

近半个世纪以来，世界在科技方面有六大成就：第一，1942年建成第一座核反应堆，使人类掌握了核能量，发现了新能源，进入了原子能时代。第二，1946年第一台电子计算机诞生。第三，1947年出现了第一批半导体、晶体管和集成电路，即产生了微电子技术。第四，1957年前苏联第一颗人造卫星上天，它标志着人类的活动从地球开始延伸到宇宙空间。第五是信息技术。第六是生物工程，也叫生物技术。生物工程包括四个方面：遗传工程、细胞工程、酶工程、微生物工程。生物工程被看作是21世纪一个主要的技术发展方向，即托夫勒说的"第四次浪潮"，其他还有新材料、新能源、空间技术、海洋技术等。由于这六个方面的科学技术的发展，对未来经济和社会生活带来巨大的变化。根据有关科学家的分析和研究，当代社会有五个特别重大的变化：第一个变化是产业结构的大变化；第二个变化是人类的劳动方式有了一个革命性的变化，电子计算机部分代替了人类的脑力劳动；第三个变化是知识的作用越来越大，劳动者的素质和结构在变，即体力劳动的比重越来越小，脑力劳动的比重越来越大；第四个变化是生产组织、管理制度方面的变化；第五个变化是经济领域由于新技术的发展起了重大变化，而且在社会生活领域里也广泛受到它的影响。在这五个变化中，社会生活领域的变化将越来越明显，对人们的社会生活方式将发生重大的影响。

（1）信息技术的广泛应用，工作和生活节奏将会加快，工作的效率将大大提高，闲暇时间将大大增加，加上物质生活的极大丰富，生活的改善，人们将追求新的社会生活方式，甚至产生新型的观念、品德和社

113

21世纪人类学文库

会行为。因为在社会生活里，物质生活的需求是基本的、首要的，但精神生活的需要也是不可缺少的。人们除了衣食住行，还要求不断丰富自己的生活，要求"锻炼充实、发展和完善自身"，那时人们的生活方式需要一种强烈激越的、陶冶情性的文化内容。人们如何看事物，如何表达思想，人们的"价值观念"是什么？这一切变化会使现代人变得更加开朗、更强壮、更聪明和更有洞察力。

（2）随着生活方式的改变，价值观念将发生转变。人们对美的享受和追求将愈来愈强烈，内容也愈来愈丰富，华丽的服装与优美的体态将较好地体现在现实生活中，人们不但追求高质量的物质生活，而且也追求充实的精神生活。

（3）在未来信息社会里，不管新技术如何发展，人始终是新技术的创造者和掌握者。随着科技的发展，整个劳动者的素质和结构将发生深刻的变化，劳动者的素质无疑包含着智力和体力两个方面。提高劳动者的素质，既要重视智力开发，也要重视体力开发。因为未来社会里，体力劳动虽然减少，但不等于降低了对人体健康的要求，相反，为了将来适应高速度、高强度的工作需要，对人的健康的概念将赋予新的内容。因此，研究未来社会人的素质，提高人口的质量，将是未来社会的重要课题。

研究预测，展望未来是为了寻求对策，迎接新的挑战，使体育能适应未来社会的需要。体育是一种普遍而复杂的社会现象，也是现代科学技术的橱窗，新的技术革命对体育的未来必将产生多方面的影响。

二、未来社会的体育发展走向

体育作为一种社会现象是社会发展的产物，对社会发展又起到了积极的促进作用。在现代社会中体育的社会功能已大大超过增强人民体质的范围，成为人们改善生活方式和提高生活质量的不可缺少的因素，体育活动在现代社会已成为人们的生活所必需。它在未来社会中将呈现出以下的趋势。

（1）更国际化。主要是指体育在未来社会中，不论国家和政治制度、宗教信仰和民族特点如何，都将更加重视体育运动的开展。体育的更国际化将主要表现在：

体育更加引起各国政府的重视。由于体育在现代社会中具有独特的多方面的功能，使它成了各国政府特别是一些国家领导人和政界人物特别重视的一项社会活动。主要表现在：国家的体育领导体制与机构的建立、体育政策、法令的制定和贯彻，体育经费的预算拨款，乃至于学校体育课的时数安排等都受到政府和有关领导人的关注。特别是近年来在国际比赛中的激烈争夺而造成的巨大压力，促使各国政府将体育运动纳入政府的工作日程中以更积极的态度来支持体育运动。

竞技体育的国际规模日益扩大。目前世界上除了四年一度的奥林匹克夏季和冬季奥运会外，还有各大洲的综合性运动会和地区性运动会，如亚洲运动会、欧洲运动会、加勒比海地区运动会等。这些运动会大大促进了体育国际化的发展。此外，各种单项国际体育组织还定期举办世界锦标赛、世界杯赛、洲际和地区性锦标赛，这些比赛都在国际规程统一标准下进行，这不仅促进了体育运动本身的发展和进步，而且推动了人类精神文明建设和促进了各国人民之间的相互了解和友谊。

国际体育学术交流日益加强。体育科学已成为一门新兴的综合性科学，近半个世纪以来发展迅速，国际体育学术活动日益频繁。一些主要学科，如运动医学、运动生理学、运动生物化学、运动心理学、运动生物力学、体育哲学、体育史学、体育社会学、体育教育学、体育情报学和比较学等均有国际组织，同时还有一些综合性国际体育学术组织。它们定期举行各种类型的国际学术交流活动，如论文报告会、学术讨论会、学术讲座等，并出版体育科技刊物进行更广泛的国际交流。

大众体育蓬勃发展。随着世界新技术革命的发展，在经济发达国家大众体育已成为国际潮流，与竞技体育的发展有并驾齐驱之势。近年来，大众体育的国际交流和学术研究也有较大发展。国际上已成立大众体育组织和伤残人体育组织，国际奥林匹克委员会和一些国际单项体育组织也成立大众体育机构，以加强对大众体育的领导。

（2）更社会化。体育面向社会，全社会都兴办体育，体育成为一种社会事业，这一趋向在各国已日益明显，在未来社会中将会更加加强。

竞技体育的社会化，在西方国家主要以俱乐部形式存在，各运动项目均由俱乐部开展训练和竞赛，然后由各种单项或综合性运动协会来领导。

社会体育本身就是社会性活动，不同年龄、性别和阶层，甚至千家万户都离不开体育。社会上各行各业都把兴办体育作为一项公共事业，把体育活动作为职工福利和企业兴旺的一项事业，这是大众体育发展的基础。

学校体育的社会化在于许多学校的场地对社会开放，同时学校也利

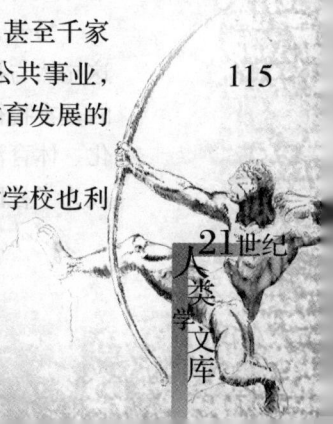

115

用社会上的各种体育设施。此外学校还利用社会或厂矿企业的力量来开展学校的各种体育活动。可见体育已成为了一种社会事业，体育面对社会，全社会兴办体育，将使体育更加的社会化。

（3）更科学化。主要是指体育在未来的一切领域里都广泛采用现代科学技术的理论与方法，其中包括体育的决策、管理、教学、训练和科研。

在当今竞技水平已经很高的情况下，运动场上的竞争实质是科学技术的竞争。没有科学训练，不可能达到高水平。从现代科学的观点来看，运动训练过程也就是科学实验过程。从选材、多年系统训练、医务监督、伤病防治、技术诊断、成绩预测、食物营养、精神和体力恢复等无一不需要科学技术来解决。

近半个世纪以来，世界新技术革命的发展使人类劳动生产发生重大变革，社会生活也发生了很多变化，体育在现代社会中的功能、地位和作用日益显著。因此，体育科学成为一个新兴的科学领域，将显示出它的巨大生命力。现代科学发展的总趋势是各学科部门之间和学科之间相互交叉渗透，既高度分化又高度综合。一方面科学分工越来越细，大量新学科不断涌现；另一方面各学科之间又互相依赖，形成系统，特别是自然科学和社会科学之间联系更加紧密，产生大批交叉科学。这一总趋势必然对体育科学带来很大影响，从而促使现代体育更加迅速地向科学化的方向发展。

（4）更人性化。体育将从社会发展和人的本体需要出发，以学校和学生的具体情况与终身体育的有机结合为契合点，以培养学生的体育意识、兴趣、能力和锻炼习惯为基本框架，构建具有时代特性的健康体育模式。在教学目标的价值取向上，不仅要增强学生的体质，还应发展学生的个性，提高他们的生活能力和生活质量，养成良好的锻炼习惯和生活方式，使体育教育真正体现出服务未来、服务终身的思想，成为促进人的社会化的有效手段。学校体育的教学内容、方法、形式及教学评价等诸方面的改变培养了学生参与运动的兴趣。在多数大学生眼中，体育不再是"达标"的同义词，而成为个性发展、人际交往的有效手段。

另外，体育作为社区文化的重要组成部分愈来愈受到人们的重视。这显然与社会建设更重视"以人为本"的价值取向密切相关。社区体育的基本特征表现在：体育的社会化和大众化、社区群体的全员化和个性化、体育消费的观念转变、体育的健身性和休闲娱乐性。社区体育已经成为了社区人际交流的重要载体，成为了社区成员之间相互联系、相互关爱、相互支持的重要桥梁，成为了社区建设体现"以人为本"价值理念的重要平台。

（5）更生活化。合理正确的体育价值观念和积极稳定的体育态度是促使人们参加大众体育活动的重要因素。一个人的体育行为起源于它对体育的需要。需要引发动机，动机导致选择目标，在一定情景作用下，便可产生行为。一个人在他的生活实践，尤其体育实践中，逐步形成自己的体育价值观念和体育态度。包含着兴趣、情绪、习惯等心理活动的体育态度一经形成，便对体育行为产生相当大的影响。积极的体育态度对个人体育行为具有促进作用，消极的体育态度则起阻碍作用。而强烈鲜明的体育态度是人们克服各种困难，坚持体育锻炼的主要因素。

当人类步入小康社会后，人们的健康观、体育观发生了很大的变化。首先是健康在生活中的地位大大提高。健康在人们价值观的排序中明显上升，排在了金钱、成就之上。其次，获取健康的手段发生了改变，由被动消极地依靠医学、营养手段，开始向体育运动的手段转移，人们开始意识到体育是一种最积极、最有效、最廉价的健康手段。

这种观念的转变，促进了人们"要我锻炼"向"我要锻炼"的转变，使全民健身活动逐步进入正常运行轨道，使体育成为了人们生活中不可缺少的内容，促进了体育更进一步的生活化。

（6）更理性化。体育是我国教育方针的重要组成部分，是我国培养新一代人才全面、协调、完美发展个性不可缺少的内容。社会主义市场经济的发展为跨世纪的人才提出了体育教育方面的规模要求。"素质教育"的提出，使体育教育不再是与世隔绝的"净土"。它将成为人们在小康社会生活中获得健康知识与方法，参加体育运动娱乐的知识与技能，合理支配余暇时间的知识与能力的重要方法和途径，成为人们知识结构的重要组成部分。

近年来由于体育社会科学、体育文化学、体育哲学、体育人文学的进一步发展，同时通过广大体育教育与理论工作者的努力，形成了新的体育教育思想内涵，对体育的认识更加理性化，主要表现在：

首先，对体育是全面发展的组成部分的思想，不应只停留在理论上，而且要在实践上得到真正的重视，使青少年在体育教育中不仅增强体质而且还要学会生存、学会关怀、学会相处、学会做人。

其次，确立"健康第一"的指导思想，全面正确地理解健康的内涵。健康第一的思想是现代人文精神在教育领域中的体现，是人权思想、人道主义精神和未成年人保护原则的具体体现，同时也是学校体育

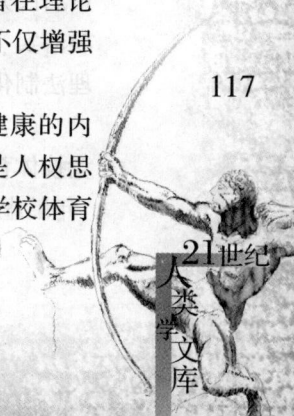

117

对"素质教育"的具体应答。"健康第一"指导思想的确立就是要保证当学生的一切活动与健康发生冲突时，要服从健康。健康包含了身体、心理和社会适应三个方面，过去我们对健康的理解单一化、片面化和不够理性，导致了体育手段庸俗化、体育功能狭窄化、体育教学乏味化。因此全面、正确、理性地理解健康的内容是贯彻全面发展的基础。

再次，充分地认识到体育运动教育能使学生掌握基本的运动技能。运动技能是现代人一种必备的生活前提，它是人们掌握生活技能、生产劳动技能的一种训练手段。经过近一百年来的教育实践，人们才理性地认识到，只有把体育与运动有机地结合起来，使体育技能为人类的健康与闲暇生活服务，才能有效地完成学校体育的最终目标。

最后，理性地认识到目前我国学校体育师资、经费、场地、设施条件和时间难以得到保障的主要原因是在我国体育教育思想的观念中存在着一定的偏见。只有进一步明确一定的物质条件是学校体育教育的基础，学校体育才可能真正有效地发挥其特殊的作用。

（7）法制化。加强社会主义法制建设，依法治国，是在对封建专制主义的深刻批判和我国长期实际存在的"人治"现象的深刻反思中提出来的。

近年来由于加强了法制宣传教育，全民法律素质和法制观念的提高，以及随着市场经济的建立和发展，经济和社会运行越来越脱离单一的行政管理手段，而逐步走上依法行政、法制管理的轨道，从而改变了我国体育领域长期以来不重视体育法制建设的局面，依法行政和依法治体的观念得到进一步强化。《体育法》的颁布，标志着中国体育进入了一个全新的法制化发展阶段。《体育法》和《全民健身计划纲要》为开展社区体育提供了法律依据和法律保障。《体育法》规定："城市应当发挥居民委员会等社区基层组织的作用，组织居民开展体育活动。"《全民健身计划纲要》指出："积极发展社区体育，街道办事处要加强体育工作，体育行政部门要给予支持和指导。"社区体育是符合我国体育工作和社区工作实际情况的基层体育组织形式，是在市场经济条件下，城市居民开展社会体育活动组织网络的一部分。因此，开展社区体育是一项落实《体育法》和《纲要》的基础性工作。同时，也是我国体育管理法制化的具体体现。

118

（8）更纯净化。在人们创造竞技体育灿烂文化的同时，一种寄生于竞技体育，又腐蚀着竞技体育的负面文化——"兴奋剂"、"黑哨"、"年龄虚报"、"假球"等在滋生和弥漫着，它们是对运动员誓言的背叛，对奥林匹克宪章的违逆，对体育精神的践踏。竞技体育文化的本来使命是开发人类的智力和体力，树立积极的人生观和不断进取精神，但是由于负面文化的存在，使人们对体育失去热情、唾弃一场场体育竞赛。

然而，这些"浑浊"现象不论怎样猖獗，人类总有办法将它们扫除、降服，把它们作为文化垃圾彻底铲除干净。

兴奋剂检测制度的法制化、手段的科学，虚假成绩和比赛资格的取消，黑哨行为的法律制裁，将使竞技体育向着更加纯净化的方向发展。

第 **5** 章
教育与体育

第一节　教育与体育的相互关系

一、同为人类社会有目的的培养人的活动

纵观人类演进的过程，体育与教育对人类的进化与发展起着积极的重要作用，虽然在历史上的某个时期侧重点不同，有时偏重体育，把它作为强国强民、优生优育、抵御外侵、征服自然的必要手段与途径；有时更侧重于教育而忽视体育的重要性，认为人的聪慧来自教育而非体育；有时两者却是难舍难分融为一体，是全面发展的必然结合。但是无论两者如何发展，体育与教育都是人类意识活动的载体，是人类有目的、有计划发展、完善自身的活动。同时，在人类实践中产生的体育与教育，通过人类对其的认识与挖掘，凭借自身拥有的功能与价值，又为人类发展的需要提供了认识的工具。一方面，人类社会劳动中的实践把人类抵御猛兽的本能转化为狩猎的能力，把自身生产的基本活动能力转化为相互竞争拥有实力的能力，人类这些对身体活动的需要促使了体育的形成与发展；另一方面，人类对精神文化、道德规范、伦理信仰等的追求同样也促使了教育的形成与完善。因此，体育与教育是人类社会有目的的培养人的活动。

二、早期人类体育与教育混为一体

人类的生理进化及认识的发展都是一个不断的、螺旋式发展的过

程。首先，处于早期的人类，虽然在生理结构上有其独特的先天条件与优势（如大脑结构），使人类与其他物种存在根本性的差别，这是思维发展的基础，这也使人类在进化过程中发展成文明的人成为可能，但是正如达尔文指出的，物种的进化、发展是一个连续的长时期的过程，因此处于早期的人类只是处于直观性占主导地位的认知世界中，其抽象思维的能力还很低，更谈不上创新。因此，人类还没有能力将具有某些相同作用的事物或相似的事物，如体育与教育判别与区分，这使得体育与教育混为一体成为一种必然的发展现象，也是人类认识发展的结果。其次，人类文明的标志——文字、语言、符号等发展的局限性，迫使人类只能通过自身的身体行为来表达自己的感受，来传达自身的需求，来实现与他人的交流与沟通，来完成共同合作所求得生存所必需的活动，这样对身体活动的依赖使得体育成为重要的教育内容。总之，早期人类主要通过自身身体的活动来求得生存，在神秘莫测的大自然中，在凶险艰苦的环境中，在残忍的野兽中寻求生存与发展的机会。从人类早期简单的生活技能，如走、跑、跳、投、攀、爬及攻、防、格斗等，到人类生产技能，如简单工具的制造及使用等，便构成了教育最主要的内容，而且成为人类取之于自然向自然学习，又作用于自然改造自然的活动，以满足人类生存的需要及生产的需要。而这些活动从一开始就同体育与教育结合在一起，以发展人的技能和提高人的生产能力为根本，渗透于人类社会文化之中，融为一体，无法分离。

三、体育是教育的重要组成部分

随着人类认识世界，认识自身能力及改造世界能力的提高与发展，在创造物质文明的同时，对精神文明的需求也与日俱增。人类在从自然化的人发展成为人化自然的进程中，体育与教育也开始脱离萌芽状态走向成熟，走向分化，这意味着人类开始自觉地把自身作为主客体相统一的对象来培养塑造，并且以一种物质活动的方式开始了"人造客体"的过程。体育与教育开始有了界限，但体育却是教育的重要组成部分，与教育存在着千丝万缕的、不可分割的关系。当教育逐渐多样化时，体育便成为德育、智育、美育等教育内容的重要载体，而且体育本身的文化价值与功能更是人类文化中内隐与外显文化的统一体，对人类的教育价值更是不言而喻。中国最早的具有先进意义的"六艺"教育体系中的"御"、"射"、"乐"都有有关体育的教育内容，是奴隶主接受教育的重

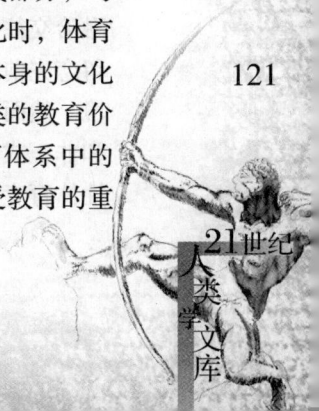

121

要内容，而且孔子本人也大力推广体育。马克思同样指出："生产劳动同智育和体育相结合，不仅是提高社会生产的一种方法，而且是造就全面发展的人的唯一方法。"毛泽东也曾强调："体育一道，配德育与智育也，而德、智兼寄于体，无体便无德智也。体者，载知识之本而寓德育之舍也。"无数事实证明体育是教育的重要组成部分，而且随着社会化的发展，人类需求的多样性趋势，现代教育已成为包含人类体育的完整的文化体系，体育与教育向着多维观、多元化的趋势发展，在注重个性化的同时讲究全面性教育。

第二节　体育教育的特殊作用与功能

一、体育对人类道德的促进作用

体育是人类有意识、有目的的一种社会活动。人们在参与体育活动的过程中必然与他人、与社会、与自然发生网状型的联系，然而要保证体育活动的正常秩序或达到人们的预期目标，就需要遵守体育活动这一特殊领域中的规范与规则，来协调各种各样的关系或者来评价人们的行为。从而使人、社会、自然达到和谐的状态。而体育活动中的规则、规范又是道德产生的客观基础。

其实，体育自产生之日起，就与道德有着千丝万缕的联系，两者相互影响。一方面，体育是道德教育的有效手段和方式，特别是青少年教育；另一方面，道德促进体育的健康发展，保证体育朝着公正、平等、民主、和平的方向发展。体育道德是一个不断完善的体系，它是对参与体育运动的人的体育行为的规范，可以说体育道德是根据外部环境变化，对体育运动参与者行为不断完善的准则和善恶评价的实践活动。体育道德主要通过对个体义务感、良心、集体感等的培养，使个体自觉履行道德要求，遵守社会规范。

（1）体育对人们道德规范的教育作用。由于现代生产、生活节奏的加快，社会竞争日趋激烈，封闭式家庭生活环境的出现，使昔日邻里间融洽交往的氛围逐渐消失。难怪许多人搬进现代化的高楼大厦后，反而留恋先前的老四合院，抱怨当今缺少了谈天说地、论古道今的生活环境。然而，体育作为一种群体性的健身、娱乐活动，能为各个正式群体和非正式群体的人们提供一个友善交往的社会媒介环境。由于一些集体性体育竞赛项目抗争激烈、集体配合性强、观众共鸣效应大，在比赛中不仅要充分发挥场上队员的身体、技能、技术、心理的能力，而且需要大家同心协力、默契配合才能夺取比赛的胜利，这有助于队员间形成良好的人际关系。另外，由于体育比赛的胜负直接与国家、集体和个人的荣誉感相联系，因此体育竞赛有助于形成民族自豪感与群体凝聚力。

（2）作为竞技的规则深蕴着社会伦理价值。体育作为人类的精神文化产品，既能满足人们娱乐、休闲、健身的需要，又对广大参与者具有巨大的教育潜力，对人们良好的社会生活规范有特殊的导向功能。体育竞技最大的特征是竞技性，公平性。现代社会新型生活方式倡导的社会道德准则和行为方式都能在体育运动中找到理想的模式。诸如体育中的拼搏献身精神，优胜劣汰的社会竞争意识，公平、民主、平等的观念，增强群体凝聚和协同能力的集体主义精神，促进人际友善、调节心理情感、促进个体社会化，使人们思想情感更加丰富高尚、平衡而多层次，这些精神正是我们新型生活方式和道德准则建立的思想基础。体育运动中的唯物辩证法的世界观和方法论为人们广泛理解和接受，它使人们的道德与生活准则相互渗透和交融。

（3）作为身体机能活动对人的意志的锻炼作用。千姿百态的体育项目，对人的素质、机能、心理的影响各不相同。在与对手激烈抗争时，有的项目要求快速敏捷，要有高超的体力与智慧；有的动作惊险复杂，要求有勇气与灵巧、耐久与坚毅；有的练习变幻莫测需要同伴间密切的配合。因此现代体育竞技无不是体力的对垒、智慧的较量、意志的抗衡，是健、力、美、勇、谋的集中体现。它不仅有健身强体、休闲娱乐的作用，而且有助于培养人们良好的个性心理情感和勇敢、顽强、坚毅、果断、进取等意志品质。

此外由于体育运动中具有紧张性、对抗性，并要承受一定的生理负荷与心理负荷，运动者必须不断克服内心障碍和外部障碍，在使自己的行为符合体育道德竞技规则的前提下，朝着"更高、更快、更强"的奥林匹克目标，去夺取比赛的胜利。毛泽东同志曾指出体育的效能在于"强筋骨、增知识、调感情、强意志"。因此可以说，体育运动即是增强体质、发展体能的重要手段，同时又是一个进行纪律和集体主义观念教育，克服困难，磨炼意志，开发智力，陶冶人的性格、情操的良好教育手段。

（4）体育促进道德的健康发展。我国一直都很重视体育与道德健康的关系，儒家讲"礼射"，道家讲"修德"。体育道德不仅调整和制约人们的相互关系，而且对个体道德健康的培养有着积极的促进作用。因

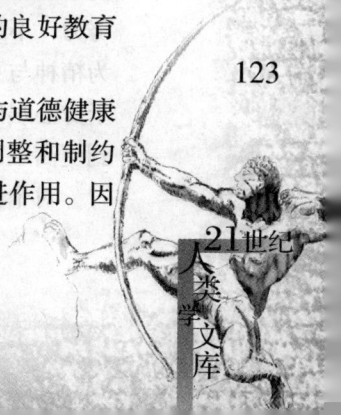

123

为它要求人们在参与体育活动的过程中，在用道德标准判断是非、善恶的同时，既要完善人们正确的价值体系，又要接受集体主义、爱国主义的教育。体育道德不仅要求运动员必须忠诚于规则中的有关规定，必须遵守规则的精神实质，不容许徇私舞弊，而且在任何情况下都要保持对公众的正确态度；运动员在比赛前、后以及比赛中，必须尊重对手和裁判；运动员应该保持良好的心态，失败时不气馁，胜利时不骄傲。而且体育道德要求裁判员必须公正判决以及接受公众的监督。

体育道德规则不仅是参加高水平体育比赛运动员必须遵守的体育道德准则，同时也是参与以娱乐、休闲、健身为目的的体育游戏或非正规比赛的人们必须遵守的道德准则。从而由点到面地扩散到社会各个领域，成为大家共同遵守的社会规范。

对个体道德意识的培养。道德意识是个体道德形成和发展的心理机制。在体育活动中，个体通过与他人、与社会群体的交往，形成和发展自我意识。在体育中，人类即处于最原始的状态，体育活动的纯洁性、娱乐健身性仍然吸引着人们的目光，它可以使人们摆脱烦恼，很容易地进入角色。但是"没有规矩，不成方圆"，体育活动的参与者，一旦加入到某项体育活动中，就会自然而然地遵守其规则、规范。而体育的规则、规范增加了体育活动的趣味性。同时体育运动的过程其实是个体道德内化的过程，因为体育参与者具有选择性，即选择适合自己的项目，选择适合自己的器械，选择适合自己的伙伴等，充分发挥个体的主观能动性。愉快的情绪，积极自发的动机是自我意识产生的源泉，人们在体育活动中不断调整自己的行为，不断追求新目标的过程，其实就是个体自我意识增强的过程。

对个体意志品质的磨砺。健康的生活方式要求人们参与体育运动，而体育运动又要求人们坚持不懈地努力，切忌"三天打鱼，两天晒网"，这样才可以培养人们吃苦耐劳、不怕困难、持之以恒的品质与意志。这种意志的获得是人们通往成功的内驱力。此外坚持体育运动是一种意志力的培养过程。一方面，在体育训练中常说"冬练三九，夏练三伏"，要求运动员不断克服困难，战胜自我，向"更快、更高、更强"的方向努力，不断创造优异的运动成绩；另一方面，大众体育的开展，体育作为精神与身体平衡发展的调节剂，成为人们积极休息的方法，并且有益于身心娱乐以及缓解疲劳。体育锻炼要求人们持之以恒、超越自我，达到更高层次的动态平衡。

对个体情操的陶冶。体育对个体情操的陶冶主要有两种形式：对参与者的陶冶和对观赏者的陶冶。对于参与体育活动的个体来讲，由于体育的内容丰富、形式多样，再结合音乐、媒体等现代科学技术手段，它能不断满足个体的需要，而不感乏味，并通过自身体验实现美的享受。对于观赏者来讲，通过观赏自己喜欢的体育项目，能间接地融入其中，感受体育的魅力，如花样滑冰、花样游泳、体操、足球、排球等体育项目，场上的胜负牵系着观众的心。此外，体育活动可以使人达到修身养性的境界。

对个体协作精神的铸就。在体育的集体项目中，个体会在集体主义氛围的影响下形成团队归属感，因为集体项目的完成需要齐心协力，需要每位成员的合作。体育运动中的合作形式多样，有运动参与者个人与个人之间的合作，个人与团队间的合作，指导者与学习者之间的合作等。不同的运动项目，不同的运动情境，参与者之间的合作形式也各有不同，但是其共同的作用在于使人处于社会化过程中，团队的成功、失败以及荣誉与个体息息相关。此外，在体育活动中，大家对成功的个体给予赞扬，会增强其自信心，并产生对体育的强烈兴趣。反之，当个体在集体中扮演的角色的失败，那么他会在集体的推动下自觉的纠正，从而保证下次的成功。而在团队中培养的义务感、自信心、自尊心、自爱心等又构成个体自我的道德意识。分工不同，个体所承担的任务也不同，只有大家同心同德向某一目标努力奋斗，团队组织才能取得成功。即使在个体项目中，个体同样需要他人、社会的支持、鼓励和赞许。

在团队中，个体与个体之间有一种无形的爱和信任，个人在团队中受到尊重，扬其长避其短，即便是在错误中也是愉快的，个体有一种幸福感与满足感，从而由体育团体到社会生活形成道德风尚。在道德生活中只有基于情感的理性体验，才是真正的人的理性，否则，就是空洞的"理念"和虚无的"戒律"。

体育对个体自我道德意识的培养途径简单、氛围自然、过程欢快、结果有效。集培养个人的情感、锻炼意志与确立正确的价值观、人生观、职业观为一体，从而促进个人道德境界的日益提高。

一个健全的社会不能不讲道德，一个健全的人格不能没有道德。而道德的选择是在一定的道德意识支配下自愿的选择，是一种价值取向。不仅奥林匹克精神的实质要求具有相互理解的精神，友好的精神，团结互助的精神和公平竞争的精神，而且体育中充满了集体主义、爱国精神。人们在没有外界控制的条件下，自觉模仿道德行为及优秀运动员的行为，追求真理、追求至善、追求完善，达到真善的水平，从而做出与

125

之相同或相似的道德行为。在体育活动浓厚的道德氛围中，能对个体的道德意识、道德行为进行调节与培养，促进个体的道德健康形成，建立正确的幸福观、职业观，有助于建立和平、团结、友谊和更加美好的世界。

二、体育对人类智力的开发作用

人的智力发展，是建立在大脑物质基础上的。智力包括观察力、记忆力、想象力、思维能力、判断力和分析与解决问题的能力。现代科学研究表明，在正常情况下的人的智力与其大脑的体积、重量关系不大，而与大脑的物质结构和机能状况关系甚密。体育运动中人们必须快速、准确地观察、判断，并作出一系列复杂动作，肌肉活动产生的生物电对大脑皮层细胞的刺激越强，所动员工作的神经细胞就越多，越有利于提高大脑皮层细胞的灵活性、均衡性、综合能力以促进大脑神经系统功能的发达。

（1）体育对智力的发掘作用。从人类身心的发展规律看，身体的发展与心理发展是相互统一的，健全的身体是人们承担各种工作、学习任务、开发智力的重要物质基础。从现代生理学和心理学视角看，学生的观察、比较、分析、记忆、概括能力的发展必须身心俱健、体力充沛、精神饱满。运动生理学实验表明：从事体育活动，掌握各种动作技能可促进大脑相应部位神经中枢的发达，提高大脑皮层的工作能力，使兴奋和意志过程更加集中，提高神经过程的灵活性，使思维更加敏捷，判断更加准确。此外，体育以其多变、快速、复杂的整体动态特征，可有效地发展人们的快速思维、立体思维和独立思维的能力。

在一项智力测试中，我国心理工作者用成人智力量表，以一般大学文、理、工科学生为对照组，对体育院系足、篮、排球专业学生智力结构特点进行了专门研究。发现他们在观察力、时空感、操作过程中的思维能力及动作协调能力较强，而知识面、理解语言，运用语言进行分析、概括、推理的能力较差。在智商总量上无显著差异，但低于一般大学运动队学生。此项研究最终的结论是：球类运动的教学训练有助于智力结构中知觉组织因素群体的提高，对提高学生整体智力水平有积极促进作用。

（2）体育对提高大脑工作效率的作用。一般情况下，大脑的活动需较多的营养物质。人的脑重仅占体重的 1/40 左右，但供给脑部的血液却占血输出量的1/4，耗氧量占全身的1/5。在紧张的智力活动中所需的血液，氧气量更大。进行体育锻炼可增强心血管系统功能，供应更多的营养物质到各系统、器官，包括大脑和整个神经系统，以提高脑的工作能力。体育科学实践证明：经常进行体育活动，可增强大脑组织的缓冲性和抗酸碱能力及氧化酶系统功能，有助于记忆力和思维能力的提高。

体育运动还是一种积极性休息的手段。据高级神经活动的负诱导规律，运动中枢的兴奋可抑制思维、记忆中枢的活动，使其得到更完全的休息，轻快地消除疲劳，并可改善全身血液的循环。在清华大学校园里流传着"8－178"这样一个富有生活哲理的公式，即每天从 8 小时中抽出 1 小时进行体育活动，其学习效率仍大于 8 小时连续学习的效率。在国外，也有这样一项实验表明：儿童在上午第二节课后进行 30 分钟的体育游戏，第三、四节课时的智力活动能力可提高 2～3 倍。因此体育活动常常被人们视为学习与工作最积极、最有效的休息方式。

（3）体育自身的知识教育作用。体育，作为一种社会文化活动，本身就含着丰富的社会文化内容和科学技术知识。从教育心理学和运动技能形成规律看，完整机能的形成是建立在对运动技术原理正确理解的基础上的。要学习运动技能必须充分发挥思维意识系统的作用，应用已有的运动生理学，对该机能进行分析、比较、概括，思练结合，以尽快实现该技能的条件反射过程。例如：美国学者莫尔和巴雷特以游泳做实验，先让实验者学习游泳技术的力学原理，再研究这种原理在游泳技术中的迁移效果。他们发现，此方法对学习自由泳、蝶泳、蛙泳技术都有很好的效应，实验组学生比对照组学生掌握技术的速度和准确程度都快。

体育运动中棋类项目本身就是锻炼思维能力的最好手段。象棋、围棋、桥牌活动逻辑严密、趣味横生，有助于人们训练思维能力，开发智力与陶冶情操。

三、体育对人类审美意识的提升作用

美，作为人的个性和谐发展和精神文明的综合标志，广泛地存在于德育、智育、体育之中。人，是自然界中最高级、最发达的动物，人的形态最为完善，动作最复杂巧妙。在体育运动中，人体形态美与动作美表现得更为生动，体现了自然美与艺术美的有机结合。体育运动还可促进人类的精神美与风度美，是人体的外在美与内在心灵美达到高度和谐

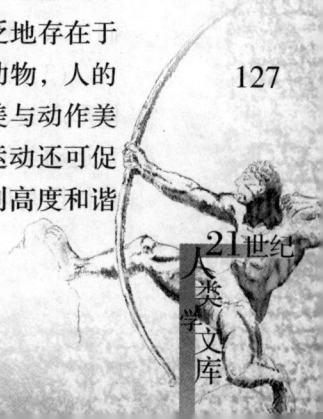

127

的发展。

（1）体育对人类形态美的促进作用。健美意识的形成，在人类社会中源远流长。早在 2400 年前，古希腊雕刻家米隆的杰作《掷铁饼者》就塑造了人类美的典范。人体形态美主要表现为端庄的体态，其中包括发育正常、肌肉丰满、姿态正确、动作自然等。体育运动可以从形态与技能上完善人的身体，发展人的力量、耐力、速度等素质，提高各器官的系统机能，使人体肌肉发达而均衡，体态健美，使人的举止优雅大方、矫健刚劲，焕发出朝气蓬勃、精神旺盛的青春气息。

从宏观角度审视，体育可改变整个民族的国际形象，使我国人民体质状况不断改善。人均寿命从旧中国的 35 岁提高到现在的 67 岁，青少年儿童每 10 年身高增长 2.8 ~ 4 厘米，体重增长 1.8 ~ 2.7 公斤，体育运动水平在世界体坛迅速崛起，成功地实现了由"东亚病夫"到"亚洲巨人"的民族形象变迁过程，在国际体坛上再现了中华民族文明健康的整体形象。

（2）体育对人类精神美的塑造作用。从美学价值看，人体美必须具备内在的精神源泉，必须是外表美与内心美的统一和谐。人的内在美体现为道德精神的美，即为精神形成过程中的道德、情感、意志、感知的美。体育对人体内在美的塑造作用表现在经过激烈、艰巨的竞赛与锻炼方式锻炼人们勇敢、果断、沉着的意志品质，培养坚韧、礼貌、克制、协作、守纪律的体育道德及胜不骄、败不馁的运动员风度。运动使人体能产生舒适的感觉与活泼欢畅的心境美感，在欢快的体育环境中，其教育作用也在审美过程中得以实现。

竞技性是体育运动最显著的特点，可以两军对垒的对抗形式出现，比赛双方针锋相对，奋力抗争，但又受竞赛规则和体育道德的制约。运动场上，运动员顽强拼搏的生动场面及表现的公平、诚实、谦虚、友好的赛风，都能给人以美的陶冶。此外，一场国际比赛，在某种程度上反映了一个国家的文明程度和民族精神风貌，诱发着人们心灵深处的强烈情感反应。当我国运动员获胜时，在雄壮的国歌声中，五星红旗冉冉上升，这庄严壮丽的情景画面无不激励着亿万人民的爱国主义思想，把人们带入一种奋进的、向上的美好意境。

（3）运动形式对人们审美情趣的培养作用。体育是运动形式美、人体形态美、精神美的综合体现，美融化在体育运动的每一动作之中，体育运动美的特征，是以各种体育项目的不同运动形式反映出来的。如竞技体操是以高、飘、难、新、稳和惊险、独创、熟练等人体运动来体现美的，运动员时而凌空飞旋，时而平衡伫立无不给人以美的享受。篮球运动是以机智、灵巧，配合默契与战术变化来表现美的，田径则以速度、力量、耐力、柔韧、灵敏和动作协调来体现美，特别是体育与现代艺术的交流，使运动美犹如锦上添花，更具美的魅力，如水上芭蕾、花样滑冰、艺术体操把强烈的韵律节奏，柔软、舒展、多变的姿态与优美悦耳的音乐融为一体，构成美的旋律与美的造型，更是美不胜收，唤起观赏者强烈的美感。

现代奥运会是世界上不同国家、不同民族、不同语言、不同信仰人们欢聚的最大盛会。在其宏大的开幕式上要升国旗、奏国歌，举行富有民族文化历史和审美价值的大型团体操，浩大的场面，优美的旋律，新颖的图案，将人们带到人类美好象征的意境——和平、科学、进步！使人们在美的陶冶中受到国际主义和爱国主义教育。

各种体育场馆的布置设计、建筑与装饰既可供人们健身、娱乐、丰富精神生活，又有审美价值，美化装点城市建设。体育竞赛期间举办的各类体育展览、摄影、雕塑、绘画、文学讲座、电影周、时装表演等都是对广大人民进行体育审美教育的橱窗，使人们在观赏中享受美的熏陶。

体育是人类社会中一种普遍的文化现象和教育手段。在人类文明进程中，体育也不单纯为一身体机能，其价值功能也产生多层的多元取向。在我国社会主义教育中，体育教育的功能也在不断地扩展，既是增强人们体质的重要手段，又成为辅助和完善的德育、智育、美育的重要方式。希望全社会人们都来重视体育，充分发挥它在培养全面发展的有理想、有道德、守纪律的共产主义新人中的教育作用。

四、体育对人类体能发展的作用

体育作为促进健康的手段，已经广为人知。这里主要是从体能的发展来介绍体育对人类身体的积极性影响。体能是一切活动的前提基础，无论是日常活动学习还是体育运动，没有体能作保证，就相当于丧失了活动能力。发展体能在提高生命质量，发展健康和运动能力等方面都有很重要的意义。

运动素质是体能的外在表现形式，实际上是人体形态结构、机能与代谢状况的综合表现，是人体运动能力的直接反映。通过选择合适有效的身体素质练习，可以改造和建设自身的身体形态，提高机体的机能能

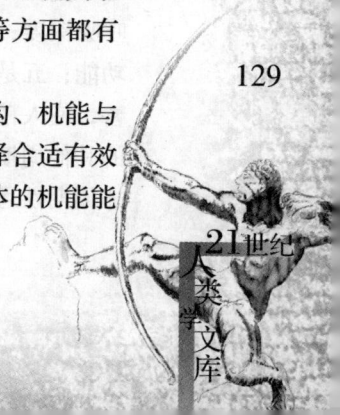

129

力，并与外界环境结合起来，以达到提高学生整体体能水平的目的。

（1）力量素质。人体的任何活动都离不开肌肉力量，当人体从事各种活动时，则需要特殊的肌肉力量能力，这些特殊的肌肉能力是通过运动训练获得的，也是衡量身体素质水平的重要指标，同时力量素质是进行一切活动的基础。我们所进行的各种活动都是由作为主动运动器官的肌肉以不同的负荷强度、收缩速度和持续时间进行工作，从而带动被动运动器官骨骼的移动来完成的。如果没有肌肉的收缩和舒张产生力量牵拉骨骼进行活动，人们连起码的行走也不可能实现。每个人的走、跑、跳、投等技能均离不开力量素质。实践证明，体育锻炼能影响人的体型，提高人的力量素质，训练者与不训练者的差异从众多方面表现出来。有测验证明，15～16岁运动员右手平均握力为42公斤，而同年龄普通少年右手平均握力仅34公斤。常用的方法有：负重抗阻练习、对抗性练习、克服弹性物体练习，利用力量训练器械练习、克服外部环境阻力的练习等。

（2）速度素质。速度是完成各种运动技能以及完成各种运动技术的基础。速度练习可以促进多种身体素质的发展，对正在成长的青少年来说，是发展灵活、协调、爆发力等素质的良好手段。

发展速度素质能提高大脑皮层兴奋与抑制过程转换的灵活性。从生理角度来看，动作速度的快慢与大脑皮层的运动神经中枢兴奋与抑制速度转换能力以及兴奋与抑制的强度有关，因为它们是决定运动过程中肌肉收缩与放松能力和肌肉用力程度的重要因素。

速度练习可以使运动器官功能得到增强，特别是肌肉的力量和弹性，只有肌肉有力量才有可能达到肌肉的快速收缩，发挥出快速完成动作的能力。肌肉弹性好，就能在肌肉收缩前充分拉长，使其产生爆发性的收缩，在一定范围内肌肉的拉长越迅速，则收缩速度越快。常用的方法有：信号刺激法、运动感觉法、移动目标的练习等。

（3）耐力素质。耐力素质是指人体在长时间进行工作或活动中克服疲劳的能力，是人体健康水平的重要标志。提高耐力素质一是可以改善心率变化，加强心肌力量；二是可以增加呼吸肌的力量，增加肺活量与呼吸深度；三是增强肝功能，提高机体的免疫力；四是增强肠胃的消化功能；五是可以使神经兴奋与抑制、传导与反应等机能得到明显的改善，使人精力充沛，增强抵抗力。如各种形式的长时间跑；长时间进行的其他周期性运动，如速度滑冰、划船、自行车等；长时间重复做某一非周期性运动，如排球运动中多次做滚动练习；反复做克服自身体重的练习，坚持较长时间的抗小阻力的练习等。

（4）柔韧素质。发展柔韧素质不仅可以加大动作幅度，使动作更加优美、协调，而且能加大动作的力量与速度，加速机体疲劳的消除，减小受伤的可能性。例如发展肩部、腿部、臂部和踝部柔韧性的主要手段有：压、搬、劈、摆、踢、绷及绕环等练习；发展腰部柔韧性的主要手段有：站立体前屈、俯卧背伸、转体、甩腰及绕环等练习。

体育是人全面发展中必不可少的手段与方式，它不仅仅是人们价值观的载体而且还可以塑造良好的人格，使人们提高德、智、体、美、劳等素质，更好地改造自己与适应周围的环境，成为社会的主人，实现全面教育，即德才兼备、手脑结合、心身和谐、情知交融、天人合一、个体发展与集体发展的统一。

第三节　体育教育与人类社会发展的关系

一、社会发展中的体育教育

1. 原始社会的体育教育

原始社会可谓是人类历史上的蛮荒时期。在那个时期不仅自然环境恶劣，生活条件非常严酷，而且人类的生产力极其落后，原始人类不得不为了生存而顽强地同自然界展开搏斗，以求得发展，他们活动的目标都是围绕生存而进行的。因此，源于朦胧的原始社会的体育教育也仅仅是为了生存与求生。当时没有专门的教育机构而且也没有细分教育类型，教育与体育混沌融为一体，没有从生产劳动和生活实践中分离出来。主要的教育内容是在劳动实践过程中进行简单的生产技能与生活技能的传授，由于没有文字只能靠模仿、口授的形式来教育后代。但是他们的走、跑、跳、投、攀、爬以及攻、防、格斗等，虽然还称不上体育教育但却含有体育教育的因素。

2. 近代以前的体育教育

（1）奴隶社会时期的体育教育。随着生产力的发展，原始社会后期部落中开始出现剩余产品及贫富分化，人类逐渐进入战争与残杀的奴隶社会，出现了阶级、国家、剥削、压迫、侵略等社会现象。奴隶主为了维护统治、抢夺财富与奴隶，将本阶级的年轻人培养成为强有力的统治者而实施贵族教育与身体训练，因而当时的夏、商、周呈现出浓厚的尚武社会风气。此时出现的学校教育中也侧重体育教育，如在教育体系完

备的西周的"六艺"教育体系中,"御"、"乐"、"射"都是直接用于军事技能和身体训练的体育教育内容。

(2)封建社会时期的体育教育。这一时期我们可以把体育教育分为三个阶段即:"两个高峰期,一个低谷"。

春秋战国时期到秦汉时期。这一时期是中国历史上封建社会的过渡时期。不仅出现了许多思想家、政治家、军事家,而且呈现出"百家争鸣"的繁荣景象。孔子的尚武思想,注重其弟子的射、御;墨子主张把射、御定为选拔贤士的标准,予以赏罚;荀子主张募勇武之士等。这时新型地主阶级正处于上升阶段,各国变法中都很注重尚武之风,因此这一时期的学校体育处于一个高峰时期。

秦汉后期到魏晋南北朝时期。这一时期呈现重文轻武的局面,学校体育教育开始衰退,走向低谷。

在漫长的封建社会时期,体育在教育体系中的地位日趋衰微,这主要是受宗教禁欲主义和重文轻武思想的束缚。在我国汉代的教育中以"六经"即《诗》、《书》、《礼》、《春秋》、《易》为基本内容,实际上取消了体育,而且这一时期由于"文"在社会发展中的作用日益突出及政治统治的需要,汉武帝"独尊儒术",以经学取士的政策造成了学校体育的衰退,加之唯心主义盛行,道教神学盛行一时,因而迷信仙丹之法盖没了体育教育之强身健体之效。

隋唐至清朝前期体育教育呈现第二个高峰期。中国古代史可以用"分久必合,合久必分"来概括,隋唐时期,国家高度统一,政治、经济、文化的发展都达到鼎盛时期,学校体育也逐步恢复发展。可是体育还是没有和教育脱离而独立的成为一个领域。其中贡献最大的是清朝初期的颜元,他在批判宋儒教育的同时,要求其学生"文武相济",全面发展。在他的思想和实践中第一次明确了体育具有教育的意义,是全面教育思想的早期尝试者。此外由于政府注重武学考试,从而推动了这一时期的体育教育的发展。

3. 近现代体育教育

整个中国近代史动荡不安,体育教育随社会的发展而呈现不同的特征,现主要从以下几个方面来阐述体育教育的发展。

(1)军国民体育教育。清朝后期,一方面闭关锁国的政策,使中国与世隔绝,自塞其耳目;另一方面内政腐败,奸臣当道,外患频频而民不聊生。为了维护清王朝的统治而"禁民习武",加之鸦片对中国人民的毒害,使中国人民处于手无缚鸡之力的地步。1840年外国列强轰开了中国的国门，实施政治、经济、文化上的掠夺，同时也激起不少仁人志士救国图存的爱国热情。在清政府中洋务派试图以"学以制夷"，"中体西用"来延缓统治，并在学堂设立"体操课"。这一时期维新派与资产阶级革命派提出的体育思想殊途同归，如康有为的"德教、体教、智教"的全面教育观点，注重发展国人的体力；梁启超的尚武教育；严复的"一国富强之效，以民之体强为基础"等；蔡元培认为体育就是"军国民教育"等。但不管是以清政府为中心的新政或维新派思想提出的体育教育观点，还是以资产阶级革命派为中心的近代体育思想都体现了军国民教育的思想，把体育教育作为强国的手段。

（2）自然体育教育。源于欧美的自然教育观强调体育的目的在于教育人。认为体育即生活是人的本能，主张个性的充分发展，"个性自然发展"；推崇自然活动，否定人为的活动，主张到自然的环境中去从事自己所爱好的各种活动，其中以杜威为代表。由于自然体育思想强调人的本性，重视人生的意义，因而在"五四"时被作为批判军国民体育的武器，作为否定兵操的依据之一。自然体育还强调体育的教育意义，重视体育对人全面教育的作用，因而提高了体育在学校教育的地位，促进了人们对体育教育学规律和体育教学方法的研究。但也存在一些问题，如它强调个性的自由发展，削弱了体育教师的主导作用，一度助长了"放羊式"教学，走入误区；过分强调体育的娱乐性与兴趣性，把体育的锻炼体格、增进健康作为体育运动的副产品，以为通过运动自然会使身体健康，忽视了增强体质的主要任务。

（3）全面教育。在欧洲文艺复兴以后，随着近代实验科学和人文科学的发展，"三育并重"的教育思想不断畅行，体育作为一种独立的社会文化形态在学校教育中受到重视，它作为教育的实施手段在学校中得到更加广泛、自觉的应用。由于在近代，随着资本主义产业革命的兴起和工业生产的发展，资产阶级为追求剩余价值，扩大再生产，体育对人的发展目标就在于劳动力的再生产。而同时引发的社会问题却备受教育界的关注。而当教育注重对人性的研究，表现出当代教育对人类自身的关注，对全体国民尤其是青少年儿童的体育教育与体力投资，就成为现代体育教育发展的一种趋势。

马克思特别强调对青年一代的全面教育，他指出："我们把教育理解为三件事：第一，智育。第二，体育，即体育学校和军事训练所传授的那种东西。第三，技术教育，这种教育要使儿童和少年掌握生产各个

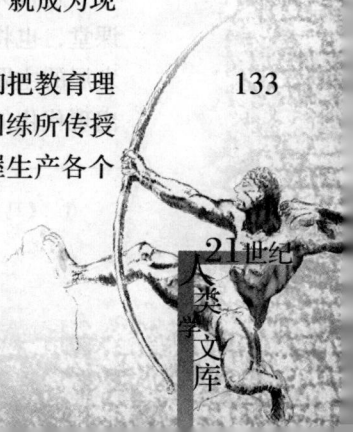

133

过程的基本原理，同时使他们获得与运用各种生产的最简单的工具的技能。"①

马克思还在《资本论》中指出："未来教育对于所有已满一定年龄的儿童来说，就是生产劳动同智育与体育相结合，它不仅是提高社会生产的一种方法，而且是造就全面发展的人的唯一方法。"

在我国，社会主义制度的确立，为人的全面发展方针创造了优越的前提条件。毛泽东同志指出："我们的教育方针，应该使受教育者在德育、智育、体育几方面都得到全面发展，成为有社会主义觉悟的有文化的劳动者。"近年来，国家教委明确规定："学校教育质量要德、智、体全面衡量。体育是学校教育的重要组成部分，必须予以重视。"这充分表明体育在我国全面教育体制中所占据的重要社会地位。

现在，我国不仅制定了《体育法》，颁布实施了一些学校体育法规，而且还部署了两大战略：一是以青少年为中心的全民健身体育；一是以奥运会为中心的竞技体育。同时还在学校教育中关注传统体育项目，丰富体育教学内容，重视学校体育的发展从而促进了体育教育的发展，使之走向民主化、科学化和社会化方向。

（4）人性化教育。17世纪文艺复兴运动以来，以人文主义为代表的教育家开始对人性进行探讨，对人的尊重与博爱的人性思想促使人类对自身价值进行思考，推动了社会民主运动。大工业生产从社会实践方面对解放人自身、人的尊严作出了响亮的回答，从而极大地推动了以人为本的教育模式的进展。体育最简单的理解就是指对人的身体教育，注重人的特性与差异性，以人的健康为宗旨。而其他的方式也主要以休闲娱乐、健身有趣为主，因而体育是促使教育人性化最基本的方式。

二、教育现代化的目标

1. 教育现代化必然积极推进人的发展，这种发展既是个体的，也是整体的，既是本民族的同时也是全人类的共同进步

这种人的发展必然是在教育现代化进程中实现的，它既来自学校和课堂，也将远远超出课堂和学校本身，而且，教育现代化将在促进人的发展的主题下把书本、课堂和学校同社会发展联系起来。有人曾经罗列出现代化的无数特征，甚至把英格尔斯提出的现代人的12个特征写进

134

① 《马克思恩格斯全集》（第16卷），第218页，人民出版社1964年版。

教科书，让学生读书记牢，似乎只要这样就能成为现代人。其实，这是对人的发展以及教育现代化的严重背离。包括英格尔斯的研究在内的一切人的发展，都是在变革社会教育实践中获得的，也就是说，只有在真实的实践中，教育才能使人真正获得相应的现代性。

2. 素质教育是中国教育现代化的基本目标

（1）素质教育是中国教育发展的必然趋势。1996 年 6 月中央和国务院做出决定，强调深化教育改革，全面推进素质教育。全面推进素质教育，是世纪之交我国教育的主旋律，是中国教育现代化的基本目标。素质教育在我国的提出和实施，是我国社会主义教育和我国当代教育逻辑发展的必然，是社会发展的客观需要，同时给 21 世纪的中国教育带来了光明和希望。

在我国教育史上，曾飞溅出素质教育的火花。从《礼记·学记》、《荀子·劝学》、《论语·现今》等论著中都可以寻找到 2000 多年前我国思想家、教育家素质教育的思想。近代教育家蔡元培先生提出的"五育主义"也颇具素质教育的特征。由于政治制度等深层次的原因，这种先进的思想在当时不能得以弘扬、发展，而是遭到扼杀。

新中国成立后，中国共产党和人民政府吸取了历史的教训，采纳了古今的先进的教育思想，制定了全面发展的教育方针。但由于多方面的原因并没有完全贯彻执行。20 世纪 80 年代的社会转型，虽然教育经历了一系列的改革，但仍滞后于经济领域的改革。在此背景下，素质教育在时代的呼唤中应运而生。

20 世纪以来，科学技术发展很快，要适应世界科学的发展形势，必须实施素质教育。有研究表明，现代产品的科技含量每隔 10 年增长 10 倍，国际性的经济竞争，越来越突出地表现为商品中的技术水平的竞争，科技含量成为衡量商品优劣的重要尺度，成了市场的决定因素。纵观全球科技发展和剧烈竞争的形势，江泽民同志做出了科学的论断：国际间的竞争，说到底是综合国力的竞争，关键是科学技术的竞争。在科学技术上落后，就会被动挨打。重视科学技术的必然推论是重视人才，人才是科技进步和经济发展中最重要的资源，重视人才的必然推论是重视人才培养，即重视各级各类教育。没有教育的有效发展，科技的发展就是无源之水，无本之木。而人才培养的必然推论是培养高素质的人力资源，所以，最根本的便是实施素质教育。

135

1995 年八届全国人大四次会议批准的《关于国民经济和社会发展"九五"计划和 2010 年远景目标纲要》中规定："要改革人才培养模

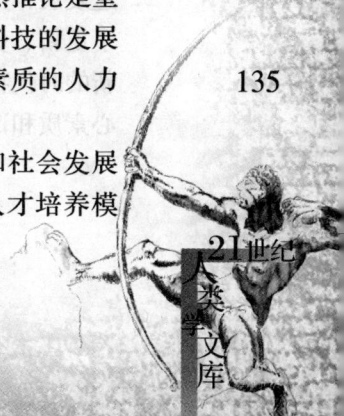

式，由应试教育向全面素质教育转变。把素质教育作为我国基础教育改革的一个基本目标。"进入 21 世纪以来，中共中央国务院又颁布《关于深化教育改革，全面推进素质教育的决定》，并采取一系列政策措施有效地推进了我国素质教育的深化发展。

（2）素质教育的内涵。素质教育是以育人、树人，提高人的整体素质，形成健全人格，提高主体意识，发展良好个性为目的的教育。它以适应社会发展需要，促成人的社会化、现代化为宗旨；以正在成长中的学生为主体；以全面提高素质，发展健康个性为核心；以社会文化的传播和创造为手段；是使学生素质得到最大限度的开发与培养的现代教育。其特征如下：素质教育强调全面贯彻党的教育方针，使学生在德、智、体诸方面得到全面发展，提高学生的政治思想素质、科学文化素质、心理素质等。通过实施素质教育，在德育方面，使学生具备正确的人生观、世界观和价值观，有良好的道德品质修养和行为规范。在智育方面，使学生掌握必备的基础知识以及动手操作能力、开拓创新能力；同时，注重训练学生科学的辩证思维方式等。在体育方面，要培养学生较强的顽强、竞争、乐观、向上的心理素质和较强的身体素质等。

第四节　体育与现代人的素质教育

体育作为一种社会文化现象，是和人类社会的产生与发展相适应的。体育作为一种教育手段，其本质的功能就在于对人的身体和精神的塑造与完善。在人类社会的不同时期，各种社会对人才素质的要求不同，故体育对人的素质发展的作用也不尽相同。在古代，当人类从蒙昧的原始社会迈向奴隶社会，其教育主要用于训练士兵，发展体能是为战争服务，如古希腊斯巴达人进行的体育与尚武教育。在近代，随着资本主义产业革命的兴起和大工业生产的发展，资产阶级为追求剩余价值，扩大再生产，人的价值仅仅是其创造财富的劳动力，体育对人的发展目标就在于劳动力的再生产。在现代，由于人类科学技术与经济文化的飞速发展，推动着人类生产方式的巨大变革，使现代人的素质特征被赋予了更新、更丰富的时代内涵，而现代体育的人类自身素质的发展已具有新的时代特征，即建立社会、心理、生物三维体育育人观，促进人的身心素质和谐地发展，造就全面发展的人。

一、现代人的素质构成

现代社会科学技术的飞速发展，把人类社会的文明进步推向一个崭新的巅峰。现代科学技术提供给人类知识和方法，深刻地改变着人们的生产方式、生活方式和思维方式，同时也对现代人的素质发展提出更高、更全面的要求。在现代社会的发展进程中，人的素质现代化问题已成为一个社会、一个国家走向文明进步的关键所在。诚如美国著名社会学者英格尔斯在其《走向现代化》一书中所说："人的现代化是国家现代化必不可少的因素。它不是现代化过程后的副产品，而是现代制度与经济赖以长期发展并取得成功的先决条件。"英格尔斯认为，一个国家可以引进先进的科学技术、管理方法、教育制度等，但如果执行和运用这些制度和技术的人，自身的心理、思想、态度、行为方式等尚未向现代化方向转变，那么，"原先想的完美蓝图不是被歪曲成奇形怪状的讽刺画，就是为本国的资源和财力掘下了坟墓，失败和畸形发展的悲剧结局是不可避免的"。由此可见，现代人的素质对一个国家的现代化建设是尤为重要的。

根据现代人的特定内涵及现代社会生产方式、生活方式、行为方式和价值观念发展变化的特征，现代人素质的构成涵括了以下几方面的内容：

1. 强健的体魄与全面发展的体能

健康的身体是现代人从事各种社会生产活动的物质基础，是人类思想与知识重要的物质载体。随着现代社会文明进程的发展，社会竞争也日趋激烈。在现代社会快频率、高节奏、高信息负荷的压力下，如果没有强健的体魄和坚韧的精神，人们是难以承受与适应的。此外，现代社会对人体的要求，不仅仅是健康的机体，还要求人的大脑皮层神经过程具有高度的强度和灵活性，使人的体质、体能、心理等因素更全面、迅速地适应不断变化发展的自然与社会环境的需要。因此，强健的体魄与全面发展的体能是现代人最重要的基本素质。

2. 有合理完善的知识结构

这反映现代人的科学与文化素质。由于现代科学技术知识的飞速发展，人类的科学文化知识出现不断分化又相互渗透的发展态势，这要求现代人在掌握较深的专业技术知识的同时，还必须具备广博的综合知识，具有跨学科学习和研究的能力，以更好地拓宽知识视野，吸收有创

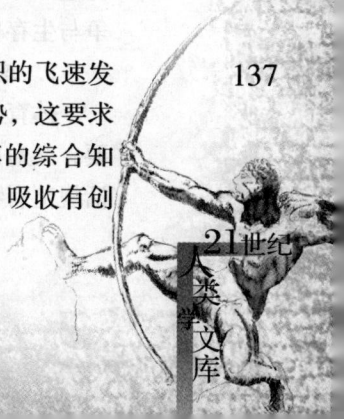

造价值的相关知识成果。这一切就体现了现代人知识结构的全面性、先进性与合理性。

3. 具有创造性的思维，勇于开拓进取

现代人乐于接受他未经历的新的生活经验、新的思想观念与行为方式，具有独立自主的主体意识，不受固有观念和传统行为模式的约束，思路广阔，头脑开放，敢于创新与开拓，潜心探索未知的领域。

4. 具有竞争与协作能力

在竞争激烈的现代社会中，现代人有强烈的个人效能感，对人和社会充满信心，讲求办事效率。在现实生活中积极进取、敢于竞争、承担富有挑战性的工作，在竞争中体现人生命的价值与人的本质力量。另一方面，由于现代社会生产力的发展，社会化大生产的进程客观上要求人们之间互相协作是必不可少的。竞争与协作是有机的整体，竞争是在协作基础上进行的，若一味图求个人价值，而忽视整体协作的竞争，最终只会窒息个人能力的有效发挥。因此，现代人能将个人的价值实现与整体和社会的价值融为一体，既敢于竞争，又善于竞争，善于与人协作，才能适应现代社会中的生存与发展。

5. 具有坚忍不拔的意志品质

随着现代科技的飞速发展，使人们的生产、生活节奏加快，并加剧了社会竞争的激烈程度。在竞争中主动与被动、领先与落后的高频变化，以及在长时间的相持与挫折中，能否坚持到底、夺取最后胜利，就需要人们具有顽强的意志和坚定的信念及自我调节等良好心理品质。

二、体育在促进现代人素质完善中的作用

1. 促进现代人体质与体能的全面发展

体育以身体为基本形式，由它构成的体育教育、体育锻炼、体育竞赛与训练，会予以人体各器官系统统一的运动量和强度的刺激，使人的身体在形态结构、生理机能等方面发生一系列积极的适应性反应，从而促进人体的健康与体质的增强，为现代人在紧张繁忙的社会生活中的竞争与生存奠定了坚实的健康基础。

2. 增进现代人道德素质的提高

体育作为人类的精神文明产品，既能满足人们休闲娱乐和健身的需要，又对广大的参与者具有较大的伦理教育潜力，对人们良好的社会生活规范有特殊的导向作用。现代社会新型生活方式倡导的社会道德准则

与行为方式都能在体育运动中找到理想的模式。诸如，体育竞技中的拼搏献身精神、优胜劣汰的社会竞争意识、公平竞赛的民主平等观念，增强群体凝聚力的爱国主义与集体主义精神，都能促进人际友善，调节心理情感，促进个体社会化，使人的思想更加丰富高尚、平衡而多层次。体育运动中蕴含的体育道德、体育精神正是现代社会生活方式与道德准则建立的思想基础。在现代人的体育活动中，体育确实在发挥着"强身体、增知识、调感情"、"野蛮其体魄、文明其精神"①，增进·人体健康、心理、道德全面和谐发展的特殊效能。

3. 培养现代人的意志品质

体育运动千姿百态，对人的素质、机能、心理的影响各不相同。随着现代运动训练水平的提高，人们的身体素质和技、战术水平日臻完善，使体育竞技更加激烈、更为艰辛，使现代体育竞技无不是体力的对垒、智能的较量、意志的抗衡。即使是一般的体育锻炼，对参与者来说，都必须承受一定的生理负荷与心理负荷，人们必须不断地克服自身内部身心障碍和外部阻力，每前进一步，都是对人的锻炼与考验，都要付出极大的意志努力。因此，长期从事系统的体育训练、竞赛、锻炼，都能有效地培养人们吃苦耐劳、坚忍不拔的意志品质。

4. 培养现代人的竞争意识与协作精神

体育运动以其丰富多彩的内容和竞技抗争的形式吸引着人们前来参与。在体育教育和运动竞赛过程中，始终贯穿着竞争与奋发向上的精神，甚至在普通的体育游戏中，也充满着你追我赶、争强好胜的竞争意味。随着现代社会竞争程度的日益激烈，竞争意识已日益成为现代人一种特殊的重要素质。因此，经常从事体育竞赛与游戏，可增强人们的竞争意识和进取精神。

还有，体育运动作为一种社会性的群体活动，可有效地增进人与人之间的交往与联络。特别是当今封闭式的家庭生活环境的出现，体育运动可以使人们走出高楼，为人们提供一个友善交往的社会媒介环境，在余暇的户外活动中，一起锻炼，一起交谈生活、学习与锻炼中的体会，既娱乐健体，又增进邻里间的友情和交往。

一些集体性的体育竞赛，由于抗争激烈，集体配合性强，在比赛中不仅要充分发挥场上队员身体机能、技术、战术、心理的能力，而且需要大家同心协力，配合默契，相互谅解，才能夺取比赛的胜利。因此，

139

---

① 见毛泽东《体育之研究》，人民体育出版社 1979 年版。

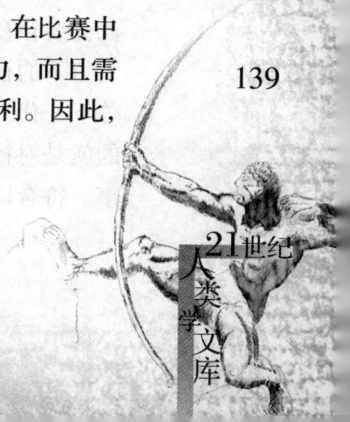

通过体育竞赛活动可有效地培养现代人在竞争中善于与人协作共事的群体意识。

5. 培养现代人的自信心和效能感

体育运动可以促进人的身心健康和全面的发展，使人精力充沛、朝气蓬勃，从而促进人对社会充满信心和希望。在体育比赛中，人们必须经受胜与负的起伏跌宕，而练就出人们胜不骄败不馁、顽强拼搏的作风，塑造出人们自强不息、用于进取的信念与精神。而奥林匹克"更高、更快、更强"的精神和体育竞技中争分夺秒、你追我赶到意识，与现代人"时间就是金钱，效率就是生命"的信念又是如此相同。因此，体育可以培养现代人追求效率、效能的意识与行为，从而提高个人与社会的竞争能力。

第五节 体育与人的社会化

一、人的社会化含义与内容

一般说来，一个人的社会化是指通过学习群体文化、学习承担社会角色来发展自己的社会性过程。简言之，即个体由生物人成长为社会人从而适应社会生活的过程。

我们知道，社会性是人的本质属性。一个人从不知不识的生物个体成长为社会成员，必须学习他所处的那个社会长期积累的知识，逐步充实、发展自己的社会性。这个学习的过程就是把一定的价值、态度、技能"内化"为自己日常生活中习惯化的准则和个人能力的过程。可见，个人社会化是个体对社会的适应、改造、再适应、再改造的矛盾运动过程。

个人社会化对于每个社会个体都具有极为重要的意义，它使个体获得和发展自己的社会性，成为合格的社会成员，并且不断适应变动着的社会生活。因此可以这么说，社会化是人的一种本质需要。更为重要的是，个人社会化对于社会的发展是至关重要的。从社会整体的角度看，社会要存在和发展下去，就不能不持续地培养好新一代人去接替老一代人留下的社会缺位。当今世界，无论哪个国家、哪个民族，无不重视培养下一代的问题，各国之所以不惜人力、物力、财力去办好教育，其目的就是对社会成员进行社会化，因为它是关系国家兴衰和民族存亡的大事。符合以人为本的科学发展观。

社会化的内容是非常广泛的，凡是社会生活所必需的基本知识、技能、行为方式、生活习惯以至于各种思想观念都包括在其中。社会化的基本内容主要有以下几个方面：

1. 传授知识技能

一个人要在社会中生存，必须懂得并掌握两方面的技能：一是衣食技能，即维持生存的能力。新生儿有衣食需要，但无衣食本领，必须靠成人抚养，接受第一步的社会化。二是职业技能，即谋求生存的本领。为适应就业需要和科学技术的飞速发展，每个人必须加强专业知识技能的学习和提高，这是更高层次的社会化。这两种技能尤其是后者的获得必须依赖包括家庭在内的学校、社会这两大环境。

2. 传递社会文化

它的核心内容包括社会价值观念体系和社会规范体系。社会价值观念体系指社会、民族或群体中存在的比较一致的共同理想、共同信仰及较为持久的信念。这几方面内容构成社会的文化价值体系，构成社会文化传统的核心。它在社会文化中的核心地位首先表现为对社会行为定向作用，其次表现为对社会成员的一种整合作用。它的这两种特性注定个人要接受群体和社会的价值观念，并将其内化，成为个人确定行为目标和行为方式的导向。说到底，即对于社会来说，应当根据社会需要，对个人学习和掌握社会价值观念的过程给予积极的引导。社会规范体系是指人们在社会生活中创造出来的，用以调整、控制人们行为的文化手段的总和。它通过习俗、时尚、民风、道德、法律以及各种各样的规章、制度、纪律等形式表现出来，其核心就是人们社会行为的监督、调整和控制。对于个体来说即对社会规范要从不知到知，从知之不多到知之较多并使之内化为自己的行为规则。

以上这两方面主要是从社会这一客体对个人这一主体的制约作用来说的，即客体为主体输入信息而主体受动接受，当然这种受动性是暂时的。

3. 完善自我观念

自我观念包括两方面：一是对自己生理、心理状况的认识；二是对自我与他人、社会的相互关系的认识。培养和塑造自我观念贯穿整个社会化过程的始终。自我观念的完善对个人的态度形成和转变有重要的调节作用，对个人的社会活动具有自我控制的功能，也为下一步的社会角色定位打下了基础。可见，完善自我观念，不仅有益于个人，更有益于社会。

141

4. 培养社会角色

社会角色即有着特定的权利、义务和行为规范的人。在社会结构中，需要有各司其职的多种社会角色。社会化的最终结果就是培养担当一定社会角色的社会成员，按其应享的权利和应尽的义务去规范自己的行为，自觉地为社会做贡献。

以上则说明主体具有能动性，可以把客体提供的信息改造为主体所特有的思维形式，并在处理信息的过程中产生改造自己与客观环境的实践观念与实践方法。

二、体育对人的社会化的促进作用

文化学理论认为，文化对社会的最重要的功能就是对人们的多种多样的需求给予同样的满足，并使之融入人们的生活与实践。同样，体育是一种文化，它对社会所具有的第一个重要功能便是促进人的社会化。体育不仅可以为人们提供社会生活所需要的行为能力、行为方式与规范等，而且还可以使人们学习到其他社会生活领域中的规则。特别对青少年来说，体育还可以使他们学习到相互尊重，养成良好的社会态度，发展自主性和对道德问题进行判断，促进他们个性的形成与发展。体育对人的社会化，不仅能提高人们对身体、环境和体育的认识，形成正确的体育价值观念，而且还可以内化竞争的意义、规范和道德等，认识到社会上的各种竞争活动的社会意义。

1. 体育教育与生活知识技能的传授

体育是教育的一部分。从原始社会出现的体育萌芽时期起，体育就作为教育手段之一流传下来。人们为猎取野兽和防止外来侵略，必须学会准确地投枪和投掷石块，这是当时人类生存的需要。时至今日，在现代竞技体育中的跑、跳、投等项目仍留下这一教育的痕迹。

体育运动的基本手段是身体练习，各种练习都是人类生活技术、劳动技术、军事技术的提炼和综合。从婴幼儿时期的坐爬走跑等生活技能到儿童青少年期的投掷、负重、悬垂等直至青壮年期的各种运动技能学习，乃至老年期旨在延缓衰老的肢体合理而科学的身体锻炼，是保障人体发挥其极限效能的有效途径。身体锻炼能引起神经肌肉活动，而神经肌肉的有效活动，既可以保证人体运动器官和其他有关器官的良好功能，又能引起多重良性的身心健康反应。因此，人们掌握合理而科学的身体锻炼方法，是保障人体发挥其极限效能的有效途径。

2．**体育教育与传递社会文化**

（1）体育教育与社会价值观念体系。爱国主义、民族精神、团队凝聚力以及公正公平、扶正压邪等构成了社会文化的核心，是一国家或民族得以生存发展的前提和基础。而借助于体育教育这一社会化平台能使人们懂得，从事体育活动是一项人权，每个人都可以根据自己的需要进行体育活动。人在体育面前一律平等，这与奥运会团结、友谊、进步的理念不谋而合。而每个国家、每个民族都有自己的特点，因此他们有发展民族体育、振兴民族文化的权利。这种观念的树立就为青少年树立正确的世界观、人生观和价值观打下了坚实的基础。

（2）体育教育与社会规范教育。体育是一种游戏，属于一种特殊的社会文化活动。在人人乐于接受并欣然参与的过程中，一个重要的前提就是要确立一种明确而细致并且人人都认可的规则，这种规则是必须绝对遵守的规则。并使体育运动在这种规则的约束下得以顺利地进行和不断发展。凡是合乎社会要求的行为就会被认可和传承，反之则受到阻止和淘汰。最终使每个人的行为趋向于符合社会道德准则和行为规范的要求，达到社会化的结果。

3．**体育教育与完善自我观念**

马斯洛的需要层次理论告诉我们：自我尊重和自我价值的实现是个体需要的最高层次。培养和塑造自信、勇敢、机智、克制的自我观念，对个人和社会来说都具有极为重要的作用。而体育活动可以培养个体的机智、自信和勇敢，并使之达到一种崇高的境界——机智而不投机取巧，自信而不狂妄，勇敢而不粗暴。像贝利、乔丹以及邓亚萍等都以自信、坚毅、豪情、机智乃至幽默的良好形象赢得了世界的尊重，而这一社会化结果来源于多年体育活动中自我观念的形成和完善。

4．**体育运动与社会角色习得**

一个人要符合社会的要求，取得社会成员的资格，就必须学习适当的社会角色。而体育运动恰好能为人们学习社会角色提供优越的环境与适宜的条件。体育运动中的角色是指个人在由体育结成的社会关系中所处的地位，这种地位的存在是权利和义务的统一，并将这种统一贯穿于行为过程中。通过体育角色的学习，能使青少年懂得社会角色是与人们的某种社会地位、身份相一致的一整套权利、义务规范与行为模式，它是人们对具有特定身份的人的行为期待，是构成社会群体和组织的基础，这有利于教育青少年懂得"做什么像什么"的社会意义，为将来走向社会时"干一行爱一行"、努力做好本职工作打下一定的思想基础。

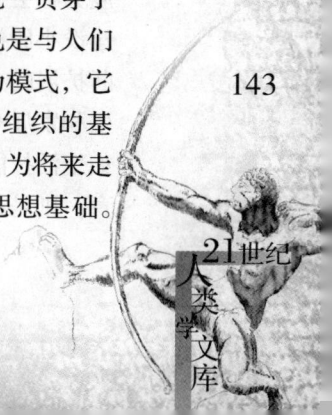

更为重要的是，通过体育角色的学习，可使青少年体会到经过个人努力是完全可以扮演好各种角色，进而改变社会地位的。

第六节　体育教育的发展趋势

一、健康第一

健康的概念是随着社会、科学和文化的发展而变化的。世界卫生组织根据现代社会发展水平，对健康提出了新的界定，即"健康不仅是没有疾病和病症，而且是一种个体在身体上、精神上、社会交往上完全安宁的状态"，指出健康的意义应包括生理健康、心理健康、社会交往健康三个方面。健康内涵的深化和外延的扩展，成为人们提高健康水平的新要求。人类已跨入知识经济的新世纪，在充满竞争挑战的新世纪里，拥有大批高素质的人才是一个国家可持续发展的优势。健康的体质是思想道德和科学文化素质的物质基础，也是成为高素质人才的物质基础。因此，"健康第一"是新世纪合格人才和提高人类生活质量的新理念。而"健康第一"就是以人的健康为本，把人们在身体上、精神上和社会交往上所保持一种健全的状态放在学校教育和社会发展的第一位。

体育教育是关系学生健康的大事，保证和提高广大青少年的健康水平和身心素质，始终是学校体育工作的立足点和归宿。因为健康的身体是学生自立、自强的基础，是完成学业和就业的根本保证。而且从遗传学的角度看，青少年学生的体质健康状况直接影响到中华民族子孙后代的健康。为此，学校制定的体育目标再不能局限于身体活动的物化层面上，应向更加富有人性化的方向发展，把学生健康作为最大的追求目标。

从大的方面说，我们国家已进入了全面建设小康社会的战略时期，党和国家把解放和发展生产力，提高人民生活水平作为社会发展根本方向。体育在新时代作为与人民生活水平和质量息息相关的重要因素，理应为社会主义物质文明、精神文明和政治文明的快速发展服务，为全面建设小康社会服务。可以说，体育是小康社会生活中不可缺少且影响不断扩展的重要组成部分。体育在人类社会发展的过程中，从其萌发到产生和发展一直处于伴随状态，其作用是通过其他社会形态表现出来的，如生活技能中的体育、军事中的体育、娱乐中的体育等。而今天的体育，则是在人类社会中以独立的社会文化形式出现的，且可独立行使职

144

能。它可以被社会用来完善教育过程，丰富文化生活，充实余暇时间，调节人类情感，培养顽强意志，释缓工作压力，弘扬民族精神，促进人体健康，畅通社会交往，张扬个性特征等。在小康社会中人们的物质生活将得到较好的满足，精神生活的不断充实与扩展成为人们新的追求，而体育不断扩展的社会职能使其内容与形式千姿百态，更可以使体育满足不同阶层人的生活需要。

二、体育生活化

人类社会发展的终极目标是人的全面发展。"以人为本，健康第一"的体育发展新观念，使体育走上了以实现人的不断增长的基本需要为依托，长期关注个体和社会的可持续发展道路。可以说，生活化的体育是小康社会的内涵之一，没有人民的健康就没有全面的小康。旨在实现生理健康、心理健康和社会交往健康的三维体育观已成为体育发展的新动力。

体育生活化主要体现在体育家庭化、体育终身化和体育权力化等几个方面。

（1）体育家庭化。人类是物质生活和精神生活高度统一的自然体。这决定了人类在享受现代化所带来的吃、穿、用、住等优厚物质条件的同时，追求高尚的精神刺激也是不可缺少的一环。体育运动进入家庭，正是人类心理需要在现代生活中的社会反映。以往狭小封闭的家庭生活的单调使人们迫切需要刺激大、范围宽、节奏强的现代娱乐放松方式。这样就使运动成为现代生活中极为重要的一部分，而比较优厚的收入也为这种消费打下了经济基础。

（2）体育终身化。"终身体育"派生于"终身教育"之中。可以说，现代人类生活已经进入一个学习化社会和终身教育的年代。早在19世纪末顾拜旦就认为，现代生活中最重要的是教育。他倡导奥林匹克运动不是去推动竞技运动，而是把竞技运动纳入教育，把体育纳入一般教育，进而把一般教育纳入人类文化的生活过程中。健康的身体人人所需，而健康身体的获得又离不开一个重要的途径，即依靠长期的身体锻炼。终身体育思想的形成不只是靠锻炼，它还包含复杂的认识过程、丰富的实践和情感体验。它应以提高自身能力为前提，培养锻炼习惯为保障，使人的思想、能力、情感互为作用、互相促进。

（3）体育权力化。人权是指一个人所享有的权利。体育权是人权的

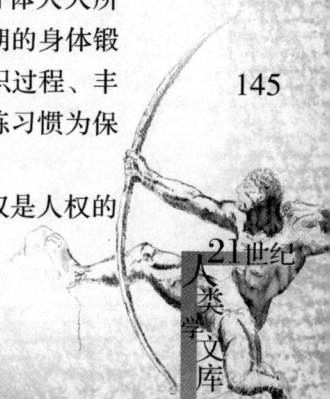

21世纪
人类学文库

一部分，过去长期被忽略。1996 年国际奥委会修订的奥林匹克宪章增加了这一内容，即"从事体育运动是一项人权，每个人都有权力根据自己的需要进行体育运动"。这就为体育权力化打下了法律基础和文化基础。现代社会是法制社会，而法制社会是保障公民的权利的。基于这种思想，我国于 1995 年就推行《全面健身计划纲要》。该纲要的推行维护和保障了公民参与体育活动的权利，将极大地推动全社会体育健身事业的发展。

三、体育生态化

体育生态化来源于绿色体育的理念。绿色体育的内涵可理解为：体育的无公害、纯洁、公正、科学、进步和发展。达到体育为人类更好地生存和发展的目的，为社会文明、和谐的发展而创造积极的效果。绿色体育的内容为：以体育全面协调发展的思想和手段，达到人与自然、人与人及人自身三大和谐在内的整体动态和谐。这也是现代体育追求的目标，是现代体育与健康的结合点，是人类体育可持续发展的动力和源泉。

值得一提的是，绿色体育的发展带来的一个重要方面就是：人类回归自然，走体育生态化道路。生态化体育是指人们借助于各种自然因素，适当地、合理地、不拘形式地进行体育锻炼，如攀岩、登山、野营、滑雪等。大自然的魅力和人们追求完美生活质量的理想，激励着人们参与到符合生态和人体节律的运动中，告别紧张疲惫的身躯，找到一个生机勃勃的"自我"。生态化体育是人类直面现实的结果，它的产生对人类健康和社会进步具有十分重要的意义，这不仅丰富了现代体育的内涵，拓宽了体育发展道路，更为重要的是：启迪人们重新认识自然、尊重自然和保护自然，从而成为沟通人与自然之间和谐的一个重要媒介，由此推动人类社会文明的健康发展。

第 6 章
民族传统体育的人类文化特征

第一节　人类学与民族传统体育

　　人类学是关于人的科学，《美国百科全书》认为："人类学是从生物学的观点和文化学的观点来研究人类。涉及到把人类当作动物的那部分人类学称为体质人类学，涉及到生活在社会里的人类所创造出来的生活方式的那部分称为文化人类学。"实际上，人类学既指研究人类体质的学问及研究人类体质在时间与空间上的变化，属于自然科学范畴；人类学也包括研究人类社会、文化、宗教等各方面问题的学科如社会学、民族学、考古学、语言学等。

　　从人类学的视角来考察人类体育文化的各种现象和发展规律具有特殊意义。例如，从宏观的角度研究体育与人类发展的关系，并从体质与文化两个层面揭示体育对人类进化和发展的影响，为人类的健康与进步发挥作用，故而形成人类学的另一分支学科——体育人类学。

　　而民族传统体育作为一种具有民族性、地域性浓郁特征的亚体育文化形态，由于它与现代体育在形态特征、规则制度、功能结构、组织方式、传播范围等方面有着较大的差异，尤其是其民族性特征更是突显于现代体育文化之外的文化符号与标记。因此，在人类学对其研究过程中，就必须借助人类学的有关理论的方法。人类学主要是研究人种的分类及其在地球上的分布，人种形成的历史文化原因以及人种类型的变化规律。人类学的研究具有超越时空的特性。由于不同人种、不同民族具有不同文化、不同地域，并生活在不同的人文与自然环境中，各民族体育活动也呈现出千姿百态、风格迥异的特色。因此，借助人类学理论与

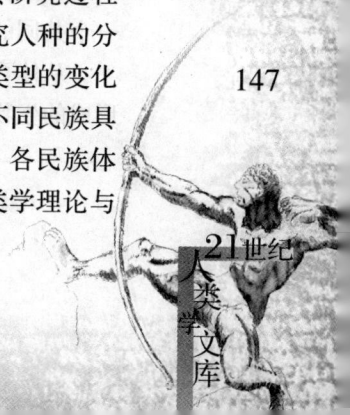

方法来认识和阐释各民族的体育现象与发展规律就具有十分重要而独特的意义。

从人类学的视角来看，人种与民族是两个不同的概念。人种主要是以人的体质形态来作为划分的标志，是根据具有遗传的体质特征来区分的。如人的肤色、发色、眼色、发型、脸型、体型、胡须、体毛、头型、面型、血型等。此外，在体育运动中所表现出来的人种特征也尤为显著。例如：位于非洲的肯尼亚、埃塞俄比亚的黑人运动员，身材轻捷，四肢颀长，肌肉中的红肌纤维分布高，因此，在世界田径运动的中长跑项目中占据优势；而美洲的黑人运动员，体格健壮，肌肉发达，肌肉中的白肌纤维比例高，故而在短跑、篮球与拳击项目中具有霸主地位；中国运动员的身体具有灵巧、敏捷的特征，在体操、跳水、乒乓球、羽毛球等运动项目中体现出绝对优势。这些源于人种在体质、体型、体能方面差异而形成在不同项目中的运动天赋、运动能力与运动优势已引起众多专家学者们的极大关注。这就要从人种学的角度来研究不同人种与民族在身体的形态、机能、素质等方面的差异及其在不同运动项目中所表现出的竞技优势与特色。因此，对人种竞技能力研究的重点更倾向于以体质人类学的研究为主。

与人种概念不同的是民族并不以体质特征来区分，而是根据人们的语言、生活的地域、经济生活的方式和心理素质等共同特征来划分。我国民族学界对民族的定义是："人们在历史上形成的具有共同语言、共同地域、共同经济生活以及表现于共同文化上的共同心理素质的稳定的社会共同体。"① 民族是一个历史范畴，是在原始社会解体时由部落或部落联盟发展而成的，又称为古代部族。在社会的发展进程中，随着封建社会的解体和资本主义关系的建立，形成了相应的民族市场和世界市场，加强了各地区的经济联系与文化交往，使人们的共同语言与共同文化迅速发展，出现了现代民族。随着科学技术的突飞猛进，人类经济全球化、信息网络化及交通通信的快速发展，使各民族经济、文化的交往更加密切，使各国、各民族文化的冲突与融合更为加剧，将会使民族之间的界限更为模糊，民族间的差异也将越来越淡化，世界各民族将成为一个共同的整体。

从体育人类学来研究民族传统体育，除了对人种特殊运动能力天赋形成的生物学、遗传学外，还要探索作为人类文化现象的民族传统体育

---

① 林耀华：《民族学通论》，中央民族大学出版社 1997 年版。

活动形成的自然、历史、文化和社会原因。并从体育人类学的综合视角中去探寻民族体育的历史源流、本质特征、文化内涵、价值功能、形态结构与社会组织形式。作为体育人类学的一个重要研究领域，还可以通过对恩格斯称之为"活的社会化石"的现存民族和部落的实地考察，对其民间传承和流传的传统体育文化进行实际研究，为考察体育在人类各历史阶段的文化形态与发展规律，探究人类体育与政治、经济、文化、教育、宗教、艺术、地理环境之间的相互影响关系，为体育史的研究提供更为全面、系统、客观的佐证和依据。

另一方面，当今流行的现代体育竞技项目大多数都来自于世界各国民族民间的传统体育活动，例如：田径运动中的跨栏项目就是来自于英格兰早期牧羊人中流行的一种障碍游戏。当今世界体坛的皮划艇运动来自于爱斯基摩人用于捕鱼的水上交通工具，而流传于日本的柔道与韩国、朝鲜的跆拳道运动在今天已成为国际奥林匹克运动会的正式比赛项目。可见，民族传统体育是现代世界竞技体育项目的主要来源，民族传统体育为今天盛行于世的奥林匹克运动的丰富和发展，具有不可磨灭的铸型作用。从体育人类学视角对民族传统体育进行深层的物质文化、制度文化与精神文化的探析，研究民族体育在全人类体育中的共同文化要素，探寻民族体育的发生演进、发展、传播的原因与方式，对探索民族传统体育走向世界的文化动因、演进机制与发展途径都具有较为重要的理论价值和现实意义。

除此之外，在人类经济全球化和体育国际化的今天，人类体育文化的多样性发展已面临严峻的挑战和时代的选择。在当今经济全球化浪潮的冲击下，世界各国尤其是处于弱势地位的发展中国家更要注重保护与弘扬本国的民族传统文化，推进世界文化的多样性发展。体育作为人类文化的重要组成部分，同样也面临着体育全球化与体育文化多样性发展的矛盾。作为人类体育文化全球化形成的主要标志是以西方体育为主体的现代奥林匹克运动。自 1896 年第一届国际现代奥林匹克运动会举办以来，100 多年中奥林匹克风席卷全球，已在全世界举办了 28 届。目前，国际奥林匹克运动的会员国已达 200 多个，奥林匹克运动已成为人类体育的主流文化。

虽然以竞技体育为主体的奥林匹克运动已成为人类体育的主流文化，但它毕竟不是人类体育文化的全部。在国际奥林匹克运动之外还存在着一个更为庞大的体育文化体系——世界各国富有地域性、民族性特色的传统体育文化系统。目前，世界上共有 2000 多个大小不同的民族，

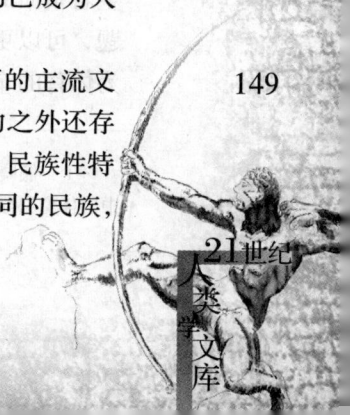

149

在各个民族中都流传有丰富多彩的民间传统体育活动，其中的绝大多数体育活动都未进入奥林匹克文化体系，尤其是东方国家的传统体育项目尤其如此。其实，奥林匹克运动只是人类体育文化的一种发展模式，是一种体育文化价值的评价标准，这一模式和标准并非适合于所有人类体育项目的生存与发展，并非适合于各种体育活动模仿照搬。西方体育强调竞技对抗，追求更高、更快、更强，有明确的竞技规则与胜负评判尺度。而众多的民族传统体育则注重运动的民俗性、趣味性、自然性、和谐性，是人文性与生态性的有机结合。若以奥林匹克运动的标准衡量，许多民族传统体育活动的文化模式与奥林匹克的文化模式就会出现不尽相同、迥异相悖，甚至格格不入的状况。尽管如此，这些民族传统体育在奥林匹克运动一统天下的进程中仍然具有强大的生命活力，仍在它所适应的文化生态环境中生存、发展得如此鲜活灿烂、如此自由蓬勃。当然，我们也必须清醒地认识到，今天世界各民族的传统体育正面临着保护、发掘、继承、弘扬的历史选择与发展的困境，体育文化的多样性发展已成为国际体育界日益关注的重大问题。

要解决好现代体育全球化与人类体育文化多样性发展的矛盾，仅依靠现代体育学的学科理论与方法是不够的，必须借鉴文化人类学、体育人类学与民族学的观点、理论和方法才能有效地解决好这一世界性与地域性的难题。人类学是民族学、文化学、体育学研究的基础学科。体育人类学和文化人类学是民族传统体育研究的理论基础，也是研究如何解决现代体育全球化趋势与人类体育多样性发展难题的一把重要的钥匙。[①]当今奥林匹克运动正面临着两种矛盾的交织，即内源性矛盾，这是由于奥林匹克运动文化本身理论的缺失而引起的一系列人文问题，如兴奋剂问题，黑哨、假球问题等。因此，人类期盼的运动成绩的无限性与人类自身资源及能力有限性之间的矛盾而导致的运动场上兴奋剂与裁判不公现象的屡屡发生，使奥林匹克一次次面临凶险与尴尬的处境。另一方面是外源性矛盾，即由于奥林匹克理想和实践中的矛盾与冲突，具体体现为政治干预与过度商业化的问题对奥林匹克的发展前景与发展方向都产生着负面的影响作用。而从文化人类学与体育人类学视角来审视这些问题，可以更好地从人与人类的最基本视野来倡导以人为本的人文精神，为体育的全球化发展提供新的价值取向与方法论，以解决现代奥运会存

---

① 熊晓正：《人文奥运与奥林匹克运动》，载《第七届全国体育科学大会论文集》，中国体育科学学会 2004 年编。

在的"人文危机"，使之向更干净、更人性、更团结的方向发展，同时也便于为世界各国尤其是中国的哲学理念和文化精神切入奥林匹克运动提供巨大空间，使奥运会在持续发展的征途中将征服、超越与"天人合一"、人与社会、人的全面和谐发展都能有机地结合起来。此外，利用文化人类学、体育人类学、民族人类学的理论与方法能更全面、更科学、更客观地探寻各国民族传统体育生存发展的自然、社会、文化、生活方式和习俗等特有的文化生态环境，更有效地探索民族民间传统体育发展、利用、保护、弘扬、传播的文化要素、动因机制与有效的途径、方式，以更好地推进人类体育全球化进程中的体育文化多样性发展道路。对此，我国著名学者胡小明先生在论及体育人类学的学科特性时，着重指出："民族体育是深挖和弘扬发展的人类传统文化遗产，竞技人类学可以摆脱现代人类单纯追求人体极限的误区；体育人类学作为定位与标示，能够把握未来人类体育的发展轨迹。"① 体育人类学正是要结合体质人类学、文化人类学、民族学，探讨体育与人类其他人文社会实践活动的联系，纠偏现代体育中的异化现象，协调单调体育与多样性体育共同发展的关系，确立体育在未来社会的定位与发展方向，使体育更好地为人类的健康，为社会的文明进步作出贡献。

第二节　中华文化与民族传统体育

在长期的历史发展过程中，中华各族人民共同创造了璀璨多姿的文化，并在世界文化史上占有重要地位。

源远流长的中华文化是由汉族和各少数民族共同创造的。虽然各民族的物质文化和精神文化呈现千姿百态的风貌，但其中所包含的中华文化的深层内涵都是相同的。中华民族不论大小，都以自己的勤劳、勇敢和智慧创造了灿烂的文化，都在丰富中华民族文化宝库中作出了自己的贡献，写下了不可磨灭的篇章。

在长期的历史过程中，56 个民族共同创造了中华文化。由于我国幅员广大，民族众多，历史悠久，各个民族社会生活条件的不尽相同，使各民族创造的物质文化与精神文化内容极其丰富多彩，形式也璀璨多姿，形成了多元化的中华民族文化宝库。

马克思主义认为，民族的衣、食、住、行属于物质文化范畴，而民

151

---

① 胡小明：《体育人类学》，第 28～32 页，广东人民出版社 1999 年版。

族的文化艺术则属于精神文化范畴。这两者都属于人类学、民族学、文化学研究的重要领域。

民族学上将文化分为三个方面：物质文化；精神文化；社会组织（或社会结构）。①《中国大百科全书·民族卷》对"民族文化"条目的解释为："各民族在其历史发展过程中创造和发展起来的具有本民族特点的文化。包括物质文化和精神文化。饮食、衣着、住宅、生产工具属于物质文化的内容；语言、文字、科学、艺术、哲学、宗教、风俗、节日和传统等属于精神文化的内容。"② 当然，单纯以物质、精神两种形态来划分民族的文化现象也有其欠缺的一面，因为某一类别的文化都具有特殊的整合性，如家庭和婚姻就很难说是属于物质文化还是精神文化。根据徐万邦、祁庆富先生的研究，他们将中国少数民族传统文化划分为六个门类③：①衣、食、住、行方面的生活文化；②婚姻家庭和人生礼仪文化；③民间传统文化，包括民间文学艺术、民间歌舞、民间游乐等；④科技工艺文化；⑤信仰、巫术文化；⑥节日文化。

这种分类把物质文化与精神文化统一起来，构成中国少数民族文化的基础门类。在每一门类中，又可划分更细的分支类别，如第一门类包括服饰文化、饮食文化、建筑文化与交通文化等。

以此分类的民族文化中，很显然，少数民族传统体育文化应归类在第三门类中的"民间游乐"类别之中。少数民族传统体育是少数民族历史与文化的组成部分，作为少数民族文化范畴的少数民族传统体育也同样具备少数民族物质文化、精神文化、行为文化与制度文化的构成要素。若以上述民族文化构成分类，少数民族传统体育的文化构成层面形态可划分为：

（1）物质文化。主要指少数民族传统体育文化中的物质创造部分，如弓箭、弩、火药枪、刀、矛、剑、棍、叉、斧、钩、龙舟、竹筏、牛皮筏、马匹、牛、秋千、轮秋、磨秋、长鼓、陀螺、花棍、霸王鞭、高跷、中幡、棕球、藤球、毽子等等。在少数民族体育的许多用具中，许多自然物质如野生的植物（木、草、藤等）和动物（马、牛、羊、骆驼等）本身不是文化，但它们一旦与民族体育活动结合，成为少数民族

① 杨堃：《民族学概论》，第252页，中国社会科学出版社1984年版。
② 《中国大百科全书·民族卷》，第318页。
③ 徐万邦、祁庆富：《中国少数民族文化通论》，第42页，中央民族大学出版社1996年版。

传统体育活动的用具或参与对象时，怎样使用它、怎样征服它也就具有了体育运动中的特殊含义，从而构成少数民族体育文化中的物质文化内容。

（2）精神文化。主要指少数民族传统体育文化中的精神创造部分，其中包含少数民族的体育习俗、体育价值取向、体育情感、体育精神、体育伦理以及融会于少数民族传统体育文化中的民族哲学、宗教、神话传说、文学、艺术、民谚、史籍等。

（3）行为文化。主要指少数民族传统体育活动中的习惯性行为，包括民间体育形式、民间体育技能、民间体育技术、民间体育内容，以及人们从事少数民族传统体育活动的教学、训练方法、练习体育竞技的各种手段与方式等。例如：我国少数民族传统体育中的赛马、射箭、摔跤、赛舟、武术、打陀螺、刁羊、骑技、珍珠球、抢花炮、蹴球、毽球、木球、秋千、轮秋、磨秋、跳板和跑、跳、掷、攀爬活动的技能、技术等。

（4）制度文化。主要指人们从事少数民族传统体育活动的各种社会风俗习惯、传统礼仪、社会组织形式、禁忌、民间体育活动规范、民间体育开展形式、民间体育竞赛制度、竞赛规则与奖励方式，以及各民族特定的开展传统体育活动的时间、节日等，如那达慕大会、龙船节、赛马节、射箭节、三月三、火把节、花山节、刀杆节、目瑙纵歌节、泼水节、三月街、旺果节、达努节、开斋节、古尔邦节、阿肯弹唱会、花炮节、斗牛节等。

以上是少数民族传统体育文化基本构成的几个部分。当然，这仅是一个理论上的相对划分，在实际的少数民族传统体育文化存在中，这几个部分是十分密切地相互联系的，有时甚至是融合在一起的。

第三节 民族传统体育文化的起源与形成

体育起源于人的本质，根源于人类特有的本性。因此，对体育的起源与本质含意，须从哲学人类学的角度才能更透彻地说明。人的本质在于创造，在于改造世界的实践。体育是人类对自身的创造，是人类改造自己的一种特殊的实践活动。所以说，体育起源于人类的本质。只有人才能创造自己，自觉地改造自己的身心。因此，在万物中只有人类才有真正意义的体育活动。以上表述，是从哲学人类学关于人的本质来探讨体育的起源。我们也可以从中得出少数民族传统体育的产生与发展都是

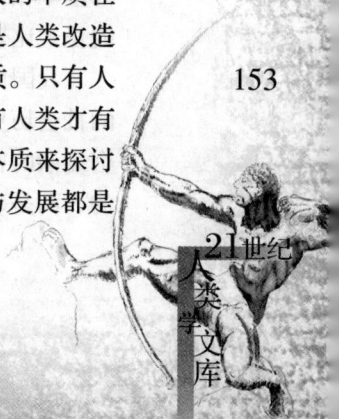

153

来自于各民族人民自我创造和自我改造的实践活动这一较为普遍的规律。

但是从文化人类学的视角来审视民族传统体育的来源，除了上述哲学人类学的分析外，还应从各民族的特定文化、生活方式、形成历史等方面进行综合的探讨。在民族文化形成机理上，人类学家历来分为传播论与功能论两大学派。传播论者认为，人类文化都是起源于某一适合于文化产生的地域，然后向外传播的。即相同的文化只有一个起源。功能论者则认为，文化是人类适应外界环境的产物，相同的心理结构、相同的外界环境导致相同的文化产生，因此文化是各自独立地起源的。而现实中，人类文化的起源和形成过程是复杂的，其影响的因素也是多元的，既有传播形成，也有独立发生，还有选择、扬弃与改造创新出来的，而其中许多内容来自对不同民族文化的整合，即吸收不同的民族文化因素而形成统一的民族文化。

我国民族传统体育文化的起源，实际上也具有独立起源与文化传播、吸收、融会的共同因素。例如：龙舟竞渡是我们中华民族所特有的一项传统体育活动。据史书记载，在西周时期，我国就有了龙舟。《穆天子传》载："天子乘鸟飞舟（龙舟），浮于太沼。"关于龙舟竞渡的出现，在我国民间有不同的说法。但说法最多的是为纪念战国时期的爱国诗人屈原。南梁人宗懔的《荆楚岁时记》载："五月五日竞渡，俗为屈原投汨罗日，伤其死，故命舟楫以拯之。"此外，南梁人吴均的《续齐谐记》，唐魏徵的《隋书·地理志》等都持此说法。而在我国各地少数民族对龙舟竞渡的起源和传说更是众说纷纭。目前，我国学界比较公认闻一多先生在《端午节》一文中所说的，是中华民族共同对龙的图腾崇拜而产生的。我国南方绝大多数的水域地区都流传有龙舟竞渡的传统体育活动，最早时各地龙舟的形态并不一样，比赛的时间、方式也各不一样，这表明赛舟这一活动的起源是独立的、多点的。但随着我国各民族文化的交流和融会，龙舟竞渡活动就成为了中华民族广为流行的一项体育活动，许多地区的龙舟竞渡活动在举办时间、龙舟样式、竞渡规则上都基本相同，此外，赛龙舟目前已成为我国少数民族传统体育运动会中的正式比赛项目。

我国民族传统体育是各民族文化的综合体现，它与各民族人民漫长的社会历史、风俗习惯、生产生活方式、宗教祭祀、教育娱乐等有着综合复杂的密切联系。因此，民族传统体育的起源并不是单一的、孤立的，而是多源、多流、多渠道的。具体说来，民族传统体育的起源具有

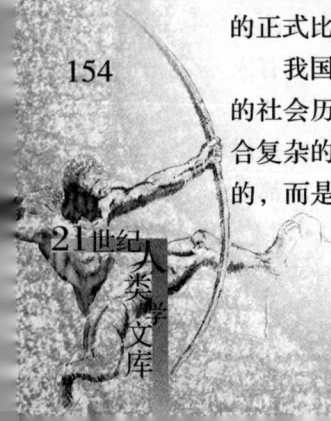

以下的源流沿革：

一、民族生存方式对民族传统体育产生的"铸塑"作用

　　大约在 200～300 万年前，一批腊玛古猿演化为南方古猿，进一步演进成为人类的祖先猿人。1965 年我国考古学家在云南省元谋县境内发现迄今 170 万年前的"元谋猿人"化石，并发现 17 件旧石器和石制品以及与元谋猿人同期生存的鹿、野猪、剑齿象、狼、野马等 14 种哺乳动物化石。考古学家认为，这些旧石器就是远古人类用来掷、击、割、砍兽类的武器。在远古时代，原始人类的生存条件十分严酷，面临凶险奇异的大自然，人们为了生存必须付出艰辛的劳动与殊死的搏斗，原始体育的雏形就是在与这种广阔而深奥的自然世界的抗争中萌发出来的。

　　采集、狩猎、捕鱼、游牧是人类早期社会生活的基本形式，在他们获取生存资料的活动过程中，也就铸就了人们的跑、跳、攀、泅、掷、击、射等多种原始的运动技能。考古学和民族学的研究成果有助于我们对人类远古历史的追溯。1965～1981 年间，我国云南省临沧市沧源县境内，在人迹罕至的高山崖壁上，相继发现了一批古老的佤族先民遗留下来的原始崖画。经考古学家鉴定，这批崖画属新石器时代的珍贵遗物，距今大约有 3400 年的历史。其中有一幅"围猎"的场景画是古人用手指蘸着红色铁矿粉和野牛血调成的"颜料"绘成的线条粗犷的大型崖画。画中有两人用棍棒或投枪击中一头受伤的野牛，野牛仍在进行不屈的顽抗和最后的挣扎；在画的左下部，用一条斜粗线表示山坡，有两三头野牛被几个挥动手臂的狩猎者赶上坡，围猎者想把成群的野牛逼向陷阱；壁画的右下部有四五个狩猎者在围攻一头丧失战斗力的野牛，画面刻画出野兽的凶猛、顽抗与猎者的勇敢和智慧，将人类早期的生产劳动方式与体育技能的密切关系再现得惟肖惟妙。在甘肃敦煌 249 窟存留的西魏时期的狩猎壁画，展现着早期人类围堵、骑马追赶、猎射、击刺野鹿、野牛和其他野兽的激战场面，更为清晰地体现了古代生产劳动与原始体育之间的关系。

　　体育史的研究证明，人类最古老的运动"原型"是走、跑、跳、投等最简单实用的活动，这类活动与原始人类的生产、生活方式紧密联系，这些简单的技能既是生活技能，又是劳动技能和原始体育的技能，三者尚未分化，萌芽状态的体育是由原始劳动方式铸型和引发的。而劳

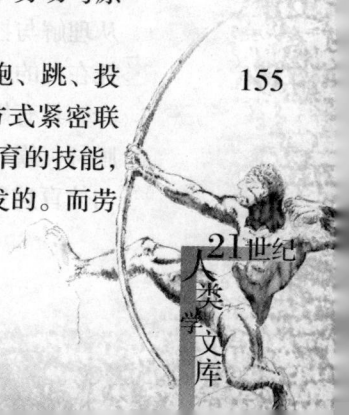

155

动工具的使用和劳动技能的改进，又促进体育技能的逐步提高和发展，如人们捕捉野兽用的木棍，发展为嵌以石片、骨片的利器，再发展为投枪、鱼叉，后来又诞生出有一定距离进攻效能的弓箭，这也就是原始标枪和射箭运动的由来。

在我国少数民族传统体育的形成与发展过程中，生产劳动与体育形态之间的关系呈现得更为明显。民族传统体育起源于生产劳动，特指因自然环境差异而造成的各种迥异不同的劳动方式与具体内容。我国少数民族由于居住地的自然地理环境不同，导致人们生产劳动方式内容的千差万别。总的来说可分类为采集、狩猎（渔猎）、游牧、养殖与农耕等，而每一类生产方式也衍化出与其生产类型相适应的民族传统体育活动，如游牧民族擅长草原三项运动（骑马、射箭、摔跤），以狩猎为生的民族喜爱射箭、射弩、打火药枪、长刀等项目，山地农耕型的民族则崇尚斗牛、秋千、爬杆、跳歌等。许多民间传统体育活动是由人们对劳动过程的行为进行模仿、移植、改造、提升而形成的，有的项目则是原汁原味劳动场景的原生形态。正如云南彝族在打歌和跳乐过程中所唱的："左边转三转是牧羊的歌，右边转三转是盘庄稼的舞。"无不印证生产劳动与少数民族传统体育、歌舞之间的密切关系。

二、原始宗教祭祀活动对民族传统
体育的"衍传"作用

茫茫远古，在人类的童年时代，大自然作为威胁人类生存的"异己力量"，其"喜、怒、哀、乐"直接与人类的生存相关。由于生产力低下，无力控制自然灾害，人们便将天灾疾病归因于超自然的神秘力量，于是便产生了原始宗教祭祀活动。原始宗教作为当时社会最强有力的意识形态，制约着人类生活的各个方面。由于原始宗教的影响，决定了宗教与体育相互影响的客观必然性，从而导致祭祀性体育活动的产生。马林诺夫斯基认为：宗教作为一种文化，又表现为人对自己创造的价值——神的双重态度，即"希望与恐惧交织的双重态度"。原始人类在无从理解与控制自然现象时，只有把满足人类基本的生理和安全的需要寄托在神的身上。在原始人看来，体育、舞蹈是"人—神"交流的最佳媒介，具有娱神祈福的特殊功能，所以，他们用原始体育游戏和舞蹈顶礼膜拜，娱神祭祀。古希腊哲学家柏拉图说，"神是游戏的恋人"，把宗教与体育这种特殊的关系描述得惟肖惟妙。恩格斯也在其《家庭、私有制和国家的起源》一文中提出："各部落各有其正规的节目和一定的崇拜形式,即舞蹈和竞技,舞蹈尤其是一切宗教祭典的主要组成部分。"①因此,在人类社会中,早期体育的产生与原始宗教密切关联,是人类历史进程中的普遍现象。在西方社会,文明灿烂的古希腊文化中的古代奥林匹克祭祀,便是一个典型的历史案例。

在我国,中华民族传统体育的瑰宝——武术,和宗教文化环境的关系也是十分密切的。可以说,中国宗教文化环境是中华武术形成发展的重要要素之一。中国武术文化的民间性质与民俗性质决定了武术文化与宗教文化相互联系的必然性。如果说少林武术是对佛教文化的黏附,那么道教文化就更深刻地渗透进武术文化的内在结构之中,使其阴阳、五行、八卦、太极等古典哲学思想为武术所吸收,并在武术文化中得以更深刻地应用与融合,促进武术在思想、技击与内功修炼方面的综合发展。②

我国少数民族传统体育活动的形成与发展及其笃信的原始宗教(自然崇拜、图腾崇拜、祖先崇拜)也有着十分密切的关系。

广西壮族信奉蛙图腾,在其传统体育活动中就流传着"青蛙舞"的祭祀性体育活动,③ 在左江山崖上遗留下来的蛙神崖画也证明壮族先民崇拜蛙神的古老历史,壮族的蛙神舞无疑与人们对青蛙的崇拜和祈求风调雨顺、五谷丰登的祭祀活动有密切关系。

虎是彝族所崇拜的图腾,彝族民间史诗《梅葛》就记载着虎尸解体为世间万物的传说。彝族自称"罗罗",彝语中"罗"意为虎,至今在滇西南雄伟的哀牢山区的彝族仍流行有跳"虎舞"的祭虎习俗,因此在彝族民间"虎舞"比其他拟兽舞更具有特殊的含义。此外,在彝族民间还流传着荡秋千祭星神的传统祭祀活动,也传承着以摔跤运动祭神、求雨、禳灾的古老习俗。

白族的"本主崇拜"是一种以"本主"为中心的崇拜,本主庙会均有一系列的程序仪式,即请神、迎神、祭祀、娱神,其中也贯穿有白族民间传统的霸王鞭,舞龙、耍狮等体育活动。在"绕三灵"的传统祭祀活动中,白族人要吹着树叶、弹着三弦、敲着八角鼓、打着霸王鞭,

① 恩格斯:《家庭、私有制和国家的起源》,第88页,《马克思恩格斯选集》(第4卷),1972年版。

② 旷文楠等著:《中国武术文化概论》,第96～108页,四川教育出版社1990年版。

③ 韦晓康:《壮民族传统体育文化研究》,第64页,中央民族大学出版社2004年版。

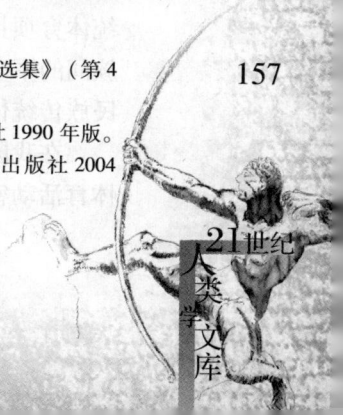

集队进行远足巡游活动，也举行划船活动。一年一度的民族节日与宗教祭祀活动，促进着白族传统体育活动的不断衍传与发展。

我国东北地区居住的鄂伦春、鄂温克、赫哲等民族在新中国建国前仍处在原始社会末期的生活形态。他们的宗教信仰为萨满教，"萨满"是满—通古斯语的音译，即"巫师"的意思。萨满教也是一种原始宗教。今天，由巫师"萨满"传授的"萨满舞"、"萨满刀"，已演变为人们岁时节令中的传统体育与歌舞娱乐活动。

以上这些少数民族传统体育活动都与本族笃信的原始宗教有着相互依存的关系。随着时代的发展，人类支配自然能力的提高，宗教意识的影响已逐渐淡化与减弱，先前祭祀性的体育活动也逐步从宗教功利中超脱出来，冲破娱神、祭祀的禁锢，向着自娱、娱人、健身、娱乐的民俗性体育方向发展，使其逐步向体现人的精神世界与本质力量的具有生活情趣的民族传统体育演进发展。

三、古代部族战争对民族传统
体育的"提炼"作用

在我国古代社会，尤其是进入奴隶社会以来，各民族为了自身的生存与发展展开了一连串的军事战争。为了在频繁的战争中立于不败之地，各民族便有意识地创造军事体育，开展民族军事体育活动，这样，民族军事体育活动也就成为了民族传统体育形成、发展、提升的一个重要渠道。

例如：摔跤、武术等技击运动均起源于古代的军事战争。据有关史籍记载，摔跤古代称角力或角抵，起源于蚩尤戏，蚩尤戏又源于氏族公社时期黄帝、炎帝和蚩尤氏之间的战争。由于战争的需要使得古代冷兵器与武技的发展尤为迅速。据《世本》记载："挥作弓"、"夷牟作矢也，皆黄帝臣。"《洞冥记》也载："黄帝采首山之铜，始为铸刀。"表明黄帝在战争中发明并制作了弓箭和剑。而蚩尤也不甘示弱，制作出"戈、矛、戟、酋矛、夷矛"等兵器以抗衡，这些兵器对后世的民族传统体育项目——武术的发展有着直接的作用。从某种意义上讲，古代部族间的军事战争与军事训练活动，在提高部族战斗力的同时，又推动了民族传统体育技能的提升与发展。

在我国，各少数民族传统体育活动中的许多项目都与其民间的军事体育活动密切相关，如蒙古族的骑马、射箭、摔跤、贵由赤（长跑）就

是元代蒙古族最为普遍的军事体育活动项目。而满族传统的行围狩猎、骑马、射箭、举重石、摔跤、跳马、跳骆驼等项目都是清代满族训练军队士兵的重要手段。此外，在我国许多少数民族中都流传着众多的军事体育活动及武术、摔跤、骑马、竞渡、射箭和各种各样的军事技能与体能训练的手段与方式，为今天民族传统体育的传承、发展产生了不可磨灭的重要作用。

四、先民娱乐需要对民族传统体育的"萌发"作用

　　原始氏族除了要满足生理和物质方面的需要外，还有心理与精神及娱乐方面的需要。从心理学的角度看，人的一切行为的产生，都有其心理与动机的因素。人类的心理、精神生活与娱乐的需要也就催促着古老的游戏和原始体育的发生。《诗经·大序》所记载的原始人常常借助手舞足蹈来抒发他们内心的情感，所谓"情动于中，而形于言，言之不足，故嗟叹之，嗟叹之不足，故咏之歌之，咏歌之不足，不知手之舞之，足之蹈之也"。又据《尚书·皋陶谟》记载："击石拊石，百兽率舞。"指原始人群在击石的节乐中，模拟各种野兽的姿势跳舞以宣泄心中的欢娱之情，这也就是远古时代的原始舞与拟兽舞诞生的原因。

　　我国少数民族大多生活在边疆、高原、草原、山区、河谷、海岛等地域，由于群山的封闭与江河的阻隔，使少数民族生存的环境相对偏僻、闭塞，与外界接触交流较少，人们处于缓慢发展的自然淳朴的生态环境中。除了枯燥简单的劳动之外，人们还需要生活、需要娱乐，并在娱乐中进行交往，宣泄情感。《礼记·乐记》载："凡音之起，由人心生也，人心之动，物使之然也。"即乐舞之产生，源自人的思想感情的宣泄表达需要。生活的经历、心理情感的祈求表述便成为民族传统体育产生的沃土。多彩的生活、丰富的情感，造就了绚丽多姿的民族传统体育，如彝族的阿细跳月、苗族的跳芦笙、白族的霸王鞭、土家族的摆手舞、黎族的跳竹竿等节奏明快、活泼风趣的民族传统体育活动，使体育、歌舞与情感密切地相互交融在一起，给人以美与乐的享受，吸引着人们的参与，具有强烈的民族共鸣感和巨大的吸引力。

　　许多具有娱乐形式的民族传统体育活动，还是广大少数民族青年男女相识、相爱的婚恋与婚俗方式，同时，也为男女青年思想情感的交流提供了环境和手段。例如：哈萨克族的"姑媳追"和柯尔克孜族的

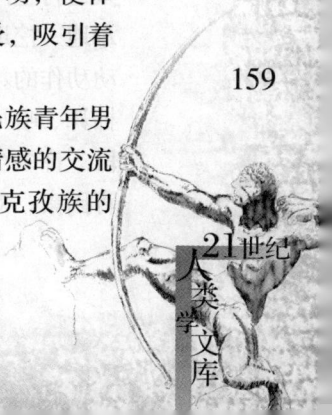

159

21世纪
人类学文库

"追姑娘"最典型，是被人们喻为"情话在鞭梢"和"马背上的悄悄话"的民间体育婚俗方式。又如：苗族的"八人秋"。每年"立秋"之日，湘西苗族的"赶秋节"便为男女青年的相互结识、表达爱意搭建平台，其民俗规矩为"竖秋千，八人坐，谁转上面就唱歌"。姑娘、小伙为从茫茫人海中寻找伴侣，情愿停在上面，以歌声传达爱意，并获众人喝彩与对方的爱慕。

侗族的抢花炮是一项竞技性较强的民族传统体育活动，也是具有浓郁侗族特色和深厚内涵的婚俗。正如侗家民谚所说："侗乡三月风光好，天结良缘抢花炮。要得侗家姑娘爱，花炮场上称英豪。"每年农历"三月三"是侗族人民隆重的传统节日，而节日中一项盛大的活动就是要举行抢花炮活动。花炮场中表现卓越的小伙子就会成为侗家姑娘追逐爱慕的对象，这种民间习俗方式就会促使侗家小伙刻苦地练习抢花炮的运动技能与发展体能，通过其超人的技能与身心素质来获取择偶过程的"优先权"，从而促进侗家抢花炮传统体育活动的不断发展。

五、原始教育对民族传统体育形成的推进作用

体育，作为人类教育的组成部分，源于漫长的原始社会。那时，处于萌芽状态的教育与体育融为一体。居于当时语言、文字、符号发展状况的极限，人类生产与生活技能的传授主要以人体活动作为教育的内容与手段。据《中国古代教育史》载："氏族公社成员们除在生产实践中受教育外，又在政治、经济和文化活动中受教育，他们利用游戏、竞技、舞蹈、唱歌、记事符号等进行教育。"

我国少数民族中的许多传统体育活动，有些本身就是人们日常生活、生产的技能，如鄂伦春族的皮爬黎、门巴族的狩猎、锡伯族的射箭。土家族的打飞棒、蒙古族的摔跤、藏族的马术、瑶族的独木滑水、怒族的过溜索、苗族的爬花杆等，无不是从生产、生活的实践技能中衍化而来的。各族人民在开展传统体育活动的过程中，也开始了对下一代人进行生产、生活技能的传授。再如：拉祜族的芦笙舞中就包含芟地、犁地、挖地、撒谷种、扶谷子、割谷子、背谷子、舂谷子等模仿生产劳动动作的舞蹈套路。此外，佤族的狩猎舞，傈尼人的采茶舞、彝族的纺棉舞、哈尼族的栽秧鼓舞等都是人们进行生活劳动技能传授的教育手段。许多少数民族还注意发挥民族传统体育活动中所蕴含的思想品质教育因素，对下一代进行社会伦理道德规范的教育，以形成良好的思想品

质和勇敢、坚毅的心理品质。少数民族传统体育正是在与民族教育的融合中不断地演进、发展，并在民族传统体育的完善、成熟过程中，逐渐形成具有自身本质特征和功能结构的体育文化体系。

六、古代健身思想与手段对民族传统体育形成的"繁衍"作用

原始人类的生活条件非常严酷，自然灾害侵袭和人类之间的战争，使人们的健康与生命缺乏保障，寿命很短，再加之人们饮食习惯上的茹毛饮血，卫生不佳，容易得消化性疾病，刺激了原始医疗保健活动的产生与发展。如我国原始时代阴康氏的"消肿舞"和《黄帝内经》中的"导引按蹻"等健身手段，都是为了治疗由于环境气候所造成的疾病而进行的身体活动。在我国古代社会中，人们早已总结了身体运动与健康之间的辩证关系，并产生了系统的养生理论与养生术，如《吕氏春秋》就用"流水不腐、户枢不蠹"的原理形象地告诫人们要经常从事身体运动，才能保持健康的道理。我国还产生了以健身为目的的医疗体育如导引养生术、五禽戏、八段锦、易筋经等。特别是汉末名医华佗创编的五禽戏，根据人体结构及血脉流通的生理机制，通过模仿虎、鹿、熊、猿、鸟的动作，以活动身躯，促进体内血气运行，颇有强身祛病的功效，成为我国古代医学和保健体育的宝贵遗产。

我国少数民族在古代社会漫长的生活经历中，也发展了具有民族特色的体育保健意识与健身方式。早在公元8世纪，藏族同胞就建立起了自己的医药学，藏民族已知常洗冷水澡、常运动有利于身体健康的原理。傣族人民已深知"刀不磨会生锈，人不动要生病"及"水要常流，人要常动"的健身思想。彝谚云："流水不淌，皮鼓不响。""三弦响，脚板痒。""跳歌要跳三跺脚，跳起的黄灰做得药。"纳西族格言："虎在悬崖上学跑，鹰在暴风中练翅。"苗族谚语曰："勇敢靠培养，力量靠锻炼。"这些都是各族人民在与大自然的长期斗争中积累总结下来的人体健身实践经验。

秋千，是我国大多数少数民族都喜爱的一种传统体育活动。由于该项目对人的手力、腰力、腿力有较大的锻炼效果，因而具有较高的健身价值。北方的满族喜欢跳马、跳骆驼，因为它可以锻炼人的力量、勇气与敏捷。回族习练的武术、弹腿、拔腰等活动都有极强的发展体能、强体健身的作用。此外，土家族的扁担劲、塔塔尔族的拔河、黎族的跳竹

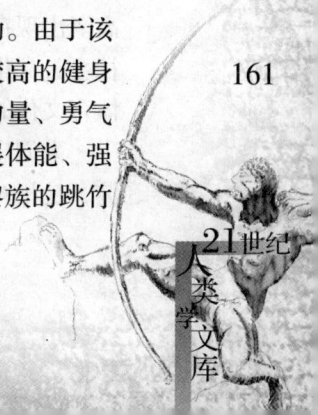

161

竿、保安族的抛朶、朝鲜族的跳板、瑶族的对顶木杆、彝族的蹲跳、高山族的斗力等都是简单易行、对场地器材要求不高和健身价值较高的民族传统体育活动。正是在各民族对体育健身价值的高度重视与健身强体活动方式的不断创造和提升中，才促使了少数民族体育手段与内容的繁荣发展。

第四节　民族传统体育的文化内涵与特质

民族传统体育是体育人类学研究的重要领域。中华民族传统体育是以汉族文化为主体，融合多种民族文化而形成的一种文化形态，是各民族传统的养生、健身和娱乐、竞技体育活动的总称。中华民族是由56个民族共同组成的，在长期的共处与交往中，各民族的传统体育文化也在不断地交融与发展。1990年由国家体育文史委员会主编出版的《中华民族传统体育志》。共收集到的中华民族传统体育项目977条目，其中少数民族体育有676条目，汉民族体育有301条目，这些体育项目共同构建成蔚为壮观的中华民族传统体育文化体系，并在华夏大地上交相辉映，在人类社会的文明进程中发挥着特殊的价值与作用。

一、民族传统体育的概念

在我国，由于汉族人口众多，汉族的地域性与民族性色彩相对不显著。因此在人们的表述中"民族"往往用来称呼少数民族，"民族体育"常常指少数民族传统体育活动。正如我们常使用的"民族学院"、"民族政策"、"民族区域"等，主要指汉族以外的少数民族群体。但是，相对现在国际流行的现代体育而言，中国的民族体育则应是具有中华民族传统特色的体育活动的总称。

关于中华民族传统体育的定义和概念的表述，我国已有许多学者对之进行过研究，并在历史上对"传统体育"的探讨有过两次研究的高潮。一次是在19世纪30年代展开过"土洋体育"的热烈争论；第二次高潮出现在20世纪80年代末的"文化热"中，它将体育文化置于人类社会、文化、历史、哲学的广阔视野之中进行考察，并对中华民族传统体育文化的概念、性质、内涵、功能、发展趋向进行系统的研究。

人们广泛认为，中华民族传统体育是一种资源的古文化遗存和积淀，是相对起源于希腊，发展成熟于西方社会文化氛围中，并在国际体坛较为流行的现代体育而言的，即包括汉民族在内的中国各民族在本民族居住地区内共同创造、形成、继承、承传的带有浓郁地域色彩和民族性特征的传统体育活动。

关于少数民族传统体育的界定，我国上海辞书出版社 1984 年出版的《体育辞典》仅有"民间体育"栏目的分类，概指"中国民间传统体育"，其内容主要是少数民族传统体育项目，但无对"中国民间传统体育"的定义与界定。1984 年由国家体委主编，中国社会科学出版社出版的《当代中国体育》在篇章分类中，第七章为"民族体育之花"，而所指的"民族体育"也正是我国的少数民族传统体育活动。关于我国少数民族传统体育的概念和定义，1986 年在新疆乌鲁木齐市举行的第三届全国少数民族传统体育运动会期间，由国家民委和国家体委联合组织举办了首届少数民族传统体育学术研讨会，会上对"少数民族传统体育"的定义提出了 4 种不同的观点，这 4 种观点分别为：①

第一，少数民族传统体育是各少数民族世代相传，具有民族特色的各种体育活动的总称；

第二，少数民族传统体育是在古代体育的基础上延续下来的，因此是指近代体育传入以前我国各民族就已有的体育活动；

第三，凡是目前在一些民族地区仍在流传的具有民族特色的体育活动（包括自娱活动）都属于少数民族传统体育范畴；

第四，少数民族传统体育是具有民族性、传统性、体育性的活动项目。

综合上述观点，少数民族传统体育是长期流传于各少数民族中的具有浓郁民族性、地域性特征的以强身健体和娱乐为主要目的的民间体育活动。

二、民族传统体育的文化内涵

民族传统体育是一门以民族传统体育为研究对象的人文科学，它是具有数千年历史的文化遗存，有深厚的人类文化积淀，具有独特鲜明的文化个性特征。从中国体育史上贯穿始终的以武术为主体的武艺和以调节呼吸方法为主体的气功、引导养生术，到以游戏形式满足人们娱乐需要为主体的民间体育，乃至作为"活的社会化石"的少数民族传统体育

163

---

① 李志清：《少数民族传统体育起源与变异探析》，载《体育科学》2004 年第 1 期。

都内含着民族传统文化的深厚意蕴，记载着人类社会历史发展的轨迹。正如美国著名人类学家克卢伯认为的：文化体系不仅是一种形态，而且是一套价值系统与行为模式。文化不仅具有外显的构架，而且有无形和隐形的构架，从根本上制约、指导着人类的思维、行为以致情感方式和表现形式。

中国传统体育作为一种社会文化现象，萌生繁衍于东方社会特殊的地理环境与民族文化氛围之中，潜涵着深厚复杂的民族文化哲理与伦理价值观念。中国传统体育所蕴含的民族文化内涵与文化特质具有如下三方面最为典型的特征：①深蕴东方社会宗法礼教观念；②具有强烈的重人伦、重道德、身心兼修的价值取向；③注重和谐，崇尚养生、修性的健身功效。

三、少数民族传统体育的文化特质

少数民族传统体育是少数民族历史文化的组成部分，是从民族文化共同体中分化独立出来的一种特殊的民族体育文化形式。少数民族传统体育作为人类文化的特殊积淀形式，除了具有人类社会文化一般的特征之外，还具有其独特的内涵与民族文化特质。少数民族传统体育在其形成、演进、发展的历史进程中显现出以下文化特质：①

（1）少数民族传统体育是特定历史时期的产物，它的形成发展不仅是一种自然行为的结果，而且是人们社会生活中的一种文化行为的凝练，是各民族社会文化在体育表现形态中的必然结晶。民族体育项目在该种运动技能发展到一定程度时，其行为模式与精神内涵必将交汇融合为一种文化现象，逐渐独立于其他的社会文化而成为一种特殊的体育文化形态得以存在和发展。

（2）少数民族体育是一种具有特殊形式的体育活动方式，它与现代体育一样，都以身体活动为基本手段，并在愉悦身心的运动中承受一定的生理负荷，在人的体力和体内运动能量物质的"消耗—恢复—超量恢复"的周而复始的循环中，促进人的体能发展和增强体质。此外，各少数民族传统体育最原始古朴的形式及其演进发展的历史，都以其显著的特征，使各少数民族传统体育的存在与其民族文化保持着相互依存的密

164

---

① 杨万智、周百之、饶远：《少数民族体育的文化内涵与文化限定》，载《少数民族体育文化论》，第 10 页，云南民族出版社 1995 年版。

切联系。因此，少数民族体育文化始终以其特殊的运动形式，体现着两种重要的社会价值，一种是显形于外的，即以竞技、健身为核心的体质训练；一种是蕴含于内的，即以表述精神情感为核心的心理再现。两种价值的表现方式，常常寓于同一体育项目之中，无形的文化内涵便在有形的运动载体中得以延续、传承与发展。

（3）少数民族体育是民族文化的综合形态，当它一出现，便与周围的其他文化产生互相依存的紧密联系，成为一种与外界自由地进行物质与信息交换的文化开放系统。少数民族体育的发展自始至终都不是一种孤立存在的文化现象，它的形成依赖于民族文化的广阔背景，它的存在和发展是诸多民族文化象征的综合再现。

四、少数民族传统体育的固有特征

少数民族体育作为人类文化的原始积淀，呈现不同的历史文化特征。由于各民族存在的自然环境与社会环境、生产劳动与生活方式、文化积累与传播程度的差异，使少数民族体育在相对封闭的环境中形成、演进和发展，并呈现出迥然不同的运动特征与民族文化风格。相对现代体育来讲，少数民族传统体育具有如下的特征：

（1）民族性。民族性指各少数民族体育项目所表现出来的物质文化、行为文化、制度文化与精神文化中的特殊性与征象性，也体现出不同地域、不同语言、不同经济生活方式民族的传统体育文化的差异性。文化是区分民族的重要标志，而民族性也是一个民族体育项目的特殊烙印，在不同的民族体育项目中蕴含着不同民族的生活习俗、思维方式、行为方式与价值观念等民族性特征。我国的少数民族传统体育项目，如傣族的堆沙、彝族的跳火绳、藏族的赛牦牛、朝鲜族的跳板、仫佬族的打尺寸、高山族的舂米赛、侗族的哆毽都是其他民族所没有的。就是同一体育项目，其运动形态与规则制度在各个民族之中也是不相同的，例如：武术项目在我国少数民族中是广为流传和开展的，但各个民族传统武术项目的形态、方式、内涵又是各不相同的。再如，赛龙舟是我国许多民族地区较为普遍开展的项目，但各地赛龙舟的形式也是各不相同的。贵州苗族的赛龙舟要举行"接龙"仪式，船上竖一栩栩如生的龙头，有 38 名水手。云南傣族的赛龙舟在傣历六月八日举行，比赛过程不举行接龙仪式，船体也没有贵州台江的苗族龙舟大；而洱海边上的白族在每年农历六月二十五日的火把节期间举行的赛龙船活动，其船只样

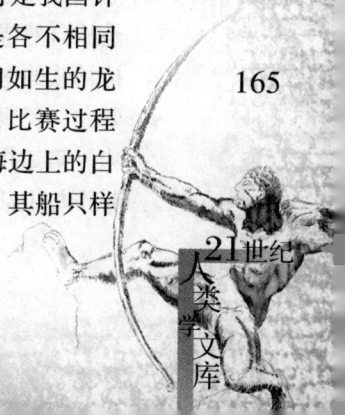

165

式与比赛方式和苗族、傣族的赛龙舟也是大相径庭、各不相同的。他们的赛龙舟活动都反映了本民族的历史文化特征，代表着不同的民族个性与民族风格。

（2）地域性。特定地域内的地理环境是一个民族长期繁衍生息的空间条件，在不同的自然生态环境中就会产生不同的生活习俗与生产方式，并会形成不同的民族传统体育活动。俗话说的"靠山吃山，靠水吃水"，就是指人们对生存环境中特有的生活资源的依赖性，而所谓"北人善骑、南人善水"之说也反映了地理环境对人类生活状况的影响。地理环境的差异性会导致民族生活方式与民族体育文化的异质性。我国少数民族由于居住地自然地理环境的不同，就会形成人们千差万别的生活习俗与生产方式，概括起来，以农业文明为基础的我国少数民族的生产方式可划分为狩猎（渔猎）经济、游牧（养殖）经济与农耕经济等，每一类生产方式都会产生与其地缘形态和生产形态类型相适应的民族传统体育活动。例如：过去以狩猎为生的北方民族就喜爱滑雪、皮爬犁、射箭、射击、斗熊等北方地域气候环境条件下与狩猎相关的各种民间体育项目。而南方以"猎虎的民族"得名的拉祜族，主要生活在澜沧江两岸的崇山峻岭之中，他们擅长狩猎。因此，射箭、射弩、投矛、爬藤条等便是拉祜族最广为流传的体育活动。而以游牧业为主要生产方式的蒙古族、维吾尔族、哈萨克族、柯尔克孜族则热衷于与游牧生活相关的骑马、摔跤、射箭、刁羊、跑马拾银等民间体育活动。山地农耕型的民族如彝族、苗族、瑶族、哈尼族、侗族则流行斗牛、秋千、爬杆、扭扁担、草球、栽秧鼓舞等具有山地农耕特色的传统体育项目。因此，千姿百态、纷繁复杂的少数民族传统体育从其由来与表现特征都带有典型的地理环境差异性即地域性特征。

（3）自然淳朴性。我国少数民族体育来自淳朴的自然与社会环境之中，它们是少数民族在特殊的文化生态系统中创造出来的人类体育文化财富，它们反映的是少数民族对自然的眷恋与对生命的欢歌。少数民族的自然淳朴性有三层含义。第一是指它来自自然。许多少数民族体育的形式都与他们生存的自然环境密切关联，并且许多少数民族体育的形式是从自然界中的"精灵"——动物那儿仿生学来的，如傣族的孔雀舞，拉祜族的老虎拳、鸭形拳，景颇族的蛇龙舞，哈尼族的白鹇舞，彝族的耍龙、耍狮、赶老牛、老虎抱蛋等体育项目与游戏都有特定的仿生意味。第二指这些项目来自人们在与自然抗争中的生产生活内容，是人们劳作与生活动作的模仿再现，是原汁原味的民族"生态"体育。它没有任何的包装，也没有任何矫揉造作，具有原始的粗犷、古朴、自然特征。第三指少数民族传统体育项目的活动器材与场地均来自自然，不需钢筋水泥的建造，也不需要铝合金与玻璃的构建装修，只需山野空地、田间地头、打谷场的一隅即可开展，而所需器材都来自身边的自然资源（石、木、藤、草、竹）与生产资料（马匹、牛、羊、船只）等就可将传统体育活动开展得龙腾虎跃、生动活泼。

（4）传承性。少数民族传统体育是一种人类历史文化的遗存积淀，是中华民族传统文化中的瑰宝。它能绵延流传于数千年的人类历史文化长河中，经久而不衰竭，繁盛而不泯灭，正是由于它具有顽强的传承性。少数民族传统体育的传承性不仅只传承着各个体育项目的形态、方式、技能、技巧，而且传承着民族体育起源、演进的神话传说故事，传承着民族体育活动中含有的民族精神、民族道德、民族审美情趣、民族价值观念等。例如：哈尼族的磨秋起源于传说中阿朗和阿昂两兄妹为了民族的幸福，牺牲自我的动人故事。苗族的"爬花杆"是纪念苗族英雄孟子佑不畏强暴、战胜邪恶的感人事迹的。而哈萨克族、柯尔克孜族的"姑娘追"，傣族、壮族、瑶族的"香包"，苗族的"八人秋千"等都是与本民族青年男女的婚恋习俗相融相伴的，这些民间的故事、民间的习俗、民族的精神都是与民族传统体育一起世代沿传下来的，无形的民族精神文化正是在有形的民族体育形态、技能与行为活动中得以传承和延续的。少数民族传统体育在漫长的历史岁月中，虽然饱经磨难、历尽沧桑，但它始终能以强大旺盛的生命力得以延续，传承到今天。在历史的征途中虽然也有高潮低谷之起伏，但仍然能昂首阔步地走到现在。目前，我国的少数民族传统体育运动会已经举办了七届之多，而且一届比一届更兴盛，参赛的项目与人数也逐渐增多，运动水平也不断提高，为我国少数民族体育的传承发展注入了更新、更强的生命活力。

（5）统一和谐性。统一和谐性作为少数民族体育的特征主要体现在个体与群体的和谐统一，娱乐与竞技的和谐统一，体育与民俗的和谐统一，运动与艺术的和谐统一，人与自然的和谐统一，整体娱乐与个人竞技的和谐统一等方面。

从文化人类学与民族社会学的视角来审视少数民族传统体育，我们认为，民族体育的开展，在各民族生活中本身就是一种社会群众性的集会方式，是人们进行人际交往的互动场所与中介，民族体育以其特殊的娱乐、健身和竞技形式，在特定的节日与社会氛围中，将人们从偏远的乡寨村落吸引而至，让人们在民族体育活动的参与和观赏中增进交流，

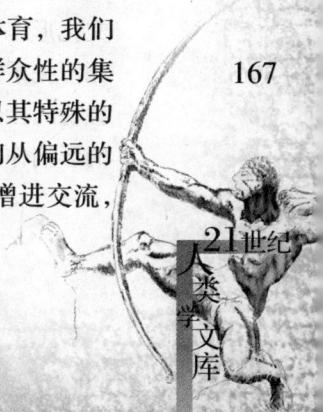

167

拓宽民族内部以及族际之间的人际交流渠道，消除各族人民因地理环境封闭和社会文化差异带来的隔阂。使人们在体育文化的交往中，产生民族认同、凝聚、整合、同化、规范等功能作用，从而促使个人与个人、个人与族群、族群与族群、族群与社会之间的和谐相融，为构建和谐社会产生积极影响。

节日中的体育歌舞活动，人们的运动不仅是自身的活动，而且也含有全村寨民族的荣誉与欢乐。例如：彝族的"跳乐"活动就体现了人们的这种心理特征。人们常说："三弦响，脚板痒。""一个歌手唱歌，能给全山寨带来欢乐，"无不体现"跳乐"这种传统体育歌舞活动在彝族民间的文化认同、社会整合与民族凝聚等方面的效应。

民族体育呈现出来的这一特征与我国各族人民的传统思维方式有密切关系，长期以来人们与大自然斗争的生活经历，使各族人民的聚群与群体意识极强，要抵抗自然灾害及外族入侵绝非个人的力量所及。因此，整体高于个体，团结就是力量等观念在民族体育中就自然表现出个人的竞技意识较差，群体的欢娱性较强的特征。随着民族地区交通条件的改善，信息交流的畅通，民族文化的交会，使许多民族节日与民族体育活动变为多民族共同参与、交流的文体平台，从而为各族人民进行体育技能交流、民族文化交往、民族感情传递提供了有利条件，这些都有助于改善民族关系，增进民族地区经济与文化事业的共同发展。

此外，少数民族体育活动往往在山野平地或是山丘盆地地貌的环境中开展，并与民族音乐、舞蹈、服饰、工艺等艺术形式相融合。在民族体育的活动场面上，往往是在喧天的锣鼓声中，在欢天喜地的民俗岁时节日中，在万众欢腾、载歌载舞的氛围中，无不显现出人与自然、社会、民俗的融洽和谐，无不展示出民族体育与民俗活动和民族艺术的统一协调。

第五节　民族传统体育对人类体育发展的意义

民族传统体育是人类体育特殊的历史文化遗存，它具有独特的体育文化形态与民族文化内涵，并与现代人类体育的形成、发展有着密切的渊源关系。即使是在现代工业化的文明社会中，民族传统体育也有着其独特的社会文化价值功能，对现代社会人类体育发展也仍然具有其特殊的影响作用。

一、形成与丰富世界体育运动的内容手段与形式

人类体育文化的发展形成，最初是在彼此完全隔离的人文环境中孤立地进行的，具有不同的外显形态与文化内涵。而这些早期的体育形式基本上也属于各国的民族传统体育，如古希腊、古埃及、古巴比伦、古代亚述、古代印度和古代中国都流传着风格各异的民间传统体育活动。伴随着工业信息社会的到来，世界商贸、经济、文化的频繁交流，打破了各地自然环境与人为壁垒造成的文化阻隔，使各民族体育文化的发展走向殊途同归的道路，形成文化的个体选择到文化的综合发展阶段。世界体育文化系统的聚合性与共通性，驱使各民族的单元体育文化在坚持个性特征的基础上追求新的变异、变通和涵化发展，最终导致世界体育文化的共同交会、异质互补与全面繁荣。

1896年，首届国际现代奥运会的举行，开创了世界体育文化创新、交流与繁荣发展的先河，使以古希腊民族传统体育和文化为代表的一大批西方体育项目成为现代体育和奥林匹克运动会的正式比赛项目。可见，民族传统体育为现代体育的形成发展提供了基本的雏形。可以说，民族传统体育是现代体育诞生的基础，它为现代世界体育的形成提供了无尽的资源、素材。在人类逐渐趋同的价值取向和审美情趣基础上，奥林匹克圣火传遍世界各地，亚洲诸国积极投入奥林匹克运动的竞技角逐，古老的亚细亚大陆已两度成为奥运会的举办地。2008年，第29届奥运会的圣火将在北京点燃，具有5000年悠久历史和灿烂文化的华夏大地将成为亚洲大陆第三次举办国际奥林匹克运动会的地方。在东西方体育文化的交流中，亚洲的民族传统体育已不断进入世界现代体育文化体系，日本的柔道运动和韩国的跆拳道运动已正式成为奥林匹克运动会中的比赛项目，中国的传统体育文化瑰宝——武术，虽然尚未进入奥运会，但中华"武术之风"早已吹遍世界各地，"武术热潮"已经在世界各地掀起。目前，在世界近100个国家中已成立了武术协会，世界武术锦标赛已举办多届，中华武术已经成为人类社会中十分普及的一项体育活动。此外，中国的民间传统体育活动——龙舟，已成为具有一定国际影响的体育竞技项目，龙舟国际赛事的举办，已经得到世界诸多国家的响应和参与。无数事实证明，中国传统的武术与龙舟已经完成由民俗走向世界的基本历程。

中国民族传统体育对世界体育的贡献还表现在经体育史学家的考

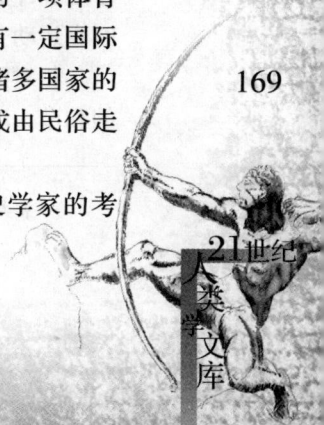

169

察、论证：当今世界一些流行的体育项目起源于中国。例如：现代足球与中国古代的蹴鞠运动有渊源关系，高尔夫球运动与中国古代的捶丸有关等。对此，我国学者已做了大量的研究工作，并于 2004 年 7 月 15 日举办了"中国国际足球博览会"，探索足球起源地的新闻发布会在展区召开，全场迎来了 200 多名中外体育记者。尤其值得在历史上记忆下来的一幕是 2004 年在中国举行的亚洲杯足球赛的开幕式上，专程前来观看亚洲杯赛的国际足联主席布拉特郑重地向全世界宣布："足球起源于中国山东淄博临淄①。"在迅速传遍全球的这一声定论中，阻隔古今足球的历史之门终于洞开，这是一个值得中国足坛与世界足坛永远铭记的日子。可见，起源于春秋战国时期齐国之都临淄的中国古代蹴鞠（足球）是中国民族传统体育对人类体育的一大贡献。我们相信，随着世界各国体育文化的交流日益广泛，随着世界各国对本国民族传统体育的不断发掘、改造、提高与推广，还将有一大批世界民族传统体育活动进入现代体育与奥林匹克运动体系之中，成为现代世界体育推陈出新、繁荣发展的"源头活水"，为促进世界体育的发展作出新的贡献。

二、完善世界体育科学的思想体系

在体育思想与体育科研领域，以西方体育为主体的现代体育注重人类竞技体能的发掘，注重高水平体育竞技技术、战术和训练理论的研究，使当今奥林匹克运动的发展面临着两种矛盾（内源性矛盾和外源性矛盾）的交织影响。其中的内源性矛盾表现为由于奥林匹克文化本身理论的缺失而引起的异化现象，为单纯地满足"更高、更快、更强"的理想，而引发兴奋剂、假球、黑哨等一系列人文异化问题。由于人们期盼运动成绩无限提高与人类自身资源及能力有限性之间的矛盾，而导致运动场上兴奋剂与裁判不公现象的频频发生，使体育界流行有"体能类项目靠药物，评分类项目靠财物"的说法，使体育比赛的成绩涂上蒙骗虚假的色彩。另一方面是来自外源性矛盾，即由于奥林匹克理想与实践的矛盾和冲突，具体表现为政治的过度干预和商业化的过度炒作，使奥林匹克运动一次次面临危机和困境，对其发展带来负面的影响。

相对而言，我国民族传统体育强调人与自然的和谐，主张人与社会的和谐，注重体育与社会的和谐，追求精神与身体统一和谐的发展，倡

---

① 袁大任：《足球溯源定论记》，载《体育文化导刊》2004 年第 10 期。

导武德与体育道德，注重"仁、义、礼、智、信"，注重人的义气与浩然之气的修炼，将"仁、爱、礼、让"等东方传统的社会伦理道德引入传统体育，对现代体育的可持续发展起到了积极的导向作用。此外，我国民族传统体育偏重娱乐、康寿、保健、疗治等养生文化与医学理论的研究。东方养生文化中的"天人合一"、"阴阳平衡"、"动静平衡"、"五行相克"、"精气神说"等辩证思想将纠正西方体育中忽视人与自然、社会和谐，身体与精神统一，仅单纯追求体格与肌肉强壮的机械生命论思想，对重新构建人类体育思想与健身理论体系，具有重要而深远的意义。①

三、拓展人类体育功能结构的外延

在体育文化价值的实践领域，西方体育主要以追求运动形式的难度，惊险性和刺激性以及人类体能、运动成绩的无限度发掘，这种无限度、超常规的运动训练会导致运动员机能的失衡与身体的损害，而东方民族传统体育强调"养生修性"，练的宗旨为养、保有节，动、静平衡，身心兼修，以满足现代社会对人的健康的全面要求。

在世界新技术革命的推动下，现代社会正朝着自动化、电器化、信息化方向发展，高科技生产力使社会财富直线上升，使人的体力劳动量日趋减少，同时，也给人类健康带来恶劣影响，如工业化国家社会"文明病"现象加剧，身体失衡状况与日俱增，而东方体育在解决这些新的社会问题上具有独到之处。著名未来学家约翰·奈斯比特在《大趋势》② 一书中指出："人们对周围高技术的反应就是发展出一种非常个人化的价值系统，对技术的非个人性质加以补偿。结果就出现所谓的新自助运动与个人成长运动，这个运动的发展高峰即发掘人类潜能运动……而静坐、按摩、瑜伽、禅宗等，所有这些都是高情感活动。"居于现代社会的发展特征，人类对仅追求比赛胜负和狂热刺激的西方竞技体育日感不满，人们需要多层面的身心体验和更深邃的高情感活动。在蓬勃兴盛的大众体育热潮中，人们日趋重视肉体与精神统一和谐发展的体育健康意识，继而出现对东方民族传统体育活动如武术、太极拳、气功、瑜伽、坐禅等项目的广泛参与和传播。这些项目以"低节奏、低频

① 饶远：《亚洲武技的文化特质与价值》，载《上海体育学院学报》1992 年第 1 期。
② 约翰·奈斯比特：《大趋势》，第 174～181 页，新华出版社 1984 年版。

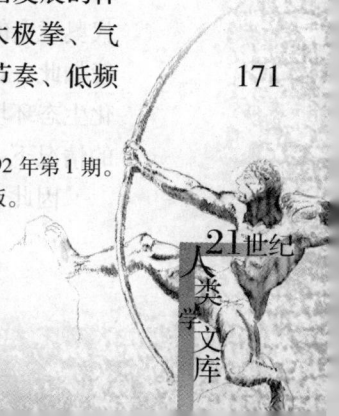

率、超稳定、运动绵缓"的文化价值特征，在缓解高科技给人类带来的不良影响和弥补现代体育功能的缺失方面具有的深远意义。此外，中华民族传统体育与保健学说中的"天人合一"、"阴阳五行"、"精气神学"、"太极八卦理论"等人体文化学也广为西进，对大众健身运动训练恢复、赛前心理调整都广为运用并取得较多实效。事实表明，东方民族传统体育正在世界文化的趋同发展中迅速崛起，它以其固有的文化特征与价值魅力，显示出强大的生命力。

四、推动人类体育文化的多样性发展

体育文化的多样性发展是人类体育发展的另一种选择模式，在当今经济全球化与体育国际化浪潮的冲击下，世界各国尤其是发展中国家更为注重保护本国的民族传统体育，以推进世界体育文化多样性的发展。

当前，人类体育文化全球化的主要标志是以西方体育文化为主体的奥林匹克运动会已举办28届。100多年来奥林匹克风席卷全球，全世界已拥有奥林匹克运动会员国200多个，奥林匹克运动与现代竞技体育已成为人类体育的主流文化。

虽然，以西方体育为主体的奥林匹克已成为人类体育的主流文化，但它毕竟不是人类体育文化的全部。在奥林匹克运动之外还有一个更为宏大的体育文化体系——各国富有地区性和民族性特色的传统体育文化。目前，世界上约有2000多个大小不同的民族，在各国民族中都广泛流传着多姿多彩的民间传统体育活动，而其中绝大多数传统体育活动都未能进入奥运会体系，东方国家或大多数发展中国家的民族传统体育项目尤其如此。

其实，奥林匹克运动也仅是人类体育文化的一种发展模式，是一种体育文化价值的评价标准，这一标准并非适合各种体育活动的生存、发展与模仿照搬。以西方体育为主体的现代体育强调竞技对抗，追求更高、更快、更强，有明确的规则与胜负评判尺度。而许多国家的民族传统体育活动则注重运动的民俗性、和谐性、自然性、娱乐性，它们与现代奥运会的文化模式和价值取向呈现出不尽相同、迥异相悖的状况。尽管如此，这些民族传统体育活动仍具有强大的生命力，仍在其适应的文化生态环境中很好地生存与发展着。这样也就在奥林匹克运动一统天下的情况下，同样存在着多样性的民族传统体育文化的流传与发展。

因此，体育文化的发展不应受一种模式的约束，而应沿着多元化、多样性的方向发展。奥林匹克运动与民族传统体育是两种并行发展的文化体系，应保持多种文化选择机制与体育发展模式，例如：强调地域性、民俗性、个性化的世界吉尼斯纪录与现代体育就是两种截然不同的发展方式，它有自己独到的文化视野与价值（纪录）评判标准，如今依然经营得红红火火，依然人声鼎沸、举世瞩目。美国哈佛大学亨廷顿教授指出："在后冷战的世界中，人民间最重要的区别不是意识形态的、政治和经济的，而是文化的区别。"① 并认为"世界政治已变成多极的和多文明的"。1998 年联合国在斯德哥尔摩召开文化发展政策的政府间会议，在报告《我们创造性的多元化》中提出："尊重各个文化和各个文化被其他文化尊重的义务。"②倡导保护和发展人类文化的多样性。因此体育文化应该重视多样性的保护与发展。

　　当今，在众多体育项目急于走进奥林匹克家庭，争过"奥运独木桥"的情况下，我们不妨换个视角，换种做法，我们不去做削足适履式的顺应奥运模式，我们也反对不求进取、不思创新地固守陈规、封闭自我，而应在保持鲜明的民族特色基础上，吸收先进的体育文化发展思想与方式。我们也可以构建一个适应非奥林匹克运动的国际民族传统体育文化体系发展模式，让各国、各地域、各民族的传统体育文化得以在更广泛的基础上进行比赛、交流与融合，以适应现代体育全球化与文化多样性发展的综合趋势，例如：我国开始于 1953 年的全国少数民族传统体育运动会即是一种很有特色的体育发展模式。半个世纪以来，这种体育模式使我国各地域、各民族的传统体育文化得以相聚、荟萃一堂，使我国少数民族传统体育得到更好的交流、弘扬与推广。如今，少数民族传统体育运动会已举办七届之多，并且将各少数民族传统体育中的赛马、摔跤、秋千、龙舟、抢花炮、射弩、陀螺、珍珠球、木球、毽球、蹴球、武术、高脚赛跑等 14 个项目列为全国民族运动会的正式比赛项目，还有数百项表演项目参加了民运会的表演比赛。实践证明：这一方式对推动非奥运会项目的保存、发展和推广，意义重大而深远。如果我们将我国民运会的竞赛模式推广为跨区域性的、洲际的国际性的民族传统运动会，更好地拓展各国民族传统体育文化交流、弘扬、传播的渠

---

　　① ［美］塞缪尔·亨廷顿：《文明的冲突与世界秩序的重建》，第 6 页，新华出版社 1998 年版。

　　② 联合国科教文组织：《世界文化报告——文化的多样性冲突与多元共存》，第 9 页，北京出版社 2002 年版。

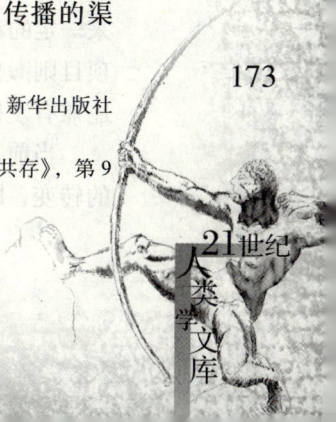

道，拓展民族传统体育国际化的文化生态空间与生存发展空间，这才是促进人类体育文化多样性发展中最有力、最有效的道路和模式。

第六节　民族传统体育的发展趋势

民族传统体育在人类时空变化的格局中，其所蕴含的文化内涵、精神特质与时代特征也在不断地演化和发展，并在现代社会需求变化的背景中展示着不同的文化功能与社会价值，呈现出新的时代气息和发展趋势。展望未来，我国民族传统体育的发展将会呈现下述趋势。

一、学科研究不断完善，逐步形成
独立完整的学科体系

我国民族传统体育的发展已有数千年的历史文化积淀，在其彰显中华民族体育文化之光与生命活力的同时，也难免带有自然经济与封建意识的历史印迹。因此，要用现代自然科学、人文科学的理论对民族传统体育进行发掘、改造和提高工作。从研究任务看，仅从单纯的体育科学视角或仅兼顾民族性进行研究，是不能全面、深刻地分析、探索出民族传统体育的本质特征与发展规律的，而应以多学科理论为基础，进行多学科、多层面、多方位的研究。从研究范畴看，民族传统体育作为各民族现实生活中的一种客观的社会存在和体育现象，既可从体育学的视角进行研究，也可从民族文化学的角度进行探索，既可从体育史学、文化学、考古学、人类学的综合角度进行理论探索，又可以从社会学、训练学、经济学、旅游学的角度进行应用性的社会实践研究。

目前，由于各种客观因素及研究条件的限制，我国学者对民族传统体育的研究工作较多地集中为社会科学（尤其以史学和人文科学为主）的研究，而自然科学领域涉足甚少。此外，由于长期以来我国史籍文献对少数民族传统体育原生形态及其起源状况的记载很少，加之许多民族体育活动尚处于混沌零散的状态，给少数民族传统体育的研究工作也带来一定的难度。有的民族体育项目藏于偏僻的深山边寨之中，有的体育项目则濒临失传绝迹的境地。因此，对少数民族传统体育的研究工作，还兼有发掘、抢救、保护、推广的任务。

当前，我国少数民族传统体育文化的研究工作已呈现以下几个方面的转变，即由单一学科的研究转向综合性、多学科的交叉研究；从少数民族传统体育的个别现象向整体规律性探索的方向发展；从少数民族传统体育是什么向为什么、怎么形成与发展问题的研究转变；从探讨民族体育的价值功能向开发其在现实社会中应用途径、方式、措施的研究转变；从民族体育文化资源的搭台配角作用研究向现代体育产业发展的主角定位方向研究转变；从单一的理论假设研究逐步向田野考察和实证研究方向转变；从乡村民俗体育研究向现代竞技体育、学校体育、大众体育、产业化以及进入国际体育范畴和多领域研究转变；从单个的学术现象向整体学科体系构建的方向转变。

因此，随着我国少数民族传统体育的发展，将促进多部门、多学科、多领域的少数民族传统体育研究工作。加强开展民族传统体育的历史源流、哲学思想、文化内涵、社会功能、竞技价值、产业特性、审美特征、健身效能、形态结构、项群分类、训练方法与竞赛规则、学科体系构建的综合性研究，逐步建立起我国民族体育的科学理论体系，并制定出我国民族体育近期、中期、远期的发展战略规划与战略实施措施，不断探索我国民族传统体育学科的本质特征与客观规律，探索体育全球化进程中民族体育文化发展的多元化途径与方式，为我国民族体育的发展提供科学的理论依据。

二、全面走向世界，成为全人类 共同享受的体育文化财富

在人类社会的诸多文化现象中，体育是一种最易沟通人们思想，促进民族认同的社会文化形式。由于体育竞赛具有超越社会意识形态、文化传统、语言障碍的特点，它可以将不同观点、不同宗教信仰、不同肤色和种族的人们聚集一堂，进行公平、友好的竞技角逐。在现代奥林匹克"和平、友谊、进步"理想的旗帜指引下，奥运会已成为现代人类生活中规模最大、影响最广的世界各民族的盛大文化集会。因此，体育是最易国际化、最易走向世界的一种文化形态。当我们今天论及"经济全球化"时，体育的"全球化"早已始于 1896 年的第一届现代国际奥林匹克运动会，迄今已有 100 多年的历史。

我们所说的民族传统体育全面走向世界具有两个层面的含义。第一层含义指我们要发掘、整理出我国民族体育活动中竞技意味较强、竞赛规则较为完善的项目，并对之进行改造、提升，使之成为现代竞技运动与现代奥运会的正式比赛项目，为丰富现代奥运会和现代国际竞技体育

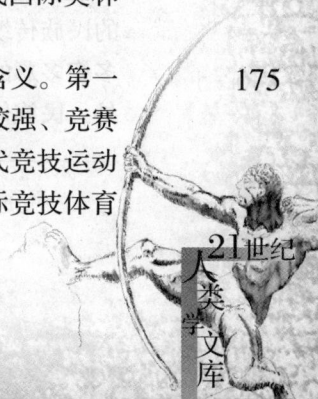

项目作出贡献。第二层含义指，我们不必寻求走"竞技化道路"和"奥林匹克模式"的途径，我们在强调民族传统体育的保健性、娱乐性、审美性、趣味性、精彩性的价值功能基础上，凸显我们特有的民族文化风格与东方地域特色，彰显我国民族体育满足现代世界人们渴求宁静、和谐、康体、身心兼修、动静结合、人与自然协调发展的新型文化价值功能，有目的、有计划地将我国各种类型的传统体育活动推向国外、推向世界。为世界体育文化多样性的可持续发展作出贡献，使东西方体育在人类文化的共融发展中交相辉映，比翼齐飞。

三、进入学校，在体育教育体系中
继承、弘扬与提高

民族传统体育是我国各族人民共同创造的文化财富。在民族体育将一些传统的文化印迹展现在人们面前的同时，它又在相当程度上填充和弥补着现代体育的不足，在更特殊的层面上满足着现代人教育、娱乐、健身的需求。今天，我们有选择地将一些民族体育项目引入中小学体育课堂，特别是引入少数民族地区和边远贫困地区的学校，对促进学校体育的发展，推进学生德、智、体全面和谐发展，继承和弘扬各民族优秀传统文化，具有深远意义。

（1）能缓解民族地区学校体育经费、场地、师资匮乏的状况。在我国，由于社会历史的原因和客观条件的制约，许多少数民族地区生产力水平低下，经济落后，教育经费严重短缺。这些地方的办学条件十分困难。例如在云南的怒江、迪庆、保山、德宏、红河等民族地区的一些中小学校中，有的学校就几乎没有像样的体育场地和器材，也无专职的体育教师。若要贯彻国家教育部统一制定的中小学校体育大纲，这些学校很难从场地、器材、师资方面予以保障。而我们要有计划地将民族体育引入学校体育范畴，并作为可选修或辅助教学内容，因地制宜、因陋就简地推动民族地区学校体育活动的开展。[1]

（2）民族体育具有特殊的教育与健身价值。目前，我国已发掘出来的民族传统体育项目达 977 项，其中少数民族体育项目就达 676 项。在多姿多彩的民族体育活动中，许多项目具有较高的健身与教育功能。此外，民族体育作为一种具有丰富民族文化内涵的人体运动形式，其本身

176

---

[1] 饶远：《民族传统体育教材建设刍议》，载《贵州体育科技》1996 年第 3 期。

也是民族文化传承的载体，在生动活泼的民族体育活动中，青少年还会受到民族文化传统、民族风俗礼仪、民族伦理道德以及生产、生活技能等方面的教育，如彝族的飞石索、蒙古族的骑马、拉祜族的射弩、傈僳族的过溜索、傣族的划龙舟、苗族的爬花杆、佤族的狩猎舞、哈尼族的栽秧舞等都是人们采集、狩猎、游牧、农耕生产活动的基本技能。开展这些民族体育活动不仅可以增强体质、锻炼意志，还可以培养人们的生产生活技能，提高生存能力。

（3）弘扬民族文化、培养体育人才。民族体育作为民族文化系统中的一个子系统，根植于各民族生存发展的广袤土壤之中，具有得天独厚的优势。民族传统体育是广大民族群众乐于参与的社会活动。因此，把有着浓郁民族文化氛围和深厚群众基础的民族传统体育活动引入到民族地区的中小学校体育课堂，对于继承和弘扬民族传统体育文化，开展民族地区学校体育活动具有重要的现实意义。

另一方面，我国少数民族体育中的一些运动项目具有突出的竞技性特征，它们的运动形式及身体素质要素与现代国际体坛流行的一些竞技项目相类似，有些民族体育项目本身就与现代奥运会的竞赛项目相接近，如锡伯族的射箭，哈萨克、维吾尔族的赛马，蒙古族的摔跤，苗族的赛龙舟等。如果将这些项目引入到中小学校，有目的、有计划地对学生进行系统训练，将为我国竞技体育事业培养高水平的后备人才。

（4）加强民族体育教材建设。要将民族体育项目引入中小学校体育课堂，首先要抓紧编写民族乡土体育教材。我国幅员辽阔、民族众多，在各民族民间流行开展的传统体育活动极为丰富。因此，我们应结合民族地区的地域和气候特征，精选一些健身性、教育性、娱乐性、竞技性较强的民族体育项目作为教材内容，选编出版一系列民族体育教材，使之具有较强的科学性、规范性与实用性，为民族体育进入学校奠定基础。

（5）培养民族体育教师和体育人才。要促进民族体育在中小学校体育中的普及与提高，就必须加速民族体育师资建设，逐步扩大体育院系民族学生的招生比例，开办民族体育系、民族体育班或通过地区师范学校、体育中学为少数民族地区培养体育专业人才。在体育院系也应增设一些民族体育项目的教学内容，可通过各种培训班、学习班、研讨会等形式来提高少数民族体育教师的专业技术和理论水平，为我国少数民族体育的继承与推广工作创造条件。

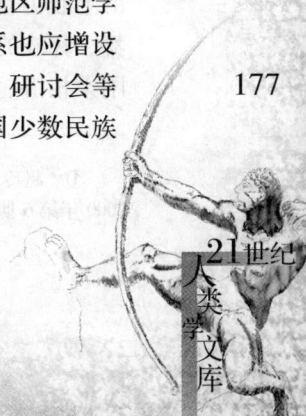

四、为全民健身活动添异彩

1995年国家体委颁布了《全民健身计划纲要》。此纲要的提出，旨在大力发展我国全民族的体育运动，增强人民的体质，提高全民族的人口素质，这是一件关系到国家兴旺、民族强盛的大事。《全民健身计划纲要》提出："积极发展少数民族体育，在民族地区广泛开展以少数民族传统体育项目为主的体育健身活动。"这是从政策上充分肯定少数民族体育在全民健身计划活动中的作用与地位，也为少数民族体育的发展指明了方向。

我国作为一个统一的多民族组成的国家，民族传统体育活动绚丽多彩、千姿百态，利用我国各民族中的体育文化资源，开展大众健身活动，对推进我国全民健身计划的实施具有非常重要的现实意义[1]。

（1）种类繁多，特征鲜明，便于选用。我国少数民族传统体育已有数千年历史，是中华民族文化宝库中的珍贵遗产。我国少数民族体育项目繁多，运动形式千姿百态，在我国各地聚居和散居的民族都流传有丰富多彩的传统体育活动。有些民族体育活动适合在山区、半山区环境开展，有的适合在坝区、河谷进行，有的则不受地理环境限制，随时随地都可随意开展。在纷繁多样的民族体育活动中，每个项目都有浓郁的个性特征与民族特色，有的偏重趣味，有的突出对抗，有的讲究技巧，有的又强调力量，有的突显个人的表现，有的又要求发挥集体的配合与力量的凝聚。但无论哪类运动项目都具有强身健体、锻炼意志、愉悦身心的显著功效，是全民健身活动中灵活多样，便于选用的体育项目。

（2）能有效增进人的身心健康。少数民族体育项目对人体健康和身体素质的发展具有较强的实用性和针对性，例如：藏族的登山、白族的泅水运动对人的耐力、心肺功能的锻炼效果明显；蒙古族和彝族的摔跤对人的力量与意志品质有直接的锻炼价值；黎族的跳竹竿可以发展人体腿部力量和动作的协调性；彝族的爬油杆与苗族的爬花杆可以提高人体的上肢力量，射箭、打陀螺可以提高人的臂力。此外，土家族的摆手舞、彝族的烟盒舞、藏族的跳锅庄以及各民族中流传的民族武术都具有刚柔相济、动静结合、自然流畅的特点，是艺术与体育、力与美的和谐

---

① 赵玲玲、饶远：《民族体育在全民健身活动中的作用与对策》，载《思想战线》2000年第6期。

交融。它能使人体全身上下协调运动，久练而不乏味，从而达到祛病健身，抗老益寿的目的。

（3）具有雄厚的社会基础，有利于推进体育社会化进程。由于少数民族传统体育在内容和形式上富于生活情趣，群众喜闻乐见、乐于参与，所以具有广泛的社会基础与全民族性；另一方面，少数民族体育项目种类很多，具有广泛的适应性，有较大的选择余地，其中许多项目不受年龄、性别、体质与场地条件的限制，群众可根据自身的年龄、身体状况和爱好，选择适合自己的活动项目进行锻炼。一些民族体育项目因其竞技性、娱乐性较强成为超越地域空间和民族文化界域的全国性民族体育比赛项目，如龙舟、摔跤、抢花炮、秋千、赛马、射弩、珍珠球、木球、毽球、押加、高脚赛跑、武术、蹴球、陀螺等。有些民族体育活动由于简单易行，自娱性、健身性、审美性较强，已逐步走出大山，走出民族村寨，步入城镇职工和城市居民的日常生活中，成为人们休闲娱乐、强身健体的体育活动方式。这表明，民族体育以其独特的文化特征与价值作用，已经突破城乡的界域，已经超越民族地域与文化的限制，逐步被各民族广泛认同、接受和参与，成为民族地区和城镇职工与居民日常体育活动的内容，这对于壮大群众体育锻炼队伍，有效增加城乡体育人口具有重大意义。

（4）节约体育投资，推动全民健身活动的开展。目前，我国体育经费严重短缺，体育活动场馆、器材严重不足，远远满足不了广大群众进行体育锻炼的需要。我国广大的民族地区，经济发展状况比较落后，体育投资严重不足，这种状况仍难在短期内从根本上得以改变，这就要求我们在全民健身活动的推行中，要从实际出发，因地制宜、因陋就简地开展群众性体育锻炼活动。这样，民族体育就成为了我国广大民族地区最经济实用、最易推广的群众性体育活动方式。众所周知，民族传统体育来源于各民族的生产生活环境，具有淳朴自然、贴近生活、简单易行、群众喜闻乐见的特点。其运动技术难度不大，对场地器材要求不高，许多项目只需一块平地、一片草坪，在村前寨后即可开展；而运动器材与日常的生产、生活工具如船、马匹、扁担、石辗、刀、枪、箭、弩、矛等以及来自身边的自然资源如竹、木、藤、石等，极有利于在少数民族地区普及、推广和开展民族体育。

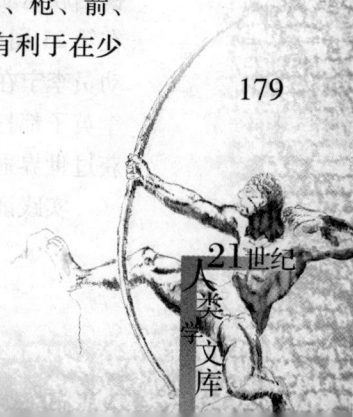

179

五、为"奥运争光计划"建功勋

"奥运争光计划"是我国体育部门依据竞技体育的发展战略目标而制定的一项长期规划。该规划旨在通过全面、扎实地发展我国竞技体育事业，迅速提高各竞技体育项目的运动技术水平，并最终能在奥运会和其他国际体育大赛中获得好的成绩，为祖国争光，为民族争光。

现代竞技体育水平是一个国家综合国力的体现，反映了一个国家精神文明与物质文明的发展水平，代表着一个国家民族体质、民族精神的基本状况，是一个国家文明强盛的重要标志。因此，现代世界各国不仅在政治、经济、科技、军事上展开激烈竞争，而且极为重视在国际体坛上的竞技角逐，树立国家与民族在世界上的整体形象。

在旧中国历史上，由于帝国主义的侵略和掠夺，封建思想的束缚，战争、饥寒、贫困、疾病的不断袭扰，使中国国力衰微，民族体力羸弱，根本谈不上国家与民族体育事业的发展。在奥运赛场上"零的纪录"的耻辱，"东亚病夫"的嘲讽，深深刺伤了亿万国人的心。1949年中华人民共和国的诞生，体育运动作为国家的一项重要事业而得到迅速的发展。在1984年第23届奥运会上，随着射击运动员许海峰的一声枪响，中华民族终于实现了奥运金牌"零"的突破，在该届奥运会上，中国代表团以15枚金牌的战绩名列奥运金牌总数第4位，使国际体坛大为震惊。在随后的几届奥运会中，中国体育健儿成绩卓著，尤其是2004年在希腊雅典举办的第28届奥运会上，中国运动员共获32枚金牌，位于金牌榜的第2位，实现了中国奥运史上的又一次重大突破，极大地振奋了中国人民的民族精神。

人们不会忘记，在中国竞技体育的发展历程中，曾涌现出许许多多攀登世界体育高峰的少数民族运动员，他们的名字已铭刻在中国体育发展的历史丰碑上，例如：著名回族运动员穆祥雄，曾3次打破100米蛙泳世界纪录；满族射击运动员金东翔在重大国际比赛中赢得13块金牌；锡伯族运动员郭珍榴在射箭比赛中打破奥运会纪录；回族运动员马艳红在第23届奥运会上获得高低杠项目冠军；著名的"体操王子"，壮族运动员李宁在第23届奥运会上独得了3枚金牌；朝鲜族运动员李京龙和李英子都打破过射击项目世界纪录，壮族羽毛球运动员吴文凯、黄华荣获过世界冠军；苗族姑娘龙玉玲打破过女子52公斤级举重世界纪录等。

实践证明，我国少数民族由于其生活的地理环境的特殊性和独特的生活、生产方式与文化传统，使他们在某些运动项目中具有卓越的体质人类学与文化人类学特征的优势，如在赛马、划船、中长跑、摔跤、射箭等项目中，一些少数民族具有独特的优势与天赋。再如云南、贵州、青海的少数民族，可利用其世居高原特殊人群心肺功能、有氧耐力水平高的优势，再结合他们吃苦耐劳的精神，可发展中长跑、竞走、游泳、自行车、铁人三项等耐力性项目，并进行长期系统的科学训练，力争在这些项目中涌现出更多的"国星"、"亚星"、"奥星"。另一方面，我们可以对一些民族体育项目的运动形态与竞赛规则进行改革，使其与国际体育项目接轨，如我国少数民族的摔跤与国际摔跤、赛龙舟与国际赛艇、射箭与国际射箭、赛马与国际赛马、藤球与国际藤球、抢花炮与国际橄榄球等项目对接，并引入国内外科学的训练理论与方法进行训练，以提高这些类别的竞技体育水平。因为这些项目与相应的国际竞技项目在动作形态、竞赛规则以及运动所需要的体能素质与心理素质方面极为相似，只要稍作改革，即可适应。其次，这些项目在各民族中具有浓厚的传统性与群众性基础，有些项目甚至具有全民族性特征，人们从小就进行练习、比赛，从而具有较高的实战技能、技巧与身体素质条件。因此，我们要充分发挥这类民族体育活动的社会性资源和民族体能、体质、心理方面的优势，在民族地区建立多层次的训练网点，加强科学、系统的训练和管理，为我国竞技体育水平的提高，为国家的"奥运争光计划"的实施作出更多的贡献。

六、从民俗走向市场，成为民族经济发展的新增长点

从产业经济学的视角看，少数民族体育是我国体育产业发展和民族地区经济发展中的一种内涵丰富、运动形态多姿多彩、产业开发价值深厚的独具特色的地域性文化资源。尤其在我国小康社会的建设发展中，随着我国各族人民经济收入的提高，生活水平的提升，人们对具有自然和谐性、地域风情性、民族风俗性、观赏体验性浓郁的少数民族传统体育将更加推崇，更加热衷，并在参与、观赏民族体育的过程中满足现代人类求动、求乐、求健、求知的特殊身心需求和满足人们感受民俗文化及民族风情的精神需要，民族体育将成为我国广大民族地区新的经济增长点。

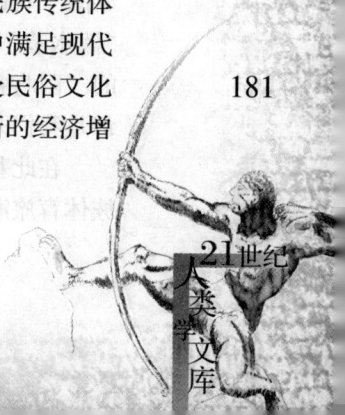

181

1. 民族体育旅游——风景这边独好

我国少数民族传统体育文化在长期发展的历史进程中，与各民族的生存环境、生活方式、宗教、民俗、艺术相互交融，形成多种文化相互辉映的民族文化综合形式，并使民族地区的体育资源、自然资源与文化资源得到较好的整合配置，使民族体育产业的开发具有自然山水景观和民族文化氛围的背景渲染与衬托，使人体运动形态的表现性、文化内涵的深厚性与自然环境的映衬性等能完整而和谐地结合起来，成为一个有机的民族体育文化生态系统，而具有巨大的吸引力和市场开发潜力。

我国幅员辽阔、山河壮丽、民族众多、风情各异，到少数民族聚居的地区进行风光旅游，领略那里的湖光山色与民俗风情，极富诗情画意，令人流连忘返。而作为人文旅游资源重要组成部分的少数民族体育，具有很强的吸引力和感染力，可以让游人亲身体验民族体育给人们带来的神奇、喜悦与激情。例如到内蒙古呼伦贝尔大草原，人们可以骑乘骏马漫游茫茫的草原，亲自体验"风吹草低见牛羊"般的诗情画意；步入黔东南地区的苗乡侗寨，可以观赏美丽奇特的民居建筑，还能亲眼目睹节日期间的摔跤、斗牛、赛龙舟、跳芦笙等精彩壮观的民族体育竞赛与表演；到西双版纳傣族地区过泼水节，可观赏到美丽富饶、山水碧绿的自然风光，还可以在热烈奔放的象脚鼓声中看到万众欢腾、百舸争游的龙舟竞渡场面；在世界屋脊的青藏高原，游人可参观到独具风格的藏族建筑、绘画、体育、歌舞，徒步登上巍峨的山峰，可锻炼人的意志和体力，领略高原山河的壮观秀丽；漫游西域新疆，可以观看热烈勇猛的赛马、刁羊及富有民族生活情趣的"姑娘追"等体育活动，还可以亲自骑上骏马，驰骋于草原与沙漠之间，体验古代丝绸之路的原始文明气息……

此外，我国少数民族有着多姿多彩的民间节日盛会，这些节日盛会为我们开发少数民族体育旅游业提供了一个具有浓厚人文内涵的时空平台，诸如：蒙古族的"那达慕大会"、彝族的"火把节"、回族的"开斋节"、藏族的"望果节"、壮族的"三月三"、侗族的"花炮节"、苗族的"花山节"、白族的"三月街"、哈尼族的"苦扎扎节"、傣族的"泼水节"、维吾尔族的"古尔邦节"、东乡族的"花儿会"、哈萨克族的"阿肯弹唱"、撒拉族的"努鲁孜节"、景颇族的"目脑瑙纵歌"等，都是我们开发少数民族体育产业的重要人文资源。

在此基础上，我们还可利用民族地区的自然地理资源来整合开发民族体育旅游业，如利用名山大川、森林草原、湖泊溶洞、瀑布温泉、江河海滩、沙漠丘陵来开展登山、滑雪、跳水、狩猎、垂钓以及横渡海湖、漂流江河、溜索过峡谷、热气球飘游、沙漠行走、穿越草原、骑马、骑骆驼等体育活动，开发民俗旅游、探险旅游、健身旅游和趣味旅游，无疑会形成"以体促游"的良性互动局面，促进广大民族地区的开放搞活，推动民族特色经济的迅速发展。

2. 民族体育产业——从小街子到大市场

我国少数民族体育资源是人类数千年以来积淀而成的一种特殊的文化财富，具有深厚的文化内涵与巨大的市场潜力。但由于地理环境与社会历史条件的制约，长期以来它们一直处于"藏在深山无人知"的状况，或许人们仅注意了它们的历史文化价值，而忽略了其特有的产业价值作用。从20世纪80年代以来，我国民族体育的发展已呈现出良好的势头：在思想观念上，已由封闭型转化为开放型；在管理体制上已由自发型向有组织、有计划的方向发展；在发展方向上已由自娱自乐型活动逐步向科学化、社会化、产业化方向发展；在开展形式上已由单纯的体育娱乐活动向与经济联姻，促进地方经济社会共同发展的方向转变；在交流渠道上已由单一民族活动扩展为多民族共同参考，甚至有走向国际、走向世界的趋势。使民族传统体育已成为区域经济发展的重要文化资源与经济资源。

目前，借助民族体育竞赛活动推动地区经济发展，在我国已被广泛采用。例如：山东潍坊市自1980年以来，每年都举办富有特色的国际风筝节，吸引着数十个国家和地区的风筝队前来参赛。与此同期举办的大型经贸与招商引资活动成交额逐年上升，已由原来的1亿元上升为现在的30多亿元人民币。河南郑州举办的国际少林武术节已成为地方文化节日的精品活动，影响扩展到海内外，在武术节期间开展的经贸活动，完成国内外贸易成交额达30多亿元。

1991年在广西南宁举办了第四届全国少数民族传统体育运动会，这届民运会广西借助体育舞台，把振兴民族经济的戏唱得轰轰烈烈，共签订对外技术合同55个，外贸成交额2.1亿美元，共实现国内外贸易成交额达31亿元人民币。随后在昆明、拉萨、银川举办的第五届、第六届、第七届全国民运会，越办越好，综合经济社会效益越来越大，并带动地区基础设施建设与招商引资力度的发展，这一切充分显示了民运会在现代区域经济发展中的拉动作用。

再如，"三月街"是云南白族人民具有悠久历史的传统节日，这一活动在现代已演变为融民族体育、文艺、娱乐与经贸活动于一体的民间

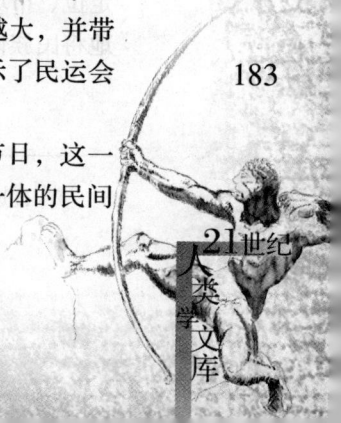

183

传统集会。"三月街"期间，来自海内外的嘉宾相聚一堂，共同观赏精彩的赛马、霸王鞭、赛龙船及歌舞活动。与此同时，"三月街"还要举办大型的商贸活动与牲畜交易活动，有力地推动了大理及周边地区民族经济的繁荣发展。因此，"三月街"又被人们誉为"洱海边上的广交会"。①

以上这些实例表明，少数民族传统体育活动在今天已经不再是单一的民间娱乐活动形式，而是民族地区特色经济和旅游业发展中重要的体育文化资源和招商引资的重要媒介，对我国少数民族地区的扶贫致富和小康社会的建设将产生特殊的作用与效益。

3. 少数民族体育产业的发展走向与流程框架

（1）发展走向——从山野走向世界，由民俗走向市场。民族体育作为一种具有悠久历史的文化遗产，起源于各民族同胞的社会生产与生活实践之中。要把这样一种流存于民间的文化遗产转化为具有经济价值的产业，必须认真进行产品开发、市场开发与产业运作才能实现。因此，民族体育必须在保持原来特色的基础上，用现代文化与商业化的理念去改造，用现代体育娱乐观念去武装，用现代科学手段去更新，使之向科学化、社会化、产业化、国际化的方向发展。其中科学化是手段，用以提高民族体育的娱乐、观赏、健身价值，使更多的人参与其中，成为社会化的活动内容。通过社会化的导引，才能逐步走向产业化和国际化的发展道路。

（2）少数民族体育资源的产业化流程框架。从我国少数民族体育资源的产业化现状看，民族体育产业化实施流程应从以下几个步骤开始。首先要进行少数民族体育资源总量和资源种类的调查，摸清家底。其次要进行民族体育商业化因素的价值分析，分析民族体育商业化所需的内部文化价值要素和外部社会支持条件；分析和预测市场需求与供应状况，并对民族体育商品化现状进行分析，发现其中成功的经验与存在的问题。根据市场需求筛选商业化的项目与种类，并对选出的项目进行必要的加工、改造、包装与雅化，提出民族体育产业化的发展目标、市场定位、市场开发战略与产品组成营销方式及产业政策选择，逐批、逐步地将民族体育推向社会、推向市场，使之逐渐向商业化、产业化方向

184

---

① 饶远、王丽静：《论民族体育的经济功能》，载《民族工作》1995 年第 3 期。

发展①。

4. 我国少数民族体育产业发展的整体构架

（1）发展目标。在我国要构建起少数民族体育产业发展的市场体系，并形成区域间的产业联盟，以更好地进行跨省、区的资源整合与互动，西部地区在利用自身民族体育文化资源的同时，要善于借助东部在资金、市场、技术、人才方面的优势，共建双赢的产业体系构架。各地可建立具有较大影响力的少数民族体育经营市场，形成一批专营少数民族体育项目的大型经营公司，以市场为导向，以社会为依托，推进民族体育的产业化发展，并使之融入旅游业的发展，提高旅游业的文化体育含量和产业附加值，促进旅游业的可持续发展。并逐渐使民族体育产品走向国际，融入国际经济、文化的大循环发展进程，使民族体育产业成为我国民族地区特色经济发展中的重要组成部分。

（2）市场定位。民族传统体育在我国广大少数民族地区是文化产业、体育产业、旅游产业中最具特色、最具吸引力的重要资源禀赋。民族体育旅游资源的开发，应注重确定其在国内外市场的定位，以其奇异、精彩、刺激、悬念性与个性化的感受吸引国内外游客，拓展民族地区旅游业的发展空间。少数民族体育旅游资源开发的市场价格策略，应定位于中低价格，以工薪阶层为主要消费目标主体，这样才能推进民族体育的社会化进程，推进全民健身活动的开展，有效地完成民族体育产业的早期资本积累，待民族体育产品品牌打造提升之后，再考虑提高相应的价位。

（3）产品的市场包装与营销。民族体育主要来自山野、乡村，具有千百年的历史文化积淀，其中难免有自然经济、小农经济和封建意识的痕迹。而要把民族体育项目推向旅游市场与体育文化市场，就必须考虑国内外游客的心理接受程度，因此应对民族体育项目进行筛选、改造、加工、雅化与包装，不断提高其娱乐、审美、竞技、观赏、健身的价值，如云南大理白族自治州开发出来的白族迪斯科，具有现代艺术与传统民间体育和谐交融的特点，深受广大群众的喜爱，成为了云南省"全民健身活动"开展中的又一新亮点。此外，在保持民族文化特色的基础上，对一些民族体育器材还可应用现代高科技的机、光、电技术进行改造，提高其安全性、审美性和娱乐性。

185

---

① 饶远、张云钢：《少数民族体育产业化流程的构成与实施原则》，载第七届全国少数民族传统体育运动会《民族体育论集》，民族出版社 2003 年版。

（4）综合利用多种资源配套开发①。目前，我国少数民族体育产业单独发展条件尚不成熟，应依托现有风景名胜区和民族体育文化生态村的布局来开发地域性、民族性、趣味性、精彩性较强的体育旅游活动，充分利用民族地区的自然环境、旅游市场、民俗、歌舞、节日文化等综合开发民族体育旅游产业，使之形成突出的合力与优势，打造旅游品牌，提高旅游区域的知名度与市场吸引力。

（5）民族体育产品分阶段、分类别地推向市场。民族体育商业化产品可依据其发展状况和完善程度逐批推向市场。第一层次是有完善的竞技与游戏规则的竞技性、观赏性、娱乐性较强的项目，如摔跤、赛马、马术、斗牛、赛龙舟、射箭、射弩、抢花炮、打陀螺等可直接商品化的项目。第二层次是通过挖掘、整理、改造在外表演多、宣传多，但仍需进行一定的包装后才可上市的项目，如爬刀杆、过溜索、丢包、堆沙、磨秋、轮秋、跳竹竿等。第三层次属于目前上市条件尚不成熟，有待进一步培育发展的项目。

我国少数民族传统体育产业资源的开发，可依据该项目的形态、结构、功能按观赏类、参与类、健身类、休闲类、探险类和旅游商品类进行开发。具体情况可参见少数民族体育商品化、产业化项目分类发展表。

少数民族体育商品化、产业化项目分类发展表

发展类型	进入市场的选择项目
观赏型	赛马、穿衣裙赛跑、摔跤、赛龙舟、陀螺、斗牛、掼牛、斗羊、斗鸡、射箭、射弩、吹枪、堆沙、抢花炮、马术、上刀杆、过溜索、珍珠球、磨秋、秋千、武术、舞龙、剽牛
游客参与型	秋千、磨秋、轮秋、射箭、射弩、吹枪、狩猎、钓鱼、跳竹竿、骑马、过溜索、穿衣裙赛跑、划猪槽船、爬杆、跳月、跳歌、丢包、飞石索、蹲斗、顶竹竿、泼水、用民族渔具捕鱼
日常健身型	跳月、烟盒舞、左脚舞、霸王鞭、白族迪斯科、武术、蹬窝乐、跳锅庄、摆手舞、民族武术

186

---

① 饶远、张云钢：《少数民族体育产业的政策与社会环境分析》，载《北京体育大学学报》2003 年第 4 期。

续表

发展类型	进入市场的选择项目
休闲型	围棋、月亮棋、十八赶将军棋、陀螺、射箭、射弩、藤球、鸡毛球、秋千、爬杆、划船、钓鱼、捕鱼、堆沙
探险型	登山、攀岩、漂流、探溶洞、爬树、越野、划船、骑马、骑牛、骑象、狩猎、捕鱼、潜水、过溜索、跳水、绕山远足
旅游商品（纪念品）	藏刀、弩、弓箭、陀螺、烟盒、吹枪、围棋、霸王鞭、藤球、武术器械、民族乐器、斗鸡、画眉鸟、民族体育画册、录像、VCD 等

5. 开发少数民族体育资源的基本原则

（1）民族体育资源与自然资源、人文资源相结合的原则。民族体育的生命与魅力在于它的文化源泉与生态背景，在于它的原生特色，在于它与自然的协调与融洽。在民族体育产业的开发中，将民族体育资源与自然风光和民族文化资源整合开发，更能体现民族体育资源的独特性和不可替代性，能更有效地发挥少数民族体育资源的综合特色与优势。

（2）观赏性与参与性相结合的原则。少数民族体育产业项目的开发，除提供市场精彩绝伦的表演项目外，还应向大众提供体验性、参与性强的活动。目前，民族体育的参与面较窄，这是由很多因素造成的，其中少数民族人口基数少，各民族的习惯及对体育活动的偏好程度又有差异，加之现代体育的冲击等是主要因素。除了在广大少数民族中开展民族体育活动外，还应在城市社区居民的健身活动与游客的旅游活动中大力推广与开展。

（3）收益性与保护性相结合的原则。我们强调民族体育资源开发的经济效益并不意味着以牺牲民族文化为代价，在开发特色体育资源为当地创造经济收益的同时，保持好民族传统文化的特色优势，使民族文化在适应市场经济发展的进程中，仍能得到保护、保持与弘扬，不断提高体育产业资源的文化要素，走内涵型、可持续发展的道路。

（4）多样性与统筹性相结合的原则。我国广袤的民族地区存在着不同的民族文化和多彩的民族体育资源，在开发少数民族体育资源中，应充分利用我国民族体育文化多样性的优势，强调多样性发展与开发差异化的民族体育旅游产品。在尊重当地少数民族风俗的基础上统筹安排、

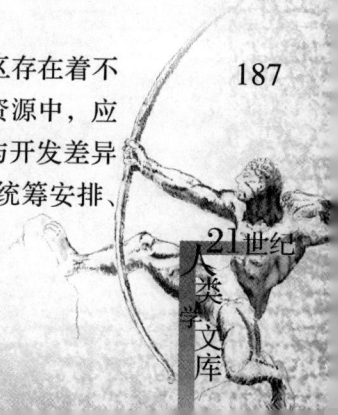

187

合理规划、区域联动，以达到发挥民族地区的整体资源优势，最终形成合力，实现民族体育产业品牌化战略与规模化战略的整体效应。

总之，少数民族体育资源具有无可比拟的特色经济优势。但在产业开发中要注意保护、开发与弘扬相结合，注意继承与改革相结合，在保持其鲜明的民族文化特征的基础上，不断引入现代社会先进文化的内涵基因，并由资源导向型向市场导向型方向发展。要科学确立少数民族体育产业资源开发的文化定位、市场定位、区域定位与时代定位，确立并实施少数民族体育产业的发展思路、发展模式与发展战略，抓住我国小康社会发展的机遇，抓住我国加入 WTO 的有利时机，利用国家西部大开发战略的大好契机，大力发展我国民族地区的特色体育产业，为少数民族地区的经济发展与社会进步作出贡献。

第7章
体育文化

第一节　体育文化概述

一、体育文化的概念

　　体育文化的概念在体育人文社会科学中的应用是相当混乱和模糊不清的。体育学界对体育文化概念的界定更是众说纷纭，各持一端。从20世纪80年代以来人们围绕着体育文化的含义、内容分类所发生的争论，一直没有停止过，而且至今仍没有统一的认识。

　　在近20年国内兴起的体育文化讨论中，人们除了考察国外和我国近来的各种体育文化的概念之外，也都从各自不同的角度去界定体育文化，几乎每一位论者在谈论体育文化时，都不可避免地要在现存的体育文化的诸义中做出自己的选择或提出自己的看法，以至于这个时期国内提出的体育文化定义有数十余种，总结起来有这些方面的内容。

　　(1) 广义文化定义的解释。这种界定是源自《辞海》"文"部条有关文化定义——"文化从广义上说指人类社会历史实践过程中所创造的物质财富和精神财富的总和"的一个拷贝品。持这一观点的学者认为体育文化是有关体育运动的物质文明和精神文明的总和，即一定社会中的人们通过长期的体育实践所创造的物质财富和精神财富总和。

　　(2) 文化结构主义。国内也有一些学者倾向于从文化结构层次来定义体育文化。目前，关于文化结构，理论界存在诸多提法，如物质文化与精神文化两分说，物质文化、制度文化、精神文化三层说，物质、制度、行为、心态四层说，物质、社会关系、精神、艺术、语言符合、风

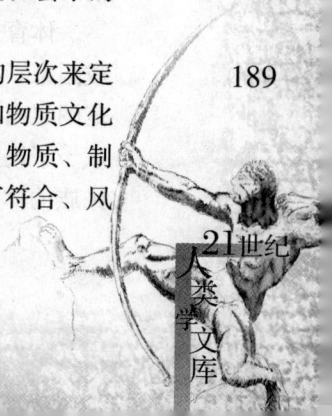

189

俗、习惯六大子系统说等。

体育文化现象复杂纷繁，我们在对体育文化诸现象进行分类时，面对如此庞杂的认识对象，又没有统一的标准，因而这种定义法内部关于体育文化概念的提法并不一致，如：体育文化指的是关于人类体育运动物质、制度、精神文化的总和。体育文化是指人在社会实践过程中创造和保存的一切体育活动形式、体育精神和体育制度的发展水平、程度和质量的总论。体育文化就是人们在体育实践中的种种尝试，包括运动方式、精神意识，科学发明和价值确定等。

（3）体育内涵式的定义。这类观点把体育文化限定在体育精神现象或与体育活动相关的社会意识形态以及与之相应的制度和组织机构等范畴之内，也称为狭义体育文化说。狭义体育文化论者主张把体育文化概念的外延限定在精神领域，认为体育文化就是以身体的活动为基本形式，以身体的竞争为特殊手段，以身体的完善为主要目标的体育活动过程中有关人的精神生活的那些方面。

以上对体育文化概念的界定承认人类是体育文化创造的主体，把人的体育活动方式纳入文化范围，努力从文化与体育活动的关系中揭示主客体的辩证统一及其生生不息的流变性。

二、体育文化的特征

近来国内体育界的不少学者探讨体育文化的特性，但迄今为止仍未达成共识。这里所说的体育文化的特性，是指体育文化的非本质特性。

（1）体育文化的时代性与民族性。所谓体育文化的时代性和民族性，实际上就是文化研究中的时空关系问题。这里所说的时代性，指世界范围内各民族在相同的时代或相同的社会发展阶段上所共同具有的与该时代相适应的体育文化。由于时代性展现的体育文化内容是变动不羁的，故体育文化可划分为不同的阶段，如原始社会时期的体育文化、封建社会时期的体育文化、半封建半殖民地时期的体育文化和社会主义时期的体育文化。

体育文化是人类社会生活中的现象，迄今为止人类社会都是按民族或国家（地区）来区分的。一定形态的体育文化，都存在于一定的民族范围之内，表现出各自不同的鲜明特征。因此，体育文化便很自然地被赋予了民族性。同时由于民族性展现的体育文化内容相对稳定，使不同民族的体育文化得以形成自己的不同风格。

时代性和民族性既是体育文化特性的不同侧面,又密切相关,互相制约,互相补益。代表历史进步方向的那部分时代性内容形成时代体育精神,代表民族生命力的那部分民族性内容形成民族体育精神。时代性中寓有永恒性,民族性中寓有世界性,体育文化才得以积累和传播。

体育文化的时代性意味着体育文化依时代更迭不断变迁,促使民族体育文化推陈出新,避免故步自封。停滞僵化。体育文化的民族性使各民族体育文化有自己鲜明的个性色彩,有利于增强本民族的凝聚力和亲和力,保持本民族的优良体育文化传统,使其在世界民族体育文化之林中得以生存和发展。强调体育文化发展应注重时代性,应追踪新时代的体育文化潮流,只要坚持民族体育文化的主体地位,善于吸收外来体育文化的优秀成果,本民族体育文化的个性特征不仅不会被淹没反而会发展得更为鲜明。

(2)体育文化的继承性与融合性。体育文化的继承性体现的是垂直式的体育文化联系,是后人对前人所创造的体育文化成果的吸收和推进。在人类的体育文化活动中,祖辈所创造的体育文化成果,以符号或物化的形式作为后辈进行体育文化活动的条件而留传下来;后辈总是通过自己的体育文化活动来掌握前辈所创造的体育文化成果,并在新的历史条件下从事新的体育文化创造。

体育文化继承的主要途径是积淀,积淀是体育文化诸因素的分化,也是体育文化发展中选择机制和变异的表现,通过层层沉淀而不断积累,沉淀的不同层次是积累关系。前一个层次成为后一个层次的发展基础,后一个层次便是前一个层次的发展结果。沉淀与积累是一个间断性与连续性相统一的过程,它表明传统与现代是脉息相通的,体育文化发展的过去、现在和未来是绵延不绝的。

体育文化的融合性体现的是水平式的体育文化交流。一定历史阶段的体育文化系统的形成是各种体育文化相互融合的结果,不同民族和地域的体育文化之间也存在相互渗透的现实关系。

不同民族体育文化和地域体育文化在交流中往往出现"抗拒"、"同化"、"涵化"等多种不同情况。"抗拒"是指某种体育文化在受到外来冲击时采取完全抵制的态度;"同化"是指一种层次较高的体育文化与较低的体育文化相接触,后者往往被前者所摄取和融化;"涵化"是两种相同或相近的体育文化进行双向交流的渐进过程及其相互结合的自然结果。"抗拒"和"同化"只是暂时和局部现象,"涵化"才是体育文化交流中健康的发展途径。

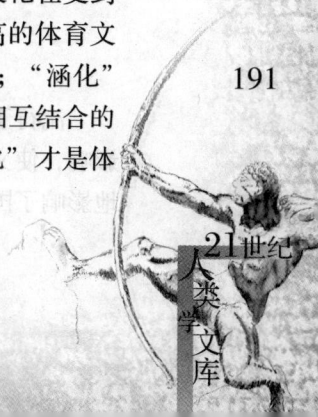

191

垂直式的体育文化传递是文化积淀，主要表现为量的变化；水平式的体育文化交流是体育文化融合，能较快地引发质的变化。我们既要重视垂直式的文化积淀，即继承中华民族的体育文化传统；又要加强水平式的体育文化交流，即推动对外开放，两者不可偏废。

（3）体育文化的阶级性和共同性。体育文化推进了社会许多方面的正向发展；同时体育文化也反映了社会中不同阶级或阶层的经济地位。像大多数其他社会设置一样，体育文化也具有阶级性。

例如：处于社会较低阶层的人群倾向于参加诸如足球、篮球等对场地和器材要求较低的运动项目。在西方曾有街头足球、篮球之说。中国早期从事举重等力量运动的运动员大多来自农村，也是因为农村家庭经济负担水平普遍偏低，许多运动员抱着寻求出路的初衷，选择相对枯燥并且培养经费需求较少的力量项目。在美国，人们常把高尔夫球运动看作是贵族的象征，拳击常与贫困相联系。一些从贫民窟走出的青少年，为了挤进高收入阶层，往往通过拳击比赛来实现自己的梦想。而那些如马球、网球、高尔夫球等运动项目，让处于社会底层的人们望而却步，因为他们几年的收入还办不起一张高尔夫球会员卡。

总之，这种以阶级为基础的倾向于（或远离）某一种运动项目的体育文化现象是代代传承的。

所谓体育文化的共同性，主要有两个方面的含义。其一，指的是同一民族内不同阶级、阶层之间的共同的体育文化现象。虽然不同阶层的人群所获得的体育活动方式有所不同，但其本质功能（如健身、娱乐）则是相同的；同一体育活动方式所形成的体育规范，对于不同的阶层具有相同的约束力。其二，体育文化的共同性还可作更广义的理解，即不同民族体育文化之间具有相似性和相互接受的方面。也有学者把这一特性称为体育文化的"普遍性"、"普同性"、"世界性"等。世界上各个民族都有体育文化的存在，只不过发展的程度不同而已。

在这个意义上，体育文化的上述特性之间同气连枝，可以相互贯通，共同诠释着体育在文化大家族中的基本特性。

三、体育文化的结构

流行于西方的结构主义和结构—功能主义对我国文化理论界有明显影响，使文化结构问题成为近年来国内文化探讨的课题，从而更进一步地影响了国内学者对体育文化结构的研究。考察各种研究成果，现以四层次说——物态文化层、制度文化层、行为文化层和心态文化层展开论述。

（1）体育文化的物态文化层。物态文化层是人类物质生产活动及其产品的总和，是可感知的、具有物质实体的文化事物。它构成整个文化创造的基础。体育在这一层次中包括人的身体运动形态及一切运动的物质条件及设备，主要表现为体育设施、体育场馆等基础设施，它为体育提供赖以存在和发展的基础，并直接反映社会的体育发展水平。

发展体育必须重视物态基础，发掘体育自身的经济价值，通过市场合理配置资源，让中国体育特别是大众体育的装备全面升级，以满足人民群众的需要。

（2）体育文化的制度文化层。制度文化由人类在社会实践中建立的各种社会规范所构成。人类在创造物质财富的同时，也创造了一系列属于人类的，既服务于人类，又约束人类自身的社会环境。

体育中各种运动和游戏的规则，就是在体育活动中形成的规范的表现。特别是在竞技体育中，竞赛规则和裁判手段具有模拟社会法规的性质，既有文字上的制约，依靠运动员的自觉，又有一定的社会控制，如裁判、检查、仲裁体制等。

（3）体育文化的行为文化层。所谓行为文化，主要由人际交往中约定俗成的习惯定势所构成。它通常以民风民俗形态出现，具有鲜明的民族、地域特色，既是社会的，也是集体的，在时间上是传承的，在空间上是散播的。

我们关于民俗体育文化的研究，就是行为文化的鲜明体现，民俗体育就反映了地域文化和人们精神生活中的体育文化模式和行为。以我国的民俗体育为例，我国地域辽阔，一个地域内的许多不同的地域文化以及附于该文化之上的体育文化，由于它们的交往而使其具有共同特征，即地域共同传统，形成一个具有共同特征的文化交互作用圈。交互圈内许多具有一致性的各种文化及其体育文化交互作用，形成更高一层而区别于圈外其他文化的地域文化。这些文化中的民俗体育不仅表明了人类各种群体独特的体育娱乐方式，也表现了它们不同的体育心理趋向。

随着全球信息时代的来临及经济生活全球化趋势的加强，在全球化浪潮面前，如何处理好民族体育与世界体育的关系，既能不断吸收外来的先进成分，促进社会的进步，同时又保持传统体育的稳定性和连续性，以维护民族价值观念的完整及民族文化的传承，业已成为当前各国体育研究所面临的重要任务。

（4）体育文化的心态文化层。心态文化层是由人类社会实践和意识活动中长期培养化育出的价值观念、审美情趣、思维方式等构成。它是文化的核心部分，具有较强的独立性。在这一层面上的体育，集中表现为体育文化意识，换言之，人们要意识到自己是体育活动的主体，自觉地、有目的地将体育视为人类生存与发展的需要。

对于当代中国而言，体育文化意识尚处于启蒙阶段，因而，不能将体育的意义仅仅局限于增强人民体质和为国争光的狭窄区域之中，要将其上升到大文化的高度，深入开掘体育中蕴含的丰富的人文价值与思想价值。要做到这一点，必须首先重新审视中国传统体育思想的价值所在，弘扬其优秀的精华，将"世界的"与"民族的"统一，"现代的"和"传统的"统一。把传统体育中的互助友爱、包容和谐、刻苦耐劳、自强不息、诚信礼让等思想光大，做到古为今用；同时科学地学习世界民族先进的体育思想、体育管理模式，为我国的体育事业开辟广阔的美好前景。

综上所述，体育文化的物态文化层、制度文化层、行为文化层和心态文化层虽各有重点，但在特定的结构—功能系统中则融为一个有机的整体。这个有机整体的各层次之间，既有联系又有区别。体育文化结构的诸层次在发展、变化过程中，由外层到中层再到内核，呈逐步深入的趋向；同时又相互依存、相互渗透、相互制约、相互推动、构成一个完整的有机整体。

四、体育文化的功能

体育文化具有强身、健心、益群等方面的功能。它既有健身性、竞技性、保健性等功能，也有娱乐性、凝聚性等功能。其实，这种观点直接把体育的功能看作体育文化的功能，混淆了二者之间的区别与联系。所谓体育文化的功能就是构成体育文化系统内各要素之间的相互关系，以及诸多要素在作为体育文化整体时所发挥的作用和效能。

五、体育文化类型

"文化类型"（culture type）这一术语最早出现在 1936 年由美国民族心理学家拉尔夫·林顿所著的《人的研究》一书中，美国现代进化论者斯图尔德认为"文化类型"主要指不同民族文化之间的本质差异。

近年来，体育文化类型这个术语在有关体育文化研究的报刊中出现频率较高，但将其上升到体育文化理论研究范畴的成果并不多见。目前国内大多数学者把体育文化分为学校体育文化、竞技体育文化和社会体育文化三大类。山西师大体育学院的任莲香在《体育文化论纲》一文中从物种角度对体育文化进行了较为详细的划分："从体育的不同活动主体、不同活动方式、不同活动目标，我们可以把体育文化分为学校体育文化、竞技体育文化和社会体育文化三大类；从体育发展演进的历史过程来看，我们可以把体育文化分为古代体育文化、近代体育文化和现代体育文化三大类；从体育的空间分布来看，我们既可以从最大的方面把体育文化分为东方体育文化和西方体育文化两大类，也可以从中观的层次将中国的体育文化分为中东部体育文化和西部体育文化，还可以从较小的方面把体育文化分为企业体育文化、社区体育文化、军营体育文化、校园体育文化和村镇体育文化；从体育文化的内在品质我们可以把体育文化分为体育观念、体育思想、体育理论、体育科学、体育精神、体育艺术、体育道德、体育法规和体育风尚等若干个方面；从体育活动所依附的文化载体我们可以将其分为体育场馆文化、体育用品文化和体育影视文化三部分。"

对于不同的体育文化类型的产生原因，我们可以从以下两个方面理解：

第一，任何一种类型的体育文化都是社会成员在特有的时（历史演化历程）空（体育文化生态环境）系统中承前启后、共同参与的结果。不同的社会群体，依据一定的自然环境和社会环境共同参与特有的实践活动，他们不仅创造了别具特色的体育活动方式、体育设施、体育服饰，也创造了特殊的体育风俗、体育习惯、体育伦理、体育道德、体育规范、体育制度、体育语言等诸多体育文化现象。这些现象在历史发展中，不断实现功能上的整合，于是便形成一种由体育物质文化、体育制度文化、体育行为文化、体育精神文化四个子系统构成的复杂体育文化形态体系。它作为一种历史的遗产，有很大的独立性。

一般说来，这些体育文化形态体系在受到社会经济形态制约的同时，也受到生态环境的影响，由于历史上各种因素的长期交互作用，体育文化形态体系的结构与功能是有很大差异的，于是就形成了各种体育文化类型。

第二，体育文化类型不是指它的全部特征的总和，而是体育文化形态体系中最有特色、最能显示一种体育文化本质属性的特征。体育文化

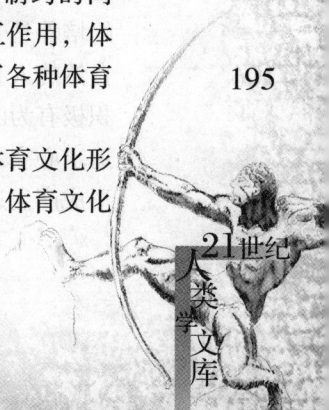

195

21世纪
人类学文库

形态体系的四个子系统中的任何一个，甚至每一个子系统中的更细微的成分，都能够在一定程度上显示出该体育文化类型的某些特征。

人类不同群体一方面独自创造，另一方面又必然相互交往，这样，也就必然造成体育文化上的交错、重叠以及融化、整合，从而把各种体育文化糅合在一起，形成统一的体育文化。体育文化类型可以帮助我们了解体育文化的丰富性和多样性，从而认识到人类体育文化是多样性的统一。

第二节　中西体育文化的差异与交流

21世纪，人类已步入了全球一体化的时代，交通、信息、网络迅速发展，各国经济高度依赖，使得社会各部分的文化交流与渗透更加广泛和深入。人们越来越意识到世界要和平、要发展，需要的是互相尊重、宽容、对话与协作。世界是多极化的，各民族不同宗教信仰，不同行为价值标准并存，这种国际社会的大环境开拓了人们的视野、启发了人们的思路，人们更清楚地认识到各自文化的局限性和别种文化的可借鉴性。

体育作为一种人类社会创造的文化形式和社会文化行为，势必有不同地域、不同民族的文化印记。把中西体育文化放在社会发展变迁的历史背景下对其差异性、互补性进行探讨，有助于我们从社会学的角度理解体育文化及其发展趋势。

一、中国传统体育文化与西方古代体育文化

长期的历史演变，在世界上形成了两种传统体育文化。一种是包括中国传统体育文化、印度体育文化、日本体育文化和伊斯兰体育文化等文化圈在内的东方体育文化，另一种就是以古希腊的奥林匹克运动为主要源流的欧美西方体育文化。

（1）中西体育文化价值观的差异。在中国传统的体育运动中，对人的培养是受传统文化制约的。道家主张各安天命、无为而治，追求一种自然的人格；儒家重视伦理规范，强调"克己复礼"，追求合于名礼、积极有为的"君子"人格；佛家则主张世俗间的超脱，提倡目空万世，追求心空万物的超然人格。这三种文化流派都对中国传统体育价值观的形成产生过影响，使得传统的体育价值观透射出十分明显的重人格倾

向。中国体育的一个显著特点就是通过身体锻炼以外达内，由表及里，由形而下的身体有形活动来促成形而上的无形精神的升华，实现理想人格的塑造。

相比之下，西方传统的体育价值观则明显不同。古希腊文化与雅典民主制所孕育的崇尚个体享受的酒神文化一道，发展了古希腊独有的人体审美意识、娱乐意识，及从个人原则和人格意识出发形成的体育风尚，催生了以倡导个体自由竞争，支持、鼓励个人充分发挥自身生命潜能和智慧为重要特征的西方文化，反映在体育上，就是追求人的力量、速度、耐力、灵敏、柔韧等身体素质，展现生命的完美，于是"更高、更快、更强"的竞技体育成为了西方体育的主流。

中国传统文化在半封闭状态的大陆性地域发展了以个体农业经济为基础，以血缘宗法与高度专制统一的社会为背景，以儒家思想为核心的伦理型文化。因而，中国传统体育文化也被赋予了注重人格精神和道德修养的内在气质与自然社会相和谐的风格，重视竞技体育的政治价值，采取谨慎的娱乐观，注重竞技体育活动的个体性、技艺性和表演性。而西方古代体育并不像中国古代体育重人格胜于重人体，他们更强调人体的"力"与"美"，更注意把体育的价值指向对人体的塑造和培养上。

基于以上讨论，我们可以看出，中西体育文化是沿着两个不同的逻辑方向发展的：中国传统理论型体育文化的文化本质是和谐，而西方传统法理型体育文化的文化本质是竞争。

（2）中西对体育活动方式手段的认识和理解的比较。中国体育文化认为人与自然是一种和谐的关系，是自然的一部分，强调整体效果和直观感受。中国传统体育以养生为主，尤其重"养"，强调意念的作用和内部修炼，崇文尚柔，以静养生是其活动的特征。由于对人体外在形态的淡化，因而中国很少有肌肉剧烈收缩运动的活动方式，身体运动以内部为主，而淡化身体的外部运动。在中国传统体育中，很少有像西方那样单纯讲究锻炼人体的方法，也很少有专门化的比赛；即使对人体外形称颂，也总是和人的内在气质联系并论的。在中国古代，体育活动几乎都从属于其他社会活动，各种体育活动之间缺乏内在的社会联系，因而也未能形成一个相对独立的理论与方法体系。

西方体育则强调运动和肌肉健美，体格健壮，注重对人体外形的称颂，强调身体的外部运动；许多活动方式均要求大肌肉群参与，且肌肉运动剧烈；提倡对人体的力量、速度、耐力、柔韧等身体素质的训练，从而提高人体的机能水平，美化人体的形象，获得精神充实感的满足。

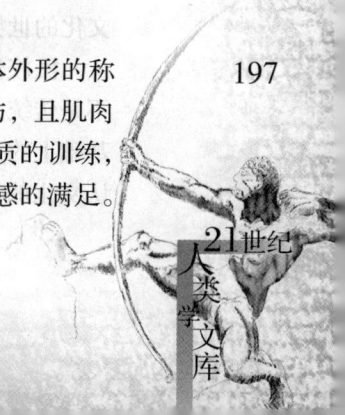

197

21世纪
人类学文库

此外，西方体育重知行分析，细剖层究，运动方式讲究力学原理，重视对人体解剖结构和生理机能的研究，提倡科学，讲求规范，追求对抗和竞争，因而西方体育有科学系统的理论支撑，许多体育活动都有明确的比赛规则和严格的场地器材要求。

二、西方体育文化与中国体育文化交融过程中世界性与民族性的关系

文化的现代变迁是大势所趋，历史必然。任何民族的传统体育文化因其存在环境的变迁也必然会产生其文化本体的变迁。由于西方工业文明带来的经济等领域的巨大优势，今日的全球化相当程度上已经表现为西方化，在体育领域，伴随奥林匹克运动全球化的过程，西方体育文化逐渐成为世界体育的主导，世界各民族的体育文化都在向西方体育文化看齐。在日益增长的西方文化压力的作用下，世界各民族的文化一方面出现发展危机，另一方面世界各国的国家意识和民族意识及对自己传统文化的认同感得到强化。抵制单一的文化扩张，加强各民族间的文化沟通，构建一个多元一体的世界体育文化新体系，是大多数国家利益之所在，也是人类体育文化长远发展的重要基础。

从文化传播的视角，采用历史的方法，对中国传统体育文化和西方体育文化之间相互交流、碰撞、融合的过程进行描述和分析，是目前中西体育文化比较研究的一个重点，特别是关于体育文化发展中民族性与世界性的关系更是这类议题范围里的重中之重。

趋向世界性与民族性，将成为本世纪中国体育发展的主流方向，中国体育文化必将成为在当代世界产生重大影响的世界体育文化的组成部分。随着全球化进程的加快，互为认同与影响的加速和加大已成必然之势，外国文化尤其是西方文化，对中国文化包括体育文化必然形成冲击和影响；而中国体育文化也会走出国门，流向世界，参与世界体育文化建设。有些学者认为，不同文化的交融就是民族性的淡化或退出，这种认识是违背文化发展规律的。民族性与世界性恰恰是文化发展的两极，文化的世界性趋势越是加强，文化的民族性也就越发明显。

民族传统体育文化之魂历千古而不灭，随时代而新生。现代化建设不是传统文化的断裂，而是传统文化的现代化，即在延续优秀传统文化基础上的当代文化的创造。文化的世界性不是文化的单一化，而是以承认文化的民族差异为前提，建构在多元与认同基础上的宏大的文化

体系。

既然以西方体育文化为主导的现代体育文化并不是世界体育文化发展的唯一模式，那么，面向未来就成为民族传统体育文化现代化发展的价值取向。面向未来，就是要以民族传统体育文化的现在为基点，对自身精华和现代体育文化优秀成果进行创造性吸收与借鉴，特别是要立足于时代视野对两者的不足进行自觉的反思与批判，将现在和过去已经取得的成果，作为进一步发展的台基构建一种超越现代体育文化的新型体育文化体系。

三、西方体育文化对中国体育文化的影响

中西两种体育文化在早期是沿着一条有利于自身生存和发展的单一取向的道路不断积累和发展的。但进入近代以来，由于文化传播中的"盆地效应"，先进文化流向落后文化的客观态势已经形成，即近代资本主义文化以一种高势能向中国辐射和传播。整个中国传统文化都不得不面对"西学东渐"的必然趋势，体育文化也不例外。因而也有不少研究者将讨论的话题界定为西方体育文化对中国体育文化的影响。

经过两次鸦片战争及外国入侵，随着一系列不平等条约的签订，中华民族的政治、经济、文化经历了一次空前浩劫，民族自尊心受到了空前伤害。从广义文化角度讲，中国近代的民族危机根本上就是一种文化危机，作为封建经济与政治的反映并反过来为之服务的传统文化，已不能有效地回答和解决当时社会所面临的问题，这就迫使传统文化进行改革，以适应新的形势，中国传统体育文化亦是如此。

鸦片战争之后，体育文化随着其他文化一起成为中西两种文化猛烈碰撞的介质。在西方体育文化的强烈冲击之下，中国传统体育文化发生了巨大的改变。西方体育先是以体操为代表由军队到军校，由教会学校到一般学校在全国传播开来，中国传统体育强调的'养生'有逐渐被西方体育所代替之势。然而，体育文化是一种不拒绝人的文化，它具有超越国界、超地域的世界性特征，打破了地域环境与人文壁垒的体育文化，呈现出一种新的发展势态，即地域的、民族的体育文化将以丰富的个性进行多元融合，相互吸纳、补充为一种新的世界体育文化模式，为世人所接受。

中西方体育文化各自反映了两个民族不同的文化心理和价值观念。由于历史的原因，西方体育长期占据着学校和社会的主要阵地，民族传

199

统体育却被排斥和忽略，这种全盘照搬的过急行为至少造成了两种不良的后果：一是民族传统体育项目长期得不到发展和广泛传播；二是在全民健身和学校体育活动中，由于忽略了参与主体的民族文化心理和价值观念，从而使得全民健身和学校体育教育的有效性受到质疑。因此，我们必须充分认识两种体育文化的价值差异，加速对民族传统体育项目的挖掘、整理、研究和推广。对西方体育活动方式进行加工改造并有选择地吸收，使历史悠久的民族传统体育文化与倡导科学的西方体育文化有机融合，让二者的文化结构和价值结构互为补充，这样才能满足现代中国大众的文化心理需要。①

第三节　体育文化的传播

体育文化是人类社会文化的特殊组成部分，它的兴衰直接反映着社会政治、经济的发展，它的荣辱直接反映着国家、民族的精神。回顾20世纪以来体育文化国际化的进程，体育文化因其自身的特殊性，对人类社会政治、经济和生活产生的多方面影响是十分重大的。

一、体育运动从古奥运会时表现出人类对和平竞争的理念追求开始，就成为人类创造和平与维护平等的一种斗争手段

（1）反对种族歧视。20世纪初期，由于西方殖民主义对全球的统治，西方人的"白人至上"和对所谓"有色人种"的歧视，也渗透在国际体育运动中。1904年在美国圣路易斯举行第3届奥运会时，大会组委会搞了一个"人类学日"，让运动员扮演非洲矮人、日本虾夷人、菲律宾摩洛人和美洲印第安人，进行爬杆、打泥巴仗之类的比赛。1912年在瑞典斯德哥尔摩举行的第5届奥运会上，美国运动员吉姆·索普获得"五项全能"和"十项全能"冠军，半年后国际奥委会根据美国田联提出的所谓"证据"取消了索普的冠军资格和参加业余比赛的权利，表面原因是索普是职业运动员，而真正的原因是索普是一名印第安人。1936年在德国柏林举行的第11届奥运会，是德国法西斯企图通过粉饰太平

200

---

① 岳游松：《充满悬念的实证研究》，载文化研究网（http://www. culstudies.com）。

来宣扬大日耳曼民族至上的一次军国主义示威，为了显示德国人的优越，德国选手在比赛中受到包括裁判的评判尺度在内的各种优待。这些植根于殖民主义土壤、强化于法西斯主义专制的种族歧视观念，不仅亵渎了奥运会的主旨与准则，而且在第二次世界大战中把屠戮人类、践踏人权、肆虐种族的暴行推向了极端。所以，战后国际社会将"不分种族、性别、语言和宗教，提倡全人类之人权及基本自由之尊重，并激发世界人民互相维系之意识"写入《联合国宪章》，并成为《世界人权宣言》和众多国家宪法中的基本原则，这正是人类追求种族平等、民族平等、人与人平等的理念在惨遭蹂躏后的强烈反应。随着殖民地、半殖民地民族解放运动的风起云涌和美国民权运动的重大影响，联合国大会于1963年通过了《联合国消除一切形式种族歧视宣言》，1965年通过《消除一切形式种族歧视国际公约》，1973年通过《禁止并惩治种族隔离罪行国际公约》。凡违反上述原则的国家将受到国际社会的谴责和制裁（包括在体育运动方面），如顽固执行种族隔离制度的南非就曾被国际社会长期排斥于国际体坛之外。同时，奥运会主办国或会员国如与实行种族主义统治的国家发生关系，也会受到抵制。1972年在德国慕尼黑举行的第20届奥运会，因主办国邀请了罗得西亚白人种族主义者与会，引起非洲国家的强烈不满并宣布集体抵制此届奥运会。迫于国际社会的压力，国际奥委会不得不做出关于取消罗得西亚的参赛资格的决议。1976年在加拿大蒙特利尔举行的第21届奥运会，由于新西兰橄榄球队会前应邀访问南非，且无视非洲最高体育理事会的警告，以致当新西兰参加奥运会时，与会的非洲国家纷纷退出比赛以示抗议，造成这次奥运会只有88个国家和地区的6189名运动员参赛的冷落局面。世界体育运动领域的反种族歧视斗争，促使联合国于1977年通过了《反对体育领域种族隔离的国际宣言》，1985年通过《反对体育领域种族隔离国际公约》，要求世界各国"采取一切必要措施，消除体育领域的种族隔离行径，并促进以奥林匹克原则为基础的国际体育接触"。

　　（2）缓和国际关系。第二次世界大战以后，随着东、西方两大阵营的形成，国际政治格局出现了以社会制度和意识形态为基础的冷战对抗态势。20世纪60年代末到70年代初，美、苏两霸争夺世界的对抗格局开始发生变化。以前苏联为首的社会主义阵营内部发生严重分歧，中苏关系处于战争的临界状态；美国则陷于越南战争的泥潭，在与前苏联争霸全球中开始处于守势。在这种形势下，缓和中、美之间的矛盾已成为中、美两国政治家共同考虑的问题。但是，打破中、美两国长期的对抗僵局、跨越意识形态的鸿沟并非易事，外交途径的努力不可避免地受到这种历史背景和现实矛盾的制约。而打破这一外交僵局的是体育运动。1971年3月，第31届世界乒乓球锦标赛在日本名古屋举行。中国决定参加这一赛事。周恩来特别要求中国队把这次参赛作为恢复中国对外联系、广泛建立友谊的机会，规定了与美国队接触时应遵循的原则和态度。当美国队主动与中国队接触并表示访华的愿望后，中国立即作出反应，正式邀请美国队及其随行记者团访华，这一消息在冷战对抗的世界成为头号新闻，世界各大报都以最显著的版面、最快捷的速度进行报道和评论。中美关系的坚冰是通过"乒乓外交"打破的，"小球推动大球"，在世界外交史上留下了光辉的一页。体育运动作为民间外交的重要渠道，此后被国际社会广泛运用。国际社会解除对某国制裁也往往从允许其参加国际体育赛事开始。

（3）抵制霸权主义。1979年12月，前苏联悍然入侵阿富汗，这一霸权主义行径不仅受到世界舆论的强烈谴责，同时也使1980年在莫斯科举行的第22届奥运会在现代奥林匹克运动史上留下极不光彩的一页。当时，国际奥委会的147个成员中公开抵制和拒绝参加的达2/5，参加的81个代表团中有16个队以奥运会五环旗代替国旗，有10个队只有旗手而运动员没有出场，有些获得奖牌的国家在颁奖的升旗仪式上不使用本国国旗和国歌。在这次奥运会上，前苏联代表队虽然创造了获金牌80枚、银牌69枚和铜牌46枚的奥运会史纪录，但是由于众多国家的抵制和大量优秀运动员没有到会，这次奥运会不能代表世界体育运动的水准，因此这次奥运会的金牌也被舆论评价为贬值50%的金牌。类似的抵制行动在国际专项体育比赛和地区性体育比赛中也不鲜见，如伊拉克入侵科威特的行径，不仅遭到国际社会的谴责和制裁，阿拉伯国家运动会也对此作出相应的反应等等。

以奥林匹克运动为代表的世界体育运动，是在和平、友谊基础上进行平等竞争的社会活动。它为世界各国、各种族和各民族的友好往来、相互学习、平等切磋创造了广阔的舞台，在人类社会追求和平与进步、反对战争与对抗的努力中发挥着广泛的现实作用。当然，在霸权主义嚣张、种族主义肆虐或意识形态对抗的形势下，这种民间性的国际交往也不可避免地受到国家政治的干预和国际政治的影响。利用体育运动挑起事端、加剧对抗的事件比比皆是，如第20届奥运会上发生了巴勒斯坦"黑九月"组织袭击以色列运动员的恐怖主义流血悲剧；前苏联为报复世界多国抵制莫斯科奥运会而促使绝大多数社会主义国家抵制1984年在美国洛杉矶举行的第23届奥运会等。冷战结束以后，美国在处理同中国的关系方面仍常常表现出冷战思维的心态，利用一切机会攻击和丑化中国。1996年在美国亚特兰大举行了第26届奥运会，当中国代表团入场时，美国全国广播公司（NBC）的体育评论员科斯塔斯介绍说："中华人民共和国的人口为全世界的五分之一，经济增长率每年约为10%，包括美国在内的每一个经济强国都想敲开大门进入这个潜在的庞大市场。但是，中国存在人权问题、版权争端问题和对台湾构成威胁的问题。……他们在体育运动方面出类拔萃。但是，有一些怀疑，特别对于他们的田径运动员和他们的游泳女选手，他们可能使用提高成绩的药物。"在"体育精神超过了政治，友谊超过了敌意，志同道合超过了分歧"的使世界各国超越一切障碍走到一起的盛大集会上，主办国的新闻媒介对其他参加国公然进行恶毒攻击，这种行径引起了美国华人的强烈抗议，进而通过国际互联网络发展为世界华人社会对美国NBC的全球性声讨和抗议活动。

二、现代体育运动的发展极大地促进了经济社会进步，推动了世界经济一体化的发展

（1）体育设施建设。从古代奥林匹亚宙斯神庙的运动场到存留至今的古罗马大型竞技场，人类体育设施的建筑历史不仅源远流长，而且气势非凡。现代体育运动兴起后，随着竞技运动的发展和大众体育的普及，体育场馆等运动设施成为各国城市建筑中最有特点的一部分。在世界各国的大、中城市中，没有体育设施的恐怕极其少见，发达国家的小城镇几乎都有现代化的体育设施。在这些规模不一的众多体育设施中，以奥运会场、馆为代表的大型体育建筑群堪称人类体育运动设施中的佼佼者。凡是争取或获得奥运会主办权的国家，都要在运动场地和馆舍建设方面投入大量人力、物力、财力。随着体育竞技项目的多样化和排除气候等自然条件影响的需求以及对运动员居住条件的要求，以奥林匹克运动场所为代表的体育设施建设在统一的国际标准基础上日益呈现出综合性、大型化、室内化和生活化相结合的特点，其形式则反映了民族文化多样性的特点。体育设施建设是国家基本建设的重要内容，同时在建筑方面属于对结构设计、材料使用、空间利用、设备安装、安全措施等先进科学技术综合运用水平要求很高的一种建筑类型。体育场、馆的现代化程度及其综合服务水平，从一个方面反映着国家的综合国力。

(2) 体育器械生产。古代体育运动由于运动方式的单一性和经济社会的落后性而对运动器械缺乏要求或难以实现要求。近、现代体育运动的飞速发展不仅使体育项目日益增多，而且使体育运动本身的发展（竞技水平的提高、表现形式的多样、裁判执法的公正、保护措施的周全等）越来越多地依赖于相应的器械和设备。这种需求极大地促进了体育器械和设备的生产以及科学技术在这方面的运用。在体育运动国际化的进程中，由于竞赛原则和评判标准的统一性，运动器械的生产也形成了国际标准，如各种球类运动所使用的球，凡被列为国际体育比赛项目使用的，其材料质地、形状大小、重量规格甚至颜色都必须一致。体育器械的国际标准化程度在世界各类产品中是处于领先地位的。同时，体育器械和设备的科技含量很高。各类器械作为运动员表现体能和展示技能的辅助物或依托物，在标准化的过程中包含了诸多学科如理论力学、材料力学、运动生物力学、运动生理学、运动解剖学、运动医学、体育统计和体质测量学等的技术研究成果。例如：世界著名的运动鞋生产厂家彪马公司研制了一种运动专用鞋数据采集仪器。运动员只要在仪器上跑几步，就可以采集到一组反映其身体特点的制造运动鞋的材料力学、生物力学、运动医学等方面的数据。在科学技术高度发展的今天，通过科学技术帮助人类最大限度地发挥运动极限已成为现实。同时，电子计算机、电视等技术在体育场、馆广泛运用，形成了专门的体育计时、计分、记录和监测设备系统。体育器械和设备的生产也成为专门的行业。随着体育运动的普及，体育训练器械派生出多类型、多功能的家庭健身器械，体育器械生产的前景也因此更为广阔。

(3) 体育商品浪潮。在体育运动职业化和社会化的发展进程中，体育商品的国际化浪潮可谓一浪高过一浪。1969 年，美国一家经销日本运动鞋的小公司创出了自己的运动鞋品牌——耐克（NIKE——希腊神话中插着翅膀的胜利女神的名字）。70 年代初，耐克运动鞋开始崭露头角，成为阿迪达斯、锐步、彪马等名牌的强劲竞争对手。1978 年，耐克鞋的销售额突破 1 亿美元，在美国运动鞋市场上占据了 50% 的份额，穿耐克鞋的运动员保持着 800 ~ 10000 米赛跑的所有世界纪录。在 1984 年的洛杉矶奥运会上，58 名穿耐克鞋的运动员夺得了 65 枚金牌。到 1992年耐克创造了 34 亿美元的收入，在美国运动鞋市场上占 30% 的份额，在海外市场的销售额达 11 亿美元。耐克公司在世界 20 多个国家和地区都有生产厂家，产品除运动鞋外还包括全套的体育服装和用品。耐克成为体育用品的"全球巨人"，其成功的奥秘不仅在于耐克的创始人几乎都是优秀的运动员，他们将耐克办成了"为运动员而生存的公司"，而且还在于"耐克人"将"通过运动和健身提高人类的生活品质"作为公司的宗旨，并利用诸多体育明星的影响向全世界进行宣传。著名的美国篮球运动员迈克尔·乔丹就是耐克广告的长期签约人。此外还有200名NBA球员、275名美式橄榄球职业球员、290名棒球职业球员都是耐克鞋的"广告人"，甚至著名歌星惠特尼·休斯顿在电影《保镖》中穿耐克鞋也是"耐克人"向好莱坞进军的广告谋略。这种明星效应和耐克鞋的优良品质以及舒适程度，使人们对耐克产品尤为热衷。耐克运动鞋演化为人们日常生活中老少皆宜的"旅游鞋"，从而引起了世界制鞋业的重大变革。类似的体育用品社会化现象不胜枚举，如中国运动服中的名牌"李宁服"，各地足球爱好者偏爱的本地区甲A球队的队服，各种款式、各种色调的运动服在城市家庭中的普及，等等。体育用品的社会化一方面反映了体育文化对人类生活日益深入的影响；另一方面反映了体育文化国际化所推动的体育用品在社会经济中日益重要的地位。

体育运动对社会进步的推动作用不仅在于它提高了人们的身体健康水平和生活质量，而且还在于它以全球化的价值观念突破了国家、地区、种族、民族的界限，向世人展现丰富的生活内容和人人参与其中的自强精神。体育用品走俏市场，受到不同年龄组群体的青睐，在很大程度上是由于这些体育文化用品给予人们以健康向上的自信心和体态矫健的审美感。当然，体育运动发展对经济社会愈来愈强劲的促进作用，也造成了通过体育运动获利的现象，奥运会主办国对办会的高投入也必然隐含着对高利润回报的追求，这也导致一些国家在主办大型国际体育赛事过程中，力求以最小的投入换取利润最大化的商业目标，结果造成办会质量和服务水平的下降。最近的实例就是1996年在美国亚特兰大举行的第26届奥运会，其采取的商业性承包方式给大会的组织、交通和生活安排带来了种种困扰，引起了与会国的普遍不满。

三、体育运动的国际化对体育本身产生了重大的影响，对人类追求体能极限的竞争和日益普遍的健身运动起到了极大的促进作用

（1）国际空间扩大。体育运动的国际化一方面形成了现代体育竞技项目国际认同的统一标准和规则；另一方面又表现出国际体育运动在

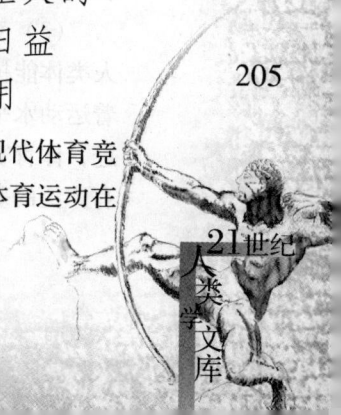

205

专业化、区域化和民族化多层面展开的特点。如果说奥运会是最高级的全球性国际体育运动盛会，那么全球性的国际单项赛事则以其专业化的特点创造着世界纪录，如田径、篮球、足球、拳击、乒乓球、体操、排球、网球、手球、曲棍球、射箭、游泳、冰球、击剑、自行车、柔道、摔跤、举重、射击、羽毛球、滑雪等国际联合会组织的世界杯赛、世界锦标赛等赛事，对国际体育运动的单项发展发挥着巨大的作用。同时，以地区为特点的亚洲、非洲、泛美、巴尔干、太平洋运动会，以民族为依托的阿拉伯运动会、世界犹太人的麦卡比运动会，以身体条件为特点的国际聋哑人运动会和国际伤残人奥运会，以军事技术为特点的世界军事体育运动会等众多国际性体育组织的经常性赛事，都为人类社会体育文化日益广泛和深入的交流创造着不断扩大的空间和机会。

（2）竞技项目增多。体育运动国际化的基础是体育文化的多样性，各民族的传统体育项目在科学和规范的开发中越来越多地走向世界。第26届奥运会的项目数量是第1届奥运会项目数量的33倍。未纳入奥运会的国际性竞技项目还有很多，如武术、无板篮球、水上篮球、板壁球、墙球、门球、水下曲棍球、墙网球、室内足球、滑风、沙舟、攀岩、飞盘、铁人三项、掰手臂、龙舟赛等。很多民族特点浓厚的民间娱乐性竞技和技巧项目，也不再局限于民族和地区范围，而开始融会于体育文化的世界舞台。体育与艺术、技巧、杂技的结合也在丰富着体育文化。民间传统的踢毛毽不仅表现出令人目不暇接的专业技巧，而且形成了踢毽子的对抗赛。1997年9月在中国湖南举行的全国首届舞龙精英赛，除中国各地区队外也有外国队参加。坦桑尼亚发明的贾伍球在欧洲广为传播，英国苏格兰民族的"大力士"比赛吸引了众多的外国参赛者，日本的国技——相扑也走向了世界，等等。至于各国内部的体育运动项目则更为多样化，中华全国民族运动会即是一例。民族性、地区性的体育项目繁荣发展的结果是走向世界，为人类的体育文化增添活力和色彩。与此同时，很多民间性的表现技能和体能的游戏或个人特长也被纳入世界吉尼斯纪录，当然其中比谁吃得多、喝得多之类的纪录并不代表人类文化进步的水平。

（3）竞技水平提高。现代体育运动在对"更快、更高、更强"的人类体能极限的追求中，依托于经济社会和科学技术的发展，不断推动着运动水平和竞赛成绩的提高。体育设施不断完善，体育器材不断改进，体育赛事不断增多，体育运动不断普及，使运动员的选拔和培养具有广泛的基础，使运动员的训练过程更加科学与合理，也使运动员的成绩不断提高。现代体育运动诞生以来，世界纪录被不断改写，很多早期奥运会创造的世界纪录现在已是成千上万的运动员都能达到的水平，人类在当代体育运动中的竞争正在以 0.01 秒（赛跑或游泳）、0.5 公斤（举重）、1 厘米（跳高或跳远）的计量精度向新的世界纪录迈进。在这种日趋激烈的竞争中，体育运动的技能不断提高，"足球先生"、篮球"魔术师"之类的称号显示着人的体能发挥达到了出神入化的境地。与此同时，科学技术对提高运动员竞争能力的作用也越来越显著，仅从体育用品生产的科技含量即可看出这种作用。各体育用品公司在竞争中除了将品牌、款式和舒适程度作为商品竞争能力的指标外，提高运动员的成绩也是其竞争优势的根本所在，如一种专为游泳运动员设计的游泳衣，其最大的特点是在水中的阻力只是一般质地和样式的游泳衣的 1/10。阿迪达斯公司根据足球运动员在每场比赛中要跑 1 万步的运动量及其对体力的消耗，以及最能拼杀的前锋队员在一场球赛中也只有 4 分钟时间能接触到球的情况，设计了一种比传统足球鞋的重量轻一半的球鞋，大大减少了运动员的体力消耗；耐克公司则根据运动员奔跑、跳跃产生的重力对身体和大脑的震动，开发出气囊吸震的耐克鞋底。此外，运动员的饮食等保健措施中也都包含了科学的内容。运动水平的提高有赖于先进的体育器械、运动用品、科学训练方法和运动营养学的发展，但是运动员的意志、精神、信念和对技能的谙熟程度往往是在激烈竞争中取得胜利的保证。因此，当代体育运动的世界纪录并没有被经济和科技发达的国家所垄断。最近发生在民间竞技领域中的一个实例就很能说明问题。1997 年 6 月 22 日，新疆维吾尔族"达瓦孜"（高空走绳）第六代传人阿地力在长江三峡夔门高空走绳的挑战中，以 13 分 48 秒的成绩刷新了被誉为"空中王子"的加拿大人科克伦于 1995 年 10 月 28 日创造的 53 分 10 秒跨越三峡夔门的吉尼斯世界纪录，使走绳跨越三峡夔门的时间减少了近 40 分钟。而阿地力的装备（平衡杆、专用鞋等）从现代化的角度讲与科克伦的装备无法相比。由于经费缺乏，阿地力横跨夔门天险 640 余米的钢丝绳斜拉固定索只有 4 对，比科克伦少一半，增加了钢丝绳的凌空摇摆幅度和走绳的难度。由此可见，人类创造体能极限的新纪录，由于世界各国、各民族的共同参与而展现出"天外有天"的前景。在体育器械、用品和训练方法国际化水平的共性因素影响下，运动成绩的提高对运动员在体能、心态和精神方面的更高要求是具有根本性的。因此，把运动成绩看作是运动员在自我完善方面有效地做出努力的数量指标是很合理的。

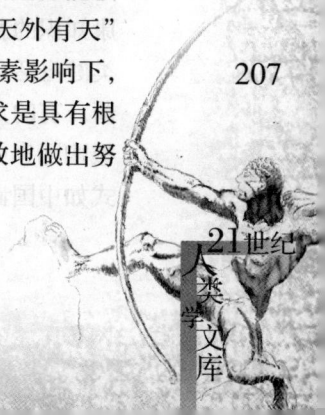

207

（4）国际球员交流。在国际体育比赛中，所有参赛运动员的胜负荣辱并不代表种族、民族、宗教信仰和文化背景，但是必定代表各自的国家。在人类社会的国家过程尚未终结之前，每一个人的国家归属都可能发生变化，但不可能没有国家归属。如果说"工人没有祖国"是就无产阶级的阶级感情和政治信念而言，那么现代国际体育运动中以表现人类体能极限和运动技巧为目的的国际球员大交流现象，则是体育运动的国际化水平真正突破国家界限的具体表现。世界足球运动中的国际球员最多，尤其在欧洲各国，外籍球员比比皆是，很多世界级水平的俱乐部往往把拥有著名外籍球星作为其强队地位的标志。中国足球走向职业化以来，各俱乐部纷纷聘用外籍球员或教练，甚至国家队的教练也起用了"洋教头"。同时，许多优秀的中国乒乓球运动员也走出了国门，在其他国家任教或打球，甚至代表其入籍国参加国际比赛，形成"海外兵团"。此外，在羽毛球、体操等项目中也有不少中国选手在他国效力。中国女篮的郑海霞也曾一度成为美国 WNBA 的外籍球员。毫无疑问，国际球员（或国际运动员）日益增多的现象，与职业运动员高昂的转会费收入直接相关。但是运动员本身的价值是实现这种国际化的前提条件，没有哪一个国家的体育俱乐部会花重金聘用一名成绩平平的运动员。而这种价值，正是人类对体能极限和高超技艺的追求。在经济利益驱动的背后，是各国竞相吸收全人类体育文化的优秀成果和争取创造更优秀成果的理念。"体育无国界"的国际化趋势在揭开商业性追求的面纱后，它展现的是人类体育文化"你中有我、我中有你、共同发展"的整合过程。

（5）大众体育普及。随着经济社会的发展和人们生活水平的提高，人们的文化需求日益广泛，其中对体育运动的热情也随着教育体系的完备、社会公益事业的发展和健身、养生的需要而不断高涨。同时，世界体育运动发展的信息随着通讯、电视等现代化传播手段进入家庭，体育明星效应产生的运动服、运动鞋等时尚的流行，不断向人们灌输着体育知识和强化着体育意识。教育体系中的体育，使广大青少年获得了接受较为规范的体育训练的机会，业余体校和专业体育院校则为国家、地区造就着体育专业人才，社会体育设施满足着大众体育爱好者的愿望，健康知识的普及使大批中老年人、病患者量力而行地投入到形式多样的各类健身活动中。人们纷纷进入健身馆去消除体态的臃肿或改变身体的单薄。有的人随着电视里教授的健美操进行锻炼，有的人则干脆将健身器械购回家中。在这种体育运动大众化的浪潮中，民族传统体育或养生方式如中国武术中的太极拳、太极剑，多种流派的气功和养生功等，也得到了普及性发展。人们在不断创造和发明多种多样的体育锻炼方式，如慢跑、倒走、甩手等，甚至扭秧歌之类的活动也成为清晨或黄昏时的一道风景。①

第四节　奥林匹克竞技文化

一、奥林匹克运动的人类文化价值

现代奥林匹克运动的目标可以从奥林匹克的宗旨中去寻找，同时也可以在奥林匹克思想体系的其他概念中得以体现。

奥林匹克运动的思想体系是沿着由个体到社会，由微观到宏观的逻辑顺序构建的。首先是个人的全面发展，进而扩大到社会，最后扩大到国际社会。奥林匹克运动是在奥林匹克主义指导下的一种国际性的社会运动，它的目的并不限于促进这一运动的参加者个人的发展与完善。它担负着更加重大的历史使命和社会责任。这就是促进不同国家、不同文化之间的相互了解，从而促进和维护世界和平。

现代奥林匹克运动的目标在其思想中有所表现，"奥林匹克主义"是这种思想的集中体现。"奥林匹克主义"是现代奥林匹克运动的先驱顾拜旦提出来的。但他却未对这一术语下一明确的定义，不同的人对此也有不同的理解，并常将此与"奥林匹克精神"等意思相近而又不同的术语混用。

在国际奥委会罗马尼亚委员西波科的提议下，经过多年的讨论，"奥林匹克主义"的定义终于出现在 1991 年 6 月 16 日生效的《奥林匹克宪章》中。现行的《奥林匹克宪章》基本原则部分第二款对其定义如下："奥林匹克主义是增强体质、意志和精神并使之全面均衡发展的一种生活哲学。奥林匹克主义谋求体育运动与文化和教育相融合、创造一种以奋斗为乐、发挥良好榜样的教育作用并尊重基本公德原则为基础的生活方式。"

该定义明确指出：①奥林匹克的中心思想是人的和谐发展，这种发展包括了体质、意志和精神等方面的内容。②强调人的和谐发展的关键是改善生活方式。而奥林匹克主义"人生哲学"的目的，是旨在创立近乎于宗教意义的人际博爱和平友好的，而且是以"尊重基本公法"为基

209

① 郝时远：《体育运动的人类学启示》，载《世界民族》1997 年第 4 期。

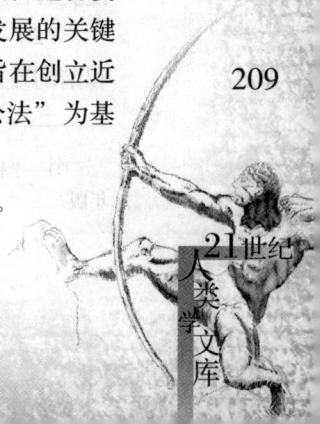

础的生活方式。③强调体育运动是实现人的和谐发展的途径，并指出必须与教育、文化相结合。④指出了自强不息的品德在人的情智教育上的重要作用。⑤强调要发挥榜样的示范引导和教育作用。①

总结起来，奥林匹克运动的目标则可以在以下方面得以体现。

（1）奥林匹克主义的中心思想是人的和谐发展。人们对奥林匹克主义的理解虽然各有不同，但有一点是共同的，就是强调奥林匹克运动对人的全面发展的重要作用。工业革命使人类社会发生了一系列深刻的变化，持续了数千年的农业社会的图景逐渐为城市代替。劳动力高度集中的大机器生产大大提高了生产力，使人类社会在短短100年间创造出了比其历史上全部生产总和还要多的财富。但是工业化社会中的生产方式与生活方式，给人的生理、心理和社会行为等方面又都造成了新的严重威胁，精细的分工、紧张的工作节奏、复杂的社会关系、多重的社会角色和激烈的社会竞争不仅使人的体质下降，身体各部分发展失调，而且由于精神压力增大，导致心理失衡。城市化所带来的种种社会弊病和生态弊端，使人际关系变得淡漠，社会道德水平降低，社会丑恶现象丛生，人类的生存环境恶化。因此，新的社会条件对人类的身体、心理和社会首先提出了严峻的挑战。人的全面发展问题，成为亟待解决的具有时代性的社会问题。奥林匹克主义就是将解决这一社会问题作为自己的基本立足点，并通过奥林匹克运动来解决这一问题。所以奥林匹克运动具有现实意义，它反映了现代社会的需要。

由于现代社会中，人的片面发展在很大程度上是由人们的生活方式造成的。因此，要使人的身、心、情得到全面的均衡发展，就必须从生活方式入手，通过切实可行的途径，改善人们的生活方式，从根本上解决问题。因此奥林匹克主义明确地宣布它是一种"人生哲学"，旨在创造一种使人全面发展的"生活方式"。

人的发展是一个古老的题目，只有在人类文明和文化水平达到高度发展的现代社会，这一问题才有可能得到较好的认识和解决。奥林匹克主义摸到了这一时代脉搏，将自己的目标紧紧扣住这一时代主题，从而使奥林匹克运动的发展有了明确的思想方向。

（2）体育运动是实现人的和谐发展的重要途径。要使人得到全面的和谐的发展，需要具体的途径，正如要过河必须有船或桥一样。奥林匹

210

----

① 李艳翎主编：《奥林匹克运动全书》（上册），第50页，国际文化出版公司2001年版。

克主义选择的具体途径是体育运动。《奥林匹克宪章》明确指出："奥林匹克主义的宗旨是使体育运动为人的和谐发展服务，以促进建立一个维护人的尊严的、和平的社会。"通过体育运动达到人的和谐发展的思想可以追溯到公元前城邦奴隶制处于鼎盛时期的古代希腊，尤其是雅典。古希腊的哲学家、教育家对体育给以高度的重视，苏格拉底说："一个人到了垂暮之年都没有亲身体会到最健壮的身体能带来多大的欢乐，那真是再遗憾不过了。"柏拉图在他的《国家篇》中专门论述了体操术，认为身体与精神相互影响，道德不良产生于教育不当和身体不健全，认为体操术不仅可以使人的身体健康、体型完美、精力充沛，而且可以培养勇敢顽强的意志品质。亚里士多德主张体育先于智育进行，因为智力的健全依赖于身体的健全。

19世纪英国公共学校中广为开展的各种户外游戏和竞技运动也以培养人的品格为首要目的，特别是被顾拜旦称为"现代最伟大的教师"的拉格比学校校长阿诺德，更是充分地利用各种竞技运动来达到培养学生道德的目的。阿诺德的竞技运动教育原则就是体育"更加细致入微、更加始终如一地服务于品格的培养"。虽然，从古代希腊身心并重的教育思想和现代英国公共学校的竞技运动对品格培养的教育思想中，我们可以找到构成奥林匹克主义的思想素材。但是，将体育运动的作用提高到不仅促进人的全面发展而且促进社会发展的认识高度，明确地将体育运动作为一种改造社会的力量，并有意识地将这种力量应用到这样广阔的范围不能不说是奥林匹克思想的一大创举。这不仅反映了进入现代社会以来，体育运动内涵的扩展和功能的增加，也反映了人们对体育运动的认识进入了一个新的阶段。

（3）体育运动必须与教育、文化相结合。奥林匹克主义还总结道，要想使体育运动发挥其促进人全面发展的功能，实现其改造社会的目标，有两个前提条件必须满足，这就是与教育融为一体，与文化紧密结合。为解决人的全面发展和改造社会问题，人们提出了各种社会改良方案，而奥林匹克主义提倡的是通过教育来完成这一历史使命。正如顾拜旦在1894年4月所说的："总的来说，大部分重大的国家问题可以归结为教育问题。"在29年后的1925年他又更加明确地表达了教育决定一切的观点，"以我看来，文明的未来此刻既不依赖于政治的又不依赖于经济的基础，而是完全取决于教育的方向"。这种教育改革社会的方案含有相当的理想主义色彩，因为没有政治制度和经济体制的变革，任何彻底的社会变革都是不可能的。但是，奥林匹克主义提倡通过教育来改革社会，

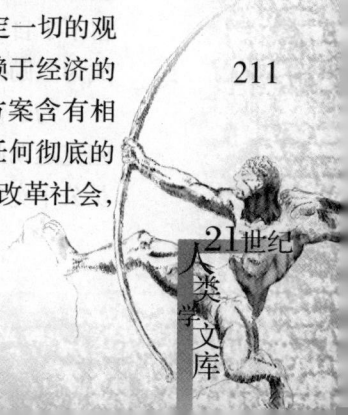

211

对人类社会的进步仍然具有积极意义。所以，奥林匹克主义将教育作为核心内容置于首要地位。无论是古希腊，还是阿诺德管理的英国公共学校，竞技运动的教育功能都得到了充分的发挥，成为具有特殊功效的教育工具。在竞技运动中青少年得到的不仅是发达的肌肉、匀称的肢体、机敏的头脑，还有健全的心理素质和良好的社会公德。深受古希腊和英国阿诺德教育思想影响的顾拜旦，最初是想用奥林匹克现代竞技运动去教育因普法战争的惨败而颓废的法国青年，继而在其世界和平主义思想的支配下，以奥林匹克运动这一特殊形式去教育全世界的青年，在参与竞技运动的过程中锻炼和提高身体的、精神的和社会的各种品质。

为了取得更好的教育效果，奥林匹克主义主张竞技运动与文化紧密结合。顾拜旦在奥运会上设置艺术比赛的目的，就是要使自中世纪以来长期处于分裂状态的身、心重新结合起来。各种文化形式如音乐、文学、雕塑、绘画等都是促进精神文明发展的重要手段，在陶冶情操、培养志趣、加强修养、提高精神境界等方面有着非常重要的作用，使人在精神方面得到多方面的发展，这些文化形式与体育运动的结合也可以提高竞技运动的层次。这样，奥林匹克运动就会在身心两个方面保证人的均衡发展。正如萨马兰奇所说的："奥林匹克主义是超越竞技运动的，特别是在最广泛、最完全的意义上来讲，它是不能与教育分离的。它将身体活动、艺术和精神融为一体而趋向于一个完整的人。"

（4）奥林匹克选手的榜样作用。奥林匹克运动的主要对象是全世界的青少年。青少年是社会中最活跃、最少保守思想，也是最不稳定的社会群体，他们是人类社会的未来。这一群体有极大的可塑性和模仿力，他们羡慕英雄、崇拜英雄，而且渴望成为英雄。奥林匹克主义抓住了这个特点，将树立"良好的榜样"作为一种重要的教育方式，力图给全世界的青少年提供奥林匹克选手——这些活生生的现实中的英雄，让他们去模仿，去学习。通过对奥运选手的学习，取得教育效果。的确，100年来，奥运大赛上俊杰辈出，如希腊的第一个马拉松冠军鲁易斯，芬兰的努尔米，美国的欧文斯、刘易斯、洛加尼斯，丹麦的女子游泳运动员安德森，捷克的扎托倍克，中国的李宁、高敏等，一个个在奥运史册上留下了自己闪闪发光的名字。他们不畏艰难、不怕挫折的顽强拼搏精神成为激励广大青少年的巨大精神力量。

为了使奥运选手们能维持高尚的道德标准和公平竞争的精神，奥林匹克运动的先驱者们借鉴了古希腊奥运会的经验。在古希腊，维持运动员公平竞争和诚实行为的一个重要方式是依靠宗教信仰的力量。古希腊

212

的参赛者明白，在比赛中玩弄诡计、欺骗对手和裁判，不仅要受到良心的谴责，而且是对神的亵渎，迟早会受到神的惩罚。在现代奥运会中这种宗教制约因素的效用大大降低。奥林匹克运动的创始人试图以其他措施来达到同样的效果，因此，设计了一整套庄严肃穆的仪式，从圣火的传递到开、闭幕式，特别是运动员对奥林匹克五环旗和各国国旗的庄严宣誓，表明欺骗行为不仅是对其个人品格的玷污，而且是对神圣的奥林匹克理想、整个国际社会和自己祖国的亵渎。这样，用对人类理想的追求、对其他国家的尊敬和对自己祖国的热爱来净化运动员的心灵，使参加奥运会成为一项神圣的活动。

二、奥运百年沧桑对人类社会发展的启示

100多年前，现代奥运会的圣火在古希腊奥运会的故乡雅典复燃再生。一个多世纪以来，奥运火炬传遍世界各地，历经了无数的风雨险隘。作为人类社会生活缩影的现代奥运会，也伴随着人类社会风雨沧桑，经历了一次次兴衰枯荣。但奥林匹克运动不愧是人类历史上最光辉的一页，它在从理想与现实矛盾交织的困境中推动人类体育向前发展的同时，也给人类社会的发展问题留下诸多的启迪与沉思。

1. "更高、更快、更强"是人类永无止境的进取目标

当代"奥林匹克"风靡世界。在体育社会乃至人类社会，其影响之深远，实属罕见，但"奥林匹克"的发展不是孤立的，而是与其赖以生存的人类社会紧密相连的。人类社会的变化发展也将在奥林匹克发展进程上打下时代的印迹。而奥林匹克理想所呼唤的也正是人类社会所企求的希望与美好的境界。

自人类产生以来，人类社会就与大自然展开了殊死的抗争与搏斗，正是人类锲而不舍、永不停息地奋发进取，才推动着人类社会发展前进，将我们生存的世界从原始愚昧的状态推向现代文明高度发达的社会，从而塑造出人类进取向上、奋发图强的精神。

从体育文化层面看，竞技性是体育运动的精华与魅力所在。竞争取胜、超越自我、战胜自然、战胜对手，"更高、更快、更强"是体育精神的本质内核，也是奥林匹克精神的具体体现，它与全人类不断奋斗进取的精神相契合。因此，体育竞赛能成为全人类最易接受的"国际语言"。目前，世界各国除了在政治、经济、科技、军事方面展开激烈竞争外，也注重在世界体坛上的角逐较量，比试民族的体力、智力、国

213

力，树立民族在世界上的整体形象，既满足人类个体的竞争本能欲望，又满足国力竞争的高层次需要。正是在这种精神的驱使下，一个个预言人类"极限"的世界纪录被打破，一个个地球上、宇宙中未知的领域被人类征服。使"时间就是金钱，效率就是生命"的口号成为现代人类社会遵守的信条，使竞技场内外的竞争更加沸沸扬扬，更为紧张激烈，使人类在与时空的竞争中，走向更新、更美的境界。

2. "公正、平等的竞争"是人类社会永恒的、令人信服的竞争

自古以来，物竞天择、优胜劣汰的竞争普遍存在于自然界和人类社会，并成为自然界和人类社会发展前进的客观规律。在人类社会中，竞争的范围和竞争的手段远比自然界的竞争广泛和复杂得多。由于人类社会的复杂性，使优胜劣汰的竞争结果远非自然界那样客观、真实而带有较多的主观性和虚假性色彩。但人类社会中，真实将永远战胜虚假，优的将永远战胜劣的，公平竞争也将是人类永恒的追求与理想。

在体育运动领域，体育竞技之所以能吸引不同社会制度、意识形态、宗教信仰、地域环境的人们，其中最重要的因素是体育竞技有完善的竞赛规则，能充分体现民族平等与公平竞赛的"费厄泼赖"（Fair Play）精神，在共同遵守规则的约束下，不受任何强权政治和民族歧视的干扰，能体现优胜劣汰，公平平等的竞争，因而成为各国人民热衷参与的文化活动。在体育竞赛中，也有人采用冒名顶替、贿赂裁判、服用违禁药物来获取一顶顶显赫的桂冠，但他们最终都在体育规则和体育道德面前声名狼藉，遗臭万年。在第24届奥运会上，借助兴奋剂"打破"世界百米短跑纪录的约翰逊丑闻的出现，不是留给人们太多的思考与遗憾吗？

在人类社会的各种活动中，优胜劣汰的竞争规律强制性地推动着社会的变革与发展，增进社会细胞的新陈代谢。在过去的年代中，我国曾有一段时间不承认商品竞争中的优胜劣汰规律，社会细胞缺乏压力感和发展活力，社会中"大锅饭"、"铁饭碗"现象泛滥，造成极为严重的后果。约翰·奈斯比特在《大趋势》一书中说：美国每年有数以万计的新建小企业，这些小企业一年内要倒闭30%，两年内要倒闭80%。正是在人类社会优胜劣汰的竞争机制制约下，在这种一批批企业的新生与倒闭中，增进了企业素质，推进了技术水平的上升，最终推动了人类社会的繁荣与进步。

3. "和平、友谊、进步"是人类社会繁荣发展的重要条件

奥林匹克的火炬点燃了，虽然它已不再是古希腊"神圣休战月"的

标志，却依然是和平团结的象征。在第 10 届国际奥委会上，所有代表都喊出"体育为和平服务"的口号，而在另一视角上也体现了世界需要和平，奥林匹克需要和平这样一种事实。

我们知道，和平稳定的环境是人类社会进步和体育发展的必备条件。如果世界上没有和平安稳的国际环境，那么，战争带给人类的只会是硝烟、伤亡、废墟和深重的灾难……体育的发展也将走向衰亡。在现代奥运史上，就曾出现过因世界大战的爆发而导致第 6 届、12 届、13 届奥运会被迫停止中断的情况。进入 20 世纪 80 年代以来，又出现美国对莫斯科奥运会的抵制和 1984 年前苏联及东欧国家对洛杉矶奥运会两次较大规模的抵制行为。使全世界奥运会的大家庭成员难以相聚体坛，难以同台竞逐，使奥林匹克运动一次又一次面临凶险的政治危机。

当人类进入 90 年代以来，全球性的冷战状态已告结束，人类社会进入多极化发展的特殊时期，和平与发展成为当今世界发展的两大主题，给人类科技进步和社会发展带来千载难逢的历史契机，也给体育运动的发展带来兴盛繁荣的景象。譬如，2004 年在现代奥运会的故乡希腊雅典举行的第 28 届奥运会，有 200 多个国家和地区派代表队参赛，这是奥运史册中最圆满，最盛大壮观的人类体育大集会。它使奥运百年以来"和平、友谊、进步"的奥林匹克宗旨更具现实意义，标志着奥林匹克运动走向新的辉煌时期。

4. 科学技术是推动社会进步和体育发展的巨大动力

科学技术是生产力发展的重要动力，是人类社会进步的重要标志。在人类文明发展的历史进程中，科学技术的每一次重大突破，都会引起生产力的深刻变革和人类社会的巨大进步。

从社会发展来看，现代科学技术提供给人类的知识和方法，正积极地改变着人们的生产方式、生活方式和思维方式，对现代社会精神文明和物质文明的建设发展起着日益重要的作用。20 世纪以来，特别是第二次世界大战以后，由于人类科学技术的飞速发展，科学技术日益渗透于社会经济发展和人类生活的各个领域，成为推动现代生产力发展的最活跃因素。据统计，第二次世界大战以来，物化在社会商品和产品中的科技含量与日俱增，已达到高度密集的程度，每隔 10 年产品中的科技含量即增长 10 倍。在发达国家，科学技术对 GDP 的贡献，20 世纪初为 5% ~ 20%，20 世纪中叶上升到 50%，20 世纪 80 年代上升到 60% ~ 80%。科技进步对经济增长的贡献已明显超过资本和劳动力的作用，成为推动现代社会经济发展中最主要的驱动力。

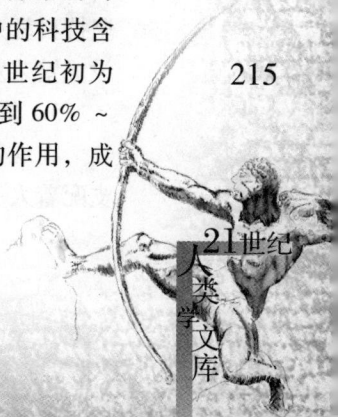

215

21世纪
人类学文库

在体育领域，现代科技正开掘着人类无穷的潜力。随着科技引入体育运动领域，使现代体育事业得到蓬勃发展，不断向着科学化、现代化方向发展。特别是人类社会进入 20 世纪 80 年代以来，各种高、精、尖的科技成果广泛进入体育运动，使体育成为现代科学技术的橱窗，使运动场上的竞争也逐渐演化为科学技术的较量。随着现代遗传工程、医学生物学、运动生物学、激光学、电子学、电子计算机、无线电遥控遥测、空间技术、新材料、新能源向体育领域的渗透，推动了运动训练方法、竞赛组织管理、传播、裁判、检测技术方法、体育器材设备等方面突飞猛进的发展，催化着体育运动由"自然体育"向"经验体育"再向"科学体育"的进化发展。

1976 年，美国在海拔 2000 多米的派克斯高原建立起国家奥林匹克训练中心，那里汇集了美国的尖端科学和最新体育科技成果。从此，由这里走出了数以百计的奥运冠军。美国的举措，引起了世界的震动。人们发出"美国的挑战：体育与尖端技术"的警告，为此引发了一场席卷世界体坛的体育科技革命浪潮。世界各国也相继成立运动训练中心，把高新技术的开发应用引入体育领域，把体育的科技革命推向了前所未有的高峰。20 世纪 80 年代后期，世界运动技术水平提高迅猛，大部分田径、游泳世界纪录被刷新，就连预言为"21 世纪纪录"的男子跳远等项目的纪录，也远远地被抛在人类征途的后面。

在我国，技术革命既是挑战，也是契机。中国体育的出路，也在于这场新技术革命。在 1987 年举行的全国体育发展战略研讨会上，当时的国家体委提出了以"科学化和社会化作为体育腾飞的双翼"的发展战略方针。在这一方针指引下，我国的体育科研工作得到迅猛发展，使运动训练进入多学科综合利用的新阶段，在对运动员进行技术诊断、机能评定、消除疲劳和心理训练中应用电子、遥测技术，对我国运动员在亚运会、奥运会上夺取一项项胜利，作出了不可替代的贡献。

上述事实表明，"科学技术是第一生产力"，科学技术是人类社会文明进步最主要的驱动力在我国体育腾飞的具体实践中已充分证明。依靠科技进步振兴体育，已成为现代体育发展最重要的因素。今后，我们应坚持科教兴国、科技兴体的方针，在 21 世纪的发展征途中，把我国建设成繁荣发达的世界强国。

216

5. 体育商业化进程是奥运会步出经济困境的必由之路

在现代世界，商品经济已进入高度发达时期，商品价值规律的作用支配着人类的一切活动，从而形成了一个庞大的市场经济体系。在商品经济机制的制约下，现代社会高水平的国际竞技运动已成为一种特殊形式的商品。作为人类最高竞技运动形式的奥运会，其发展也带上了商品经济的色彩。

没有经济支撑，体育难以发展，奥运会也很难开展。尽管当初的国际奥运会竭力抵制体育商业化、职业化倾向，以保证奥林匹克运动的纯洁性和崇高性。但现代奥运会一开始就无法摆脱金钱对它的制约。首届奥运会由于经费问题的困扰，主办国希腊曾一度打算放弃奥运会的主办权，后来由于顾拜旦的努力，依靠国内外的捐资和奥运邮票的发行，才解决了经费困难。

1976 年的蒙特利尔奥运会欠下了 20 亿美元的债务，使不少有意承办奥运会的城市望而却步，给奥运会的发展投下了阴影。1984 年洛杉矶奥运会开创了民间组办奥运会的历史先河，首次使奥运会的举办创下 2.5 亿美元的赢利纪录。因此，这届奥运会成为现代奥运会发展史上的一个转折点，标志着现代奥运会再度充满新生的活力。

可以说，现代社会的体育商业化，使奥运会成为一种闪闪发光的高价商品。仅拿奥运会电视转播费来说，近几年其价值也在扶摇直上。1984 年洛杉矶奥运会为 2.78 亿美元，1988 年汉城奥运会为 4 亿美元，1992 年巴塞罗那奥运会为 6 亿美元，再加上奥运会门票、彩票、邮票、纪念币、广告费及各种捐款等收入，为组办者带来了巨额的经济收益，使奥运会在商业化的依托下走向空前的繁荣时期。现代奥运会这一段从窘困维艰走向兴盛发展的历程向人们昭示：在商品经济社会，一切社会活动只有按商品经济规律的运行机制运作发展，才能获得自身存在与发展的可能。

在我国 20 世纪 80 年代以前，对体育只有体育事业的提法，只将体育视为公益事业，体育所需经费均由国家财政拨款支出。自 1995 年国务院颁布《国民生产总值计算方案》将国民经济按三类产业分类，并把体育列入第三产业属类后，我国便有了体育产业这一概念。体育产业指从事体育产品的生产与经营，以满足人们健身、娱乐和精神需要的体育部门和体育机构的活动。我国体育商业化、产业化的发展为我国体育运动的繁荣开创了美好前景。

当前，我国正在完善社会主义市场经济体系，在这个前提下，发展体育产业不是以人的主观意志为转移的，而是由社会主义市场经济规律的客观要求所决定的。把体育纳入商品经济轨道，按商品经济规律进行运营，发展体育产业，把体育推向市场，由行政型向社会型转变，事业

217

型向经营型转变，是我国体育体制改革的突破口，也是增强体育自身发展能力的一项战略举措。我国是一个拥有 13 亿人口的泱泱大国，如果国家要将全国的竞技体育、学校体育、全民体育包揽下来，那么国家的支持能力是有限的，不免会出现捉襟见肘的状况。例如：我国体育事业的财政拨款每年约 10 亿元人民币，用到每个公民头上还不足 1 元。因此就可能出现体育投资的失衡状况，重竞技而轻群体，最终影响体育运动全面协调的发展。目前，我国的一些竞技体育项目（如足球、篮球等）通过俱乐部形式转轨建制，把竞技体育推向市场，用商品经济规律和竞争机制来调节体育产品的生产和营运，取得了较好的社会效益与经济效益。这些成功经验很值得其他体育领域和当前开展的全民健身运动借鉴推广，以使我国体育改革与发展的道路越走越宽。

通过上述对奥运沧桑历史的回溯，通过对现代奥运会曲折历程留给我们的经验和启迪的总结与反思，使我们更加明确人类社会发展的目标和方向。展望未来，让我们更高地擎起奥林匹克运动的熊熊火炬，把人类社会的文明进步和体育文化的繁荣兴盛推向更新、更高的巅峰。

三、北京奥运会"人文奥运"理念的文化阐释

1. 人文奥运的提出

2008 年奥运会将在中国北京举行，它不仅是一个体育的盛会，同时也是一个东西方文化对话与交融的盛会，它是起源于古希腊的奥林匹克文化与具有悠久历史的中华文明之间的伟大对话。北京在申办奥运会的过程中提出"科技奥运"、"绿色奥运"和"人文奥运"三个理念，其中"人文奥运"理念，恰当地把北京奥运会定位为"文化奥运"。

人文奥运，如果从字面上来理解的话，理所当然地可以理解为"人文的奥运"。从目前的研究现状看，在这种理解中，人们侧重探讨的是体育与人文的关系，亦即强调人文体育和体育的人文化。

人文体育是奥林匹克运动和奥林匹克精神本身的内涵。现代奥林匹克是一个包含着体育运动和文化精神的完整体系，它由奥林匹克运动、奥林匹克主义和奥林匹克精神三个部分组成。从现代奥林匹克运动诞生的初期开始，创始人顾拜旦先生就试图把它建立在一种具有人文精神的哲学基础之上，试图避免奥林匹克仅仅流于一种单纯的体育运动或缺乏良好的思想基础而走向歧途。奥林匹克是超出单纯体育运动领域的思想体系和运动，另一方面，这些思想体系也同时指导着体育运动本身的

开展。

虽然现代奥林匹克运动的创始人作了最大的努力，试图以一种广泛的、人文的文化精神来指导和规范奥林匹克体育运动的发展方向，然而，在现代奥林匹克运动实践中，仍然出现了许多与上述宗旨和精神不符的现象，如奥林匹克的政治化、商业化，锦标主义、兴奋剂、非公平竞赛、体育黑幕，摧残人的运动和比赛等。有感于此，体育界的一些有识之士呼吁，以人文奥运的精神和理念倡导体育运动的人文化，重新回归奥林匹克精神，净化奥林匹克运动，使奥林匹克真正为人的和谐发展服务。

从功能上讲，从人文体育角度来理解人文奥运，有利于我们对奥林匹克运动的发展方向展开深入的探讨和反思，其成果有可能成为北京奥运会对奥林匹克运动的重要贡献，从而提升北京奥运会在奥运史上的价值。①

从以上内容的分析，对"人文奥运"的内涵有如下界定：人文奥运是指北京 2008 年奥运会是东西方文化的广泛交流和借鉴融合的盛会，是奥林匹克精神、奥林匹克文化与中华文明相互丰富和相互发展的盛会，是东西方人文思想与和谐精神在体育领域以及整个人类生活的充分贯彻和深刻体现的盛会，是"更快、更高、更强"与"和平、友谊、进步"的和谐统一盛会。②

2. 人文奥运的人类学价值

现代奥林匹克运动及其精神反映了西方近代以来的人本主义文化精神，它强调展示人的本质力量，倡导对人的尊重，谋求人的全面发展，提倡积极健康的生活哲学，强调以奥林匹克来促进建立一个维护人的尊严的和平社会。奥林匹克中的人本精神同我国当前发展阶段中对人本主义精神的追求是契合的。在申办奥运会的主办权过程中，各个申办城市也一再强调未来的奥运会将以运动员和裁判员为中心，在比赛和服务方面都以人为本。因此，从人本的角度来理解人文奥运，成为一种具有相当影响的主流解释。这种解释用一句话概括就是"奥运以人为本"。

"人文奥运"思想的提出，从文化层面上对奥林匹克精神的发展提出了新的要求，正如《奥林匹克宪章》中所说："奥林匹克的宗旨是使体育运动为人的和谐发展服务，以促进建立一个维护人的尊严的和平社

219

---

① 彭永捷等主编：《人文奥运》，第 4~5 页，东方出版社 2003 年版。
② 彭永捷等主编：《人文奥运》，第 9~10 页，东方出版社 2003 年版。

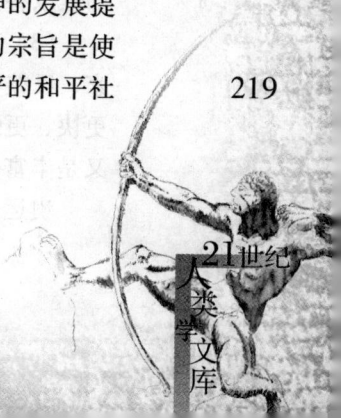

会。"这种"维护人的尊严的和平社会"在各种文化模式中有不同的理解，奥林匹克运动也就必须以体育这种方式来促进各种文化模式之间在体育活动上的逐渐融合，首先在体育运动上实现人类文化的一种自然交流，继而推动其他形式的人类文化的正常融合，以期实现人类的共同文明与进步。

奥林匹克运动在向全世界推广的过程中，必然与各地的文化相接触、相交流，这一过程对世界各地的文化有着积极的意义，相对于 2008 年北京奥运会而言，"人文奥运"有着其独特的文化意义，这种意义体现在以下几个方面。

（1）奥林匹克与中华文明。奥林匹克运动起源于欧洲的希腊，它曾是西方文化的表征。现在，奥林匹克运动及奥林匹克精神已经成为世界人民的共同财富。

2008 年，将在中国北京举办第 29 届夏季奥运会，这是历史悠久的奥林匹克与源远流长的中华文明的一次伟大握手。在中国举办奥运会，奥林匹克精神将滋润每一个中国人的心灵，奥林匹克运动将强健每一个中国人的体魄，奥林匹克文化也将让中国文化焕发出新的生命活力。

当奥林匹克精神照亮这个焕发着青春活力的东方古国时，博大精深的中国文化也将为奥林匹克运动撰写新的历史篇章，为世界人民对奥林匹克运动和奥林匹克文化做新的理解，为促进人类的和平、友爱、和谐、发展、文明和进步作出新的贡献。

（2）中国文化与世界文化。奥运会本身是人类文明的一个成果，它同时对人类文明起着巨大的推动作用。奥运会提供了一个任何组织和活动在规模及活动目标上都无法达到的世界人民情感与文化公开表达和交流的机会。

奥运会是一个空前的文化交流场所，而且这种交流是直观的、亲身经历的，它留给人们的印象是真实的、深刻的和清晰的。其中，主办国具有得天独厚的"地利"优势。北京奥运会在中国文化走向世界、其他文化走入中国，中国文化与其他文化的互动和交流方面，将起到其他活动难以替代的独特作用。

（3）全球文化的多元化与文明的和谐。奥林匹克体现着全球不同国家、民族和文明间的共同理想。友谊、和平、信义、公平竞赛和更高、更快、更强体现着人类对文明与进步的共同追求。另一方面，全球文化又是丰富多彩的，呈现出千姿百态的多元格局。

奥运会是一场体育的盛会，更是一场文化的盛会。它是世界人民展

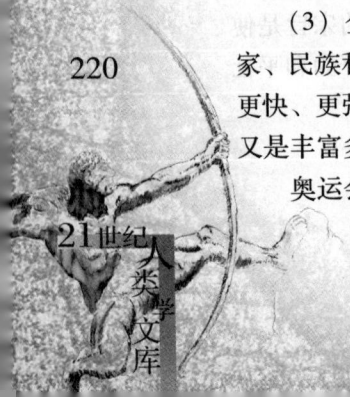

现自己的风格、传统、情感、精神风貌和文化的大舞台。参加奥运会的每个人都是观众，同时又都是表演者。

奥运会期间所展现的世界多元文化，虽然千姿百态，但并不对立，并不排斥，反而是并行不悖、有益无害的，体现出和谐共存、包容的特点。而强调和谐又是中国文化的特质，中国文化在这方面特别能为世界作出贡献。①

---

① 彭永捷等主编：《人文奥运》，第 10～11 页，东方出版社 2003 年版。

第 **8** 章
体育与现代人

第一节　体育加深了人对自身的认识

现代社会的发展，常常使人"遗忘"了身体的存在，似乎身体，特别是肢体已逐渐成为了多余的部分，只有大脑才是人最重要的东西。很多现代教育方式及人的培养方式中越来越重视大脑的开发与利用，但同时也越来越忽视对肢体的开发与利用，他们没有意识到身体是客观存在着的，要使大脑有更高层次的开发，是不能离开人的身体这一范围的，肢体能力的开发同大脑的开发有着同等重要的地位，甚至从人类自身发展的需要来看，肢体能力的开发有着更为重要的意义，所以我们首先要意识到人身体的存在。要意识到这种存在，唯有进行一定的身体活动才是有效的方式，体育活动无疑是较好的方法。

一、体育创造人的身体

众所周知，创造人的身体的是人自己，而不是神等除人以外的物体。人首先在劳动中创造了自己，不是神的劳作创造了人。以人的强健有力而又灵巧的手来说，它就是劳动创造的。恩格斯在其著名论文《劳动在从猿到人转变过程中的作用》中就说："所以，手不仅是劳动的器官，它还是劳动的产物。只是由于劳动，由于和日新月异的动作相适应，由于这样所引起的肌肉、韧带以及在更长时间内引起的骨骼的特别的发展遗传下来，而且由于这些遗传下来的灵巧性以愈来愈新的方式运用于新的愈来愈复杂的动作,人的手才达到这样高度的完善。"① 劳动使人挺直了腰、站直了身躯,劳动使腿更适于跑、跳,使手适于复杂精细的劳动……总之,劳动改造了类人猿的身躯,劳动创造了人的身体。然而,这是自发的"附带"的结果。在原始人那儿,劳动的自觉目的是谋取物质生活资料,而不是锻炼和造就人的身体。在原始时代还没有以锻炼和造就人的体能、体力为直接目的的活动,也就是说还没有真正的体育。

但是,由于有了生产劳动,由于生产劳动是复杂的,不断发展和提高的活动,因此以锻炼、培养和创造体力、体能及技巧为目的的活动开始萌芽。

萌芽之一孕育于劳动之中。就是少年儿童参加劳动,如狩猎、采集等,有时候这种劳动并不以获得物质产品为直接目的,而是为了训练、培养、创建他们的能力、体力。少年儿童在各种情况下,通过跟随成年人、模仿成年人而获得健壮的身体、敏捷的手脚。这和野兽"训练"幼兽不一样,因为它不是本能的动作,而是自觉的、有意识的活动。针对不同的分工(狩猎、捕鱼、采集、农耕、放牧、制陶……),针对不同的性别、年龄,人们采取了不同的训练方式和要求,这绝非动物的本能所能做到的。

同时在原始的崇拜活动中,体育活动也有萌芽。为了在自然及其他人力所不及的力量面前表示畏惧及敬仰,同时也有为获得这种力量或获得这种力量支持的愿望,原始时代的人们在祭祀活动中,要做出各种困难、复杂的姿态、动作,如,以虎为图腾的民族要做出虎的雄健姿态和动作,以鹰为图腾的民族要做出翱翔奋飞的姿势。这些动作与意图中包含有巫术、艺术和体育的萌芽。在这些原始崇拜活动中,其佼佼者往往受到人们的拥护而成为活动的带领者,拥有尊贵的社会地位,他们为保持这种地位,在活动中就需要不断做出别人难于做出的舞姿、动作,或者能以惊人的体力长时间连续舞蹈、跳跃,再或者能忍受(或经受)火烧、刀刺等痛苦的磨炼。这样,就带来两种后果,一是为取得社会地位及人们的尊敬,在原始崇拜的活动中人们展开了体力、体能的竞赛,二是为了在竞赛中取胜,人们就努力培养、锻炼自己的体力、体能,希望在自己身上创造出超乎别人的优异体力与技能。

纵观从古至今的历史发展,可以看到,人类不仅能改造自然界,而

223

————————————

① 《马克思恩格斯选集》(第3卷),第509~512页,人民出版社1972年版。

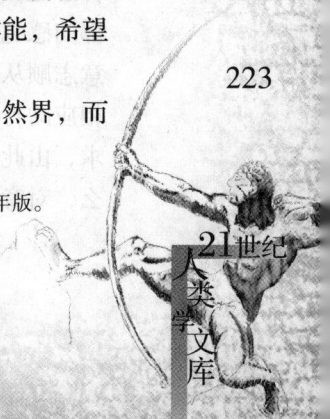

且能根据社会实践的需要改造自己的身体。在古代，就是为了提高获取食物的能力，培养和造就有着健壮机敏身体的武士，在近代就是培养和造就劳动大军，这是人的创造性的体现，同时也就是体育运动在历史上对人类所具有的意义、所发生的作用。但是体育在此所发生的作用和具有的意义是片面的、局限的。这种片面性和局限性早在古代和近代就有人看出来了。但是，直到现在才充分暴露出来，由此，才促使现代人去认识体育对自己的全面发展而完善的意义。

二、体育创造人的精神

有人认为，体育就是锻炼身体，而这里的身体往往就是指肉体，因此，体育锻炼只能使肉体强健，而与精神和心灵无关，因而运动员都是"四肢发达，头脑简单"的人。有些人至今仍持有这种看法，这是一种错误而片面的看法，从哲学上看，其错误在于割裂了形与神、身与心的联结。

中国春秋战国时期的思想家荀子在《天论》中曾说："形具而神生。"即精神要依赖于身体，有了身体才有精神。而另一位古代的哲学家范缜说得就更为清楚、正确。他说："形者神之质，神者形之用。……神之于质，犹利之于刃；形之于用，犹刃之于利。"就是说，身体是本体、本质，如刀，精神是它的功能和属性，如锋利。我们可由此而得出结论：锻炼身体，精神也能得到改进，亦如有了钢刀，再加砥砺才有刀之锋利一样，国外的古代学者也有类似的看法。

人们在锻炼形体的时候，心灵也在锻炼；在锻炼过程中心灵与形体同步成长。在形体锻炼的同时，受到锻炼的心理素质莫过于意志。形体锻炼和意志锻炼同时进行。同步发展，甚至就是一件事的两个方面。形体是在意志支配下运动的，然而意志（其物质载体是大脑）既发出指令、控制形体，同时又从形体取得反馈，并据此反馈而调整下一步的指令。人体有许多内感官不断把身体各方面的状况反映到大脑中，形成各种感觉，如肚子饱饿、手脚酸疼以及整个身体疲倦需要休息……这些内部的感觉制约着大脑对躯体的指令，这就是躯体对意志的反馈作用。当意志顺从这种反馈时，就产生劳而欲休、饥而欲食、寒而欲暖的欲求和相应的行动。但是，意志若不顺从，就必须克制这种生理的、本能的欲求，由此意志就要受到极大的磨炼。若体育锻炼是在竞赛中进行，那么，对意志的锻炼就更为突出。由于竞赛常常是在同一等级的选手中进行，大家的水平都比较接近，这时体力、技术的竞赛往往变成了意志的竞赛，或者说，竞赛的胜负往往由意志的强弱决定。合理的、经常不断的竞赛能使参赛者的体力、体能得到锻炼而不断提高，同时也能使他们的意志得到锻炼而日益坚强。

体育对人精神的锻炼不仅是艰苦的，同时也是欢快的。体育不是苦行僧式的修炼活动，体育是欢快的活动，它使人的身体健康舒畅，从这种健康舒畅中培育出一个愉悦、开朗的心境。现代奥运会的创始人顾拜旦在其散文诗《体育颂》中，对此也有一段很好的说明。体育活动中的游戏功能是明显的，经常从事体育活动的人常常能保持一种愉快的心情，保持一种健康向上的精神，这也是体育给人的精神魅力。

与艺术相同的是，体育与艺术同样会给人带来快乐，但与之所不同的是，体育不仅能给人带来快乐，而且能给人带来健康，而健康对人的重要性是毋庸置疑的。

三、体育创造人的理想

人类有人类群体的理想，个体人有各自的理想，这些理想都是人们自身想达到的生产、生活目标，人正是有了这种目标才有了无穷的生产、生活动力，也就有了整个人类的发展方向。

人的理想是有阶段性的。人对自己的发展方向有着许多梦想与构思，有人希望自己衣食无忧，人们安居乐业，社会安定，六畜兴旺，也有人希望自己长生不老，可以永享人间幸福。总体来说，人的理想有物质上的，也有精神上的，物质方面的较容易达到，但精神上的要达到却要付出相对较大的努力。

体育活动可以为人们提供一种达到人生理想的手段，这种手段既可从物质上对人的理想实现起推动作用，同时也可以从精神层面上对人的理想进一步深化。

第二节　体育强化人对社会的适应

体育是一种社会教化过程，在不同的社会历史时期，体育进行着内容不同的社会教育工作，从自身的角度和功能为人的社会化进行着坚持不懈的努力。

225

一、强健的体魄适应生产及生活需要

现代社会的生产与生活要求人具有强健的体魄，当然强健的体魄是一个不太清晰的概念，如果我们将其具体化一些，就较容易理解这一概念。

人体的强健，首先在于"健"，即健康。联合国卫生组织对健康下的定义是：健康不仅是没有身体疾患，而且要有完整的生理、心理状态和社会适应能力。有学者将其要点归纳为三点：①道德健康是统帅。世界卫生组织关于健康的概念有了新的发展，即把道德修养纳入了健康的范畴。将道德修养作为精神健康的内涵，其内容包括：健康者不以损害他人的利益来满足自己的需要，具有辨别真与伪、善与恶、美与丑、荣与辱等是非观念，能按照社会行为的规范准则来约束自己及支配自己的思想和行为。②生理健康是基础。身体是人生存和发展的物质基础，生理健康亦是健康的物质基础。就生理健康而言包括三个层次的内容：一是体形健康，即身高、体重等发育指标的健康。二是体态健康，即没有疾病和残疾，坐姿、行姿健康。三是体能健康，指个体活动的力量、速度、耐力和灵活性等良好。21世纪的生理健康不是简单地指某一层次上的健康，而是强调人类有机体功能的完好运行与最佳发展，最终体现为一个人要体力充沛、精神饱满，能成功适应现代社会快节奏、高强度的紧张工作与学习。③心理健康及其与社会相适应，全面发展、有机整合。心理健康以生理健康为基础又与生理健康的发展互为表里、相辅相成。21世纪的心理健康，要求一个人在人格上拥有与人类社会民主进步总趋势协调一致的人生信念、理想、兴趣、动机、需要；在智力上有良好的智能发展，具有分析问题、解决问题的能力；在情绪情感上要稳定、调控适度、愉悦开朗，有高度的移情能力和情感沟通能力；在意志上具有高度的公民责任义务感，勇于承担责任，言必信，行必果，有在多元化的开放社会中的严格的自律能力；同时还要求能积极地接纳社会、他人，保持稳定而密切的人际交流，拥有和谐的人际关系，在现实生活中既合理满足自身的物质需要和精神需要，又要不断地更新、完善自身的观念和行为，为社会贡献自己的聪明才智。

这三个目标也同样是体育所追求的目标，从狭义看，强健的体魄只包含生理的健康，这也是体育能给人带来的直接影响。从广义来看，这种影响有广阔的范围，除生理健康外还应包含以上所提到的道德健康与心理健康，所以在谈强健的体魄时，应该涉及到这些内容，只有具备了健康的身体、积极而稳定的心理及道德修养的人也才能称为一个现代的健康人。

当然健康是一个动态发展过程，也是人类发展的一个终极目标。现代人所需要的健康，既是21世纪对人类个体提出的要求，又是心理健康教育所追求的目标。从不健康到健康，从低层次的健康到高层次的健康，需要整个社会的共同努力。目前有一些基本的指标或状态是健康人所必须具有的，它包括：

第一，身体各部位发育正常，功能健康，没有疾病；

第二，体质坚强，对疾病有高度的抵抗力，并能吃苦耐劳，担负各种艰巨繁重的任务，经受各种自然环境的考验；

第三，精力充沛，能经常保持清醒的头脑，思想集中，对工作、学习都能优质地完成，有较高的效率；

第四，意志坚定，情绪正常，精神愉快（这虽和思想修养有关，但身体是否健康对它有很大影响）。

这样的健康是我们每个人都追求的，又是美好的人生体验。它表现为：持续、清晰、充沛的能力，稳定的情绪，敏锐的头脑，希望保持身体健康的意愿。当我们处于健康状态时，内心充满了一种生活的喜悦，一种对拥有健康躯体，享受世界上无尽快乐的感激。今天，健康的定义有了更加丰富的内涵，健康远远不是没有疾病和伤残就行了，除了获得生理上、精神上和社会上的健康以外，健康还意味着拥有称心如意的生命。

健康不是一种静止的状态，而是一种从自身所经历的疾病和失衡状态中了解自己的永无止境的过程。

健康取决于很多因素：我们所继承的个人特性和基因性状、生活和工作环境，从保健人员和医院那里获得的医疗保健，以及个人的生活习惯和生活方式。所有这些都会影响健康。因此，健康是可以握在我们手中的，是可以失去也可以得到的。我们可以积极行动、采取措施，使我们看起来更健康或感觉到更多的健康，从而提高我们的生活质量。

很多人并不知道怎样才算健康，也不知如何去获得健康。健康不能靠运气，也非命运所定，必须用行动去获得。健康专家认为在现代社会中，影响健康和生命质量最重要的因素是我们的生存方式。专家研究认为，很多生活方式的选择可以对健康产生很大的影响，例如你是否选择吸烟、喝酒、吸毒。据统计，10大死亡原因内的7大原因可以通过生活

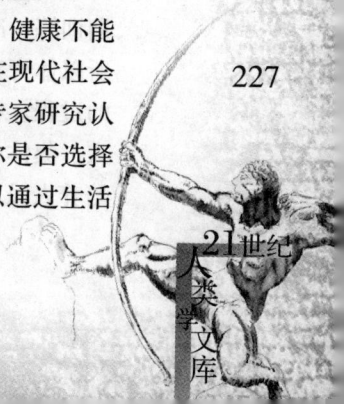

227

方式的简单改变而减少对人的危害。我们的习惯、情感、心理状态、社会环境、个性和性格都会影响健康。改变自己的生活习惯，掌控自己的生活方式，我们向健康便迈出了最重要的一步，如果进而能改善我们的生存环境，我们就会超越个人，惠及他人，超越时空，惠及未来。而这里我们能看到，体育对这些生活方式的影响是显著的，如果说一个人热爱体育运动，并经常去从事，生活方式的改变是在预料之中的。

二、竞争的意识适应了社会发展的需要

竞争在自然界生物发展进化中起着重要而积极的作用，人类的发展也是按这种物竞天择的规律在进行着。到了现代社会，竞争意识变得越来越重要，成为现代社会特别强调的心理素质，如何培养和锻炼自己的竞争意识，成为个体人发展的一个重要课题。竞争意识的培养，可以从心理入手，当然较方便也较容易的方式是体育。

体育活动，特别是体育比赛对这种意识的培养有着重要的意义。体育比赛是公开的、按一定规则进行的，体育在竞赛中发展，在竞赛中不断发掘着人体的潜力，创建着"更高、更快、更强"的体能，同时，这种竞赛又强烈地刺激、震撼和熔铸着人的心灵。"更高、更快、更强"，一方面是说，要超越过去，即创建新的更高、更快、更强的体能；另一方面是说，要超过别人，比别人更快、更高、更强，即在竞赛中夺取金牌、夺取胜利。体育与竞赛有密切联系，体育运动会就是竞赛大会。不管你怎样解释奥林匹克精神，每届奥林匹克运动会都是一场不折不扣的竞赛大会。运动员要进行艰苦、顽强的训练，其直接目的就是比别人"更快、更高、更强"，在竞赛中夺取金牌。只不过有的是为了在奥运会取胜。有的是为了在亚运会取胜等。体育运动的这种竞赛性质，造成了各层次、各等级（国家、省、地方、单位）运动员的竞争意识，俗称"金牌意识"。这种意识是体育运动产生的，是在不断的训练、锻炼中不断强化的。在竞赛中，毫无疑问运动员都有强烈的取胜意识，他们顽强拼搏就是要在体力、技术、意志等方面超过对手。没有竞争意识，在长期训练、准备过程中形成的体力、技术、意志就不能充分地发挥出来。所以体育竞赛的过程就是反复培养不畏强手、敢于竞争、敢于取胜精神的过程。在商品经济高度发展的现代社会中，具有竞争意识是求得个人、集体、国家发展的必要条件；国家、民族要求得生存和发展，就须培养人民成为有竞争意识的现代人，而体育就是实现这一目标的重要途

径。从各种层次、各种形式的体育竞赛中，将熔铸出千百万具有竞争精神的灵魂来。

三、自信的培养使人更容易达到自我的目标

自信心的培养在健康人格创建过程中有着重要的地位。人们在强调人的能力素质培养的同时，也注意到了心理的培养，对实现目标而言，自信心无疑是其中重要的因素。在能力与素质相同或相似的情况下，竞争胜利的天平往往倾向于拥有坚强自信心的人。竞技体育在训练传统的素质与技术的同时，心理训练同样是重要的内容，如果纯粹针对竞赛而言，自信是一个运动员必备的心理素质，而从人的发展来看，这同样也是人的一个重要的社会心理素质。

体育竞赛是一种公开的、有规则的比赛，参赛者必须面对对手、裁判和观众。社会心理学认为，面对他人做事和单独一个人做事时，心理状态是不同的，这种由他人在场而产生的心理变化称为"社会促进"。社会促进有正负两种。如有的运动员平时及单独训练时能力、技巧都很好。一旦有观众、裁判、对手在场时，即正式比赛时就失常了，缩手缩脚、局促不安、动作变形。而有的运动员，在这种情况下却泰然自若，甚至观众越多，越关注他、鼓励他、呼叫他，他越来劲，发挥得越好，其最高点则是进入所谓"贝克尔境界"。当然，不论是体育比赛还是其他任何社会活动，我们都要避免负的"社会促进"，形成正的"社会促进"。怎样才能形成这种积极的心理状态呢？天生有一定影响，而后天的培养更为重要。培养的途径很多，如面对观众进行演讲，作文艺表演等，但经常参加体育比赛仍是一种较易行、效果较好的方式。从少年、青年时期就经常参加体育竞赛，有助于形成一种接受"社会促进"的积极心理状态。而具有这样一种心理状态，是人们在当今社会生存、发展的必备素质之一。

四、团体意识的培养使人的社会协调能力增强

由于社会分工的逐渐细化，现代社会中人与人的合作也变得越来越重要，从事一项工作，完成一项任务，没有其他人的合作，成功的可能性越来越小，一种广泛的社会协作正在社会中形成，这种协作的形成，促使人们要培养和锻炼一种团体协作的能力，只有具备了这种能力，才

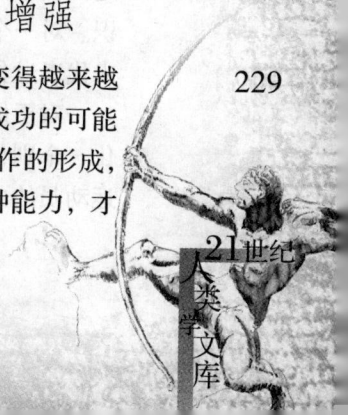

229

能在社会中有广泛的生存可能。

古代的人很少意识到这种协作的能力，认为这只是一种组织的能力，是从上而下的工作，加之大规模的社会协作事务不多，因而这种人与人之间的协作也表现出不被重视的状态。这种社会心理体现到体育文化中，就表现为社会教化方面的活动较小，甚至没有。可能人们不一定注意到，古奥运会在项目设置上缺乏集体性的竞赛项目，如果从文化学的角度来看，就是当时的社会对集体的合作没有较多的社会需求，因而体现在文化现象上，就缺乏这类需求的满足形式。而人类社会自从进入工业化阶段以后，分工合作成为必不可少的一项社会生产及生活内容，此时的体育活动中就相应地产生了集体的运动竞赛项目，而且随着人类社会协作需求的不断增长，这种集体竞赛项目在体育运动中的地位越来越重要，同时也成为体育爱好者们关注的焦点及热点。

体育的社会协调能力培养主要体现在以下几个方面。一是运动员之间的协作，二是体育组织之间的合作，三是体育观众的合作。体育是一种集体的竞赛，或者说，体育在竞赛中形成集体。由于有球赛才形成（组建）球队，否则，一人拿一个球分散去玩就行了；由于有竞赛，田径运动员才能聚在一起，否则各自分散锻炼即可。最初，体育的集体就是参赛者本身的团体。但是，随着竞赛规模的扩大、水平的提高，参赛者组成的团体逐渐成了另一个更大、更广的集体的代表及象征符号。人们从参赛者身上看到的，不仅是他们所组成的团体，而且是他们所代表的地方、部门、民族、国家。地方、部门、民族、国家被具体化、个别化、感性化为参赛者个人或参赛者团体。这样一来，体育的集体就超出了体育的范围，而获得了广泛而严肃、重大的社会意义。体育运动也就越出了强健体魄的意义，而获得了社会的意义，成为了一种文化现象。

由于体育集体的这种双重意义，体育竞赛的参与者（或简称"运动员"）的意识中就有了双重的集体观念：赛场上的伙伴组成的集体和自己所代表的集体。在每次竞赛中参与者都有意无意地意识到这种观念，并不断强化这种观念。每当中国队走上赛场时，运动员心中都会想"我是代表中国的"。这样的反复强化，最终形成了"祖国在我心中"的意识。对一个省、一个市、一个部门的运动员，情况大体与此相似。而从未代表过集体的人，是很难形成这样直接、生动、感性的集体观念的。

对于体育观众来说，体育竞赛使他们的国家、民族、集体观念具体化、个别化、感性化了，或者说体现在活生生的、眼前的运动员身上。运动员的成绩、胜利、精彩表演就是国家、民族、集体的成绩、胜利、表演。在热烈、紧张，有时近乎狂热的赛场上，集体与个人、理智与感情、一般与个别、代表者与被代表者融为一体，而赛场外面的电视观众、广播听众们，程度虽有不同，但实质都是一样的。这些对于人的心灵有巨大、强烈的震撼、熔铸作用，在人们心灵中能够强烈、鲜明地印下集体、民族、国家的观念。

第三节　体育改善现代社会人际关系

随着社会的发展，人与人之间的关系变得越来越密切，每一个人都不能离开他人的存在而存在。表面上看来，人与人应该是越来越联系紧密，但从实际情况来看，这种紧密的关系并未得到很好的表现，人们似乎在越来越需要对方的时候离对方却越来越远。邻里之间的交往越来越少，同事、同学之间的交流越来越浅，社会化程度越深，社会交往却反而越少了。如果认真分析一下这种现象，我们可以发现，现代社会人与人之间物质的交往是不断增加与加强的，而在精神方面的交往却是减少，导致这种现象出现的原因有多方面，有工作、生活节奏加快，社会竞争日趋激烈、社会期望值过高所带来的失望等，但人并不是劳动的机器、生产的工具，人也有追求生活质量的要求，生活质量中，社会交往等心理方面的需求是永恒不变的。历史上，由于各种物质条件的限制，人与人之间的交往不能经常进行，人们创造出了各种节庆活动以丰富自己的精神生活，创造交往机会，但在现代社会中，许多制约人们交往的物质因素正逐渐消失，因而这些集中体现人们社会生活的节庆活动也越来越失去其魅力，这不是人们的兴趣已转移，而是社会变化、时代变化，人们需要一种新型人际交往方式的形成，在现代各种新型社会交往方式中，体育交往占有很重要的地位，这是由体育活动的特殊性造成的。

一、体育运动的规则性

体育在竞赛中发掘人的潜力，不断创建"更快、更高、更强"的体格和振奋人的心灵，也就是说，在竞赛中实现自己的目的。所以，有人说，竞争是体育的灵魂。我们认为，体育所建构的人际关系首先就是竞争的关系，但不是任意的竞争，而是有规则的竞争关系，或简称规则关系。为什么说竞争要有规则、要在规则中进行呢？我们先从一般社会竞

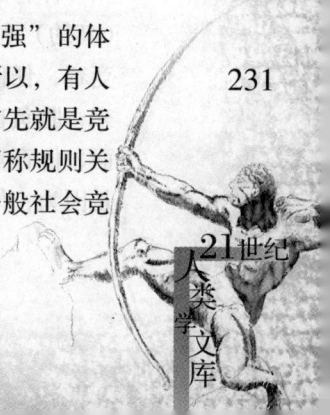

231

争来说。对于人而言，社会竞争有两方面的根源，一方面是自然的、生物的根源；另一方面是社会的根源。恩格斯认为："人来源于动物界这一事实已经决定了人永远不能完全摆脱兽性，所以问题永远只能在于摆脱得多些或少些，在于兽性或人性的程度的差异。"人有兽性、动物性，因此由"生存竞争"规律所形成的竞争本性，在人身上大约还存在着。当然，人身上的竞争性更主要的、决定性的来源是社会。人类自步入文明社会，就始终处于剧烈的对立和斗争之中，政治的、经济的、军事的、思想的斗争从来没有停息过。但是，来自自然和社会的斗争，不论在什么情况下都应当受到限制和调节，因为，无限制的斗争是没有胜利者的，这正是近代欧洲的社会契约论者霍布斯和卢梭的思想。他们指出，在"自然状态"下，每个人为了生存、为了取得和维护自己的利益，可以使用一切手段、一切办法去对付别人，而其他人也可以这样来对付他，其结果，任何人（不管如何强悍或如何聪明）都不可能完全地过完自然通常允许人们生活的时间。由此，人们为了生存不得不限制斗争，或者说放弃无限制运用一切手段的权利。那么，谁来限制斗争？怎样才能使人们放弃运用一切手段的权利而又不受他人任意侵害呢？霍布斯和卢梭认为，只有靠社会契约，即用契约来限制斗争；大家都自愿地放弃运用一切手段的权利，并且遵守这个约定，这样，每个人才能获得自己的利益而生存下去。霍布斯和卢梭认为，这样一种契约关系是人类不可避免的、合理的关系。这样一种契约关系实质上是自由资本主义的商品经济关系，因为，商品经济就是一方面要竞争，同时又要限制竞争：不允许用专制强权干预竞争，不允许以次充好、伪造假冒、不守合同等。但是霍布斯、卢梭关于社会契约的理想，在历史上从未实现过。在封建专制制度下谈不上什么契约精神，就是在商品经济中，商人们也从来没有放弃运用一切手段的权利，假冒伪造、欺骗敲诈、背信弃义……无所不用。就是许多具体契约的签订，也往往是"城下之盟"：在不平等的基础上强迫签订的。只有体育建构了理想的契约关系，这种关系就是体育规则。

体育的规则性主要体现在以下几个方面。首先，体育竞赛中规则（契约）和竞赛（竞争）实现了有机的统一。一方面规则严格地限制着竞赛，任何竞赛都是有规则的竞赛。没有规则，参赛者就可以任意胡来，胜负也没有标准，这样的"竞赛"就不成其为体育竞赛；另一方面，体育竞赛规则对竞赛的限制是为了实现竞赛，而不是取消竞赛。这是因为，体育竞赛不是战争，不能强加于人，其目的不是为了消灭对方，因此，若无明确的胜负标准以及对违例的规定，那么谁也不会来参加这样一场"糊涂"赛的，这样，比赛也就不存在了。契约关系就是一种合理的竞争关系，或者说，是规范与竞争有机结合的关系，这种关系的理想模型就是体育竞赛。其次，规则关系是一种自愿联合的关系，这种联合的凝聚力产生于每个参与者对契约的自愿服从；它不是靠外在的强力来维系，而是靠参与者自己服从自己，而由此，契约又必须是参与者自愿订立的，这样一种规则关系在体育之外的领域中从未彻底实现过。只有在体育中，任何规则都是参与者自愿缔结，并自愿遵循的，因为，大家都知道，不缔结规则就没有真正的比赛，并且，如果自己不遵守规则，那么，就无法阻止别人也违背规则，其结果必定是每个人在比赛中都失去某些自由，而获得了那些在规则中实现的自由。再次，体育比赛中的规则关系还表现在参赛者与裁判员的关系上。裁判员是规则的体现者，参赛者对规则的自愿服从，就直接体现为他们对裁判员的自愿服从。参赛者事先就约定，大家共同服从裁判，这样，规则才能执行，比赛才能进行。就是由于这样的约定，裁判员才取得自己的权威。而这种权威在比赛中具有至上性、绝对性，这是任何靠外在的强力建立起来的权威所不可比拟的。

现代社会正在日趋规则化，现代社会的人际关系应是一种规则关系，而体育从开始就建构了一种较理想的规则关系。

二、体育运动的平等性

体育所建构的人际关系不仅是一种规则的竞争关系，而且是一种超越世俗的竞争关系。体育竞赛的本性——创建和锻炼新的身体和心灵，就要求它是超越世俗关系的。当人们进入赛场时，体育的本性就要求他们把世俗的关系：政治的、经济的、宗族的、文化的等都放在赛场外面。运动员也要把这些关系暂时地压抑下去。因为不这样做，就从本性上、实质上毁灭了体育竞赛，竞赛只能是徒具空壳、索然无味了。

三、体育运动的包容性

233

体育是在现实的社会中建构它的人际关系的，人们在建立体育关系之前就已生活在现实的社会关系中，而在建立体育关系之后，也不能离开各种社会关系。因此，在体育的人际关系中，必然交织着、渗透着、

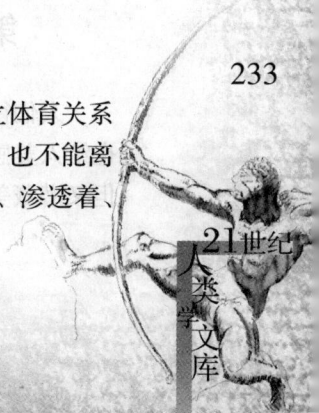

反映着现实社会的经济关系、政治关系、民族关系、道德关系……在这个意义上可以说，体育是社会关系的缩影。

当然，体育的人际关系有其特殊性，人们也竭力使体育超脱其他各种社会关系的纠缠、干扰，但是，若想完全摆脱其他各种社会关系，使体育成为纯粹的"世外桃源"是不可能的，比如：国际奥委会本来提出，参加奥运会的运动员都是作为个人参赛。它力图以此摆脱政治的、民族的等等关系。但奥运会实际上从一开始就是作为国家之间的竞赛的，每个运动员都是他的国家的代表。国际奥委会又提出"业余主义"的主张，意在摆脱经济关系的干扰，但现在参加奥运会这样大赛的人，有几人是真正的业余运动员？大概极少极少。国际奥委会一开始就坚决、明确地反对政治干预，但政治对奥运会的干预层出不穷：纳粹德国对慕尼黑奥运会的干扰、莫斯科奥运会美国抵制、洛杉矶奥运会前苏联等国抵制……奥运会始终无法摆脱政治关系之网。前国际奥委会主席萨马兰奇也不得不承认："说体育与政治无关是很容易的，但政治无所不在，你无法避免。"

但是，体育所建构的人际关系，终究不是政治关系、经济关系……并且，它的意义和价值正在于它和政治、经济关系的区别，正在于它为摆脱政治、经济关系所作的努力。

由此，体育从其本性来说具有一种超越的、神圣的性质。在古希腊，当奥运会圣火燃起的时候，战争都要停下来。人们脱下各自的衣裳，也撇下世俗的等级、仇恨和纷争，到赛场上去进行健与美的竞赛。现代奥运会继承古奥运精神，把"和平、友谊、进步"作为宗旨，特别是它所强调的"业余主义"，其真谛就在于超越世俗关系，纯粹以人类身心的提高和创建为目的。

在体育竞赛中，"费厄泼赖"（fair play）就是要超越物质的私利和狭隘的狂热，而根据体育的最终目的：人的健康、人的教育、人的完善来对待竞赛，来处理竞赛中的人际关系。因此"费厄泼赖"就是超越世俗利害的精神和风度。

第四节　体育是现代人重要的审美形式

人们往往认为，艺术给人以美，体育给人以健康。其实，体育时常也给人美感与美的享受。它以力量、节奏、均衡表现出常人表现不出来但又潜藏美感的姿态、造型、线条、韵律，它拥有层出不穷、花样翻新的全部人体能达到的自由形式和丰富内容，它具有芭蕾舞的轻柔、歌剧的抒情、影视的特写、小说的回味、诗歌的意境、雕塑的沉稳与绘画的空灵以及书法的潇洒，但又有区别于这些艺术门类的猛烈、迅速、刚健、清新与惊险……一切活跃的富有生命力的创造都在这里起步、表现和终止，一切僵化、呆板、迟钝、麻木都与它无缘。

一、体育创造美

人们对美的追求起始于对美的感悟。提出进化论的英国科学家达尔文在论述人的审美能力时，用一种名为百眼雉的鸟的审美情况做了一个形象比喻："母雉的审美能力则通过练习与习惯而逐步获得了进展，像我们自己的鉴赏能力逐步得到改进一样。"① 人的审美水平也正是在这种欣赏美的过程中得以提高。

体育运动给人的美最初是从人对自己身体的欣赏开始的，其后，随着人类活动形式与内容的增加，对人体运动之美就有了更深的理解。人们在欣赏更多、更优美的人体动作时，更多地、更深层次地体会到了身体运动之美，这时人对美的理解就得到了提升。

二、体育给人美感

众多的体育爱好者和运动员从体育运动中所得到的愉悦和高兴，同物质的或政治的功利常常是没有关系的，甚至和自己的健康状况也没有直接的关系。他们挚爱体育运动就是为了体验和享受这种超功利的愉悦和快乐，这些体育爱好者和运动选手对体育运动的上述态度，就是一种审美的态度；他们在体育运动中的感受，就是一种美感。

在体育运动中，对胜利、对身体健康的追求，作为原动力推动着运动员去锻炼、去拼搏、去展现自己的创造性和对自由的追求，但是，当眼前的功利欲望限制了自己的创造时，就应当超越它，甚至，当功利欲望并不限制自己的创造性时，也应从胜利和成就中，不只是得到功利欲望的满足，而且能得到自己的创造性以及对自由的热烈追求。这时，运动员超出了利害得失，不因它而喜怒、而哀乐，摆脱了外物的支配而保持自己人格的自由，由此而获得精神上的愉悦、快乐。这就是美感，就

235

① ［英］达尔文：《人类的由来》，第 935 页，商务印书馆 1993 年版。

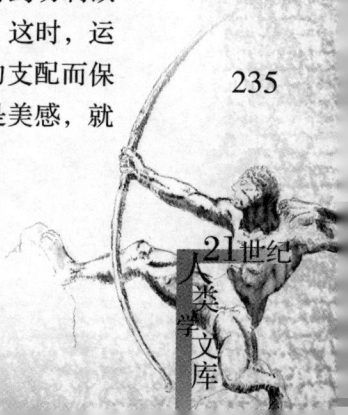

是美的享受；这种境界，就是美的境界。

体育观赏中的美感和审美意识，也是既根源于功利而又超越眼下直接的功利，根源于本能的欲望而又超越于本能欲望的。它在本质上是对人类争取自由的努力以及创造性的一种观赏。因此，一切通过体育运动表现出来的创造性和争取自由的努力，都能够激起观赏者的美感。

三、体育美的内容

体育的美包括健美、身体美和动作美。

当人们感性直观地观看、欣赏体育创造健康身体的过程，观看和欣赏健康身体在体育活动中展现创造能力和发展能力的可能性时，就会在功利需要得到满足的同时，产生与功利满足不同的精神愉悦和欢乐，这就是体育的美感。而被观看和欣赏的体育过程及其结果中，对"健康"的肯定的形式，就是体育美。

体育美是体育运动中的美。体育运动必不可少的因素是两个：人体和运动。这两个因素是统一不可分的，因为，不运动的人体不是体育中的人体；没有人的运动，也不是体育运动。由此，体育美也可以划分为两个因素：人体美和运动美，并且，这两个因素在体育美中也是不可分的、统一的。离开体育运动的孤立的身体美，或非人体的运动美，都不属于体育美的范畴。

动作是体育的主要内容。体育就是以身体的运动（动作）来实现其目的的。由此，体育美主要就体现为动作美。

参考文献

［1］A. C. 哈登：《人类学史》，山东人民出版社 1988 年版。

［2］林惠祥：《文化人类学》，商务印书馆 1996 年版。

［3］张实：《体质人类学》，云南大学出版社 2003 年版。

［4］庄孔韶：《人类学通论》，山西教育出版社 2003 年版。

［5］胡小明：《体育人类学》，广东人民出版社 1999 年版。

［6］席焕久：《体育人类学》，北京体育大学出版社 2001 年版。

［7］胡小明：《体育人类学进展》，《北京体育大学学报》2004 年第 3 期。

［8］王铭铭：《西方人类学名著提要》，江西人民出版社 2004 年版。

［9］杨万智、周百之、饶远：《运动与生存——云南少数民族体育文化考释》，云南大学出版社 1991 年版。

［10］李立纲、饶远：《少数民族体育文化论》，云南民族出版社 1995 年版。

［11］饶远：《亚洲体育文化的地理分布、特质与价值》，《体育文化导刊》2002 年第 1 期。

［12］李力研：《人类种族与体育运动》，《华北工学院学报》2001 年第 1 期。

［13］周西宽：《现代体育概念几个问题的探讨》，《成都体育学院学报》2004 年第 4 期。

［14］夏廉博：《人类生物气象学》，气象出版社 1986 年版。

［15］宗光宇：《蛮荒的游客——马凌诺斯基》，台湾允晨文化实业股份有限公司，1982 年。

［16］林耀华：《民族学通论》，中央民族大学出版社 1997 年版。

［17］许金声：《走向人格新大陆》，工人出版社 1988 年版。

237

[18]［美］A．H．马斯洛：《动机与人格》，华夏出版社 1987 年版。

[19]［苏］阿列克谢耶娃：《地理环境与人的生物学》，兰州大学出版社 1987 年版。

[20] 熊斗寅：《解读绿色奥运》，《体育与科学》2002 年第 1 期。

[21] 吴清泉：《论人与自然关系的辩证法》，《光明日报》2004 年 10 月 26 日。

[22] 马岳良：《绿色文明进程中的体育反思》，《体育文化导刊》2004 年第 2 期。

[23] 崔乐泉：《中国古代体育文化》，2003 年 6 月 1 日来源于千龙新闻网。

[24] 徐岩、彭小澍：《论绿色体育与绿色奥运》，《体育与科学》2003 年第 1 期。

[25] 杨玉晨：《绿色奥运视野下的现代体育》，《体育文化导刊》2004 年第 7 期。

[26] 吕树庭、卢元镇：《体育社会学教程》，高等教育出版社 1995 年版。

[27] 卢元镇：《中国体育社会学论说》，北京体育大学出版社 2003 年版。

[28] 柳景、张予云：《体育科学方法论》，云南民族出版社 1999 年版。

[29] 龙天启：《体育哲学导论》，北京体育学院出版社 1987 年版。

[30] 熊斗寅：《体育现代化》，《体育与科学特刊》1987 年。

[31] 刘晓非：《奥运风云录》，清华大学出版社 2004 年版。

[32] 曲宗湖：《21 世纪中国社区体育》，北京体育大学出版社 2000 年版。

[33] 谢遐龄：《中国社会思想学史》，高等教育出版社 2003 年版。

[34] 郑杭生：《中国社会学史》，高等教育出版社 2000 年版。

[35] 何锋：《论体育对经济增长的作用》，《武汉体育学院学报》2000 年第 4 期。

[36] 杨远波：《休闲体育在小康社会中的作用》，《体育文化导刊》2004 年第 1 期。

[37] 冯增俊：《教育人类学》，江苏教育出版社 1995 年版。

[38] 邢永富：《素质教育》，山西教育出版社 2000 年版。

［39］李鸿江：《学校体能教程》，北京体育大学出版社 2003 年版。

［40］谷世权：《中国体育史》，北京体育大学 1999 年版。

［41］鲍冠文：《体育概论》，高等教育出版社 2001 年版。

［42］饶远：《体育与全面发展教育》，《云南教育学院学报》1990年第 2 期。

［43］史冬博：《认知小康体育观》，《体育文化导刊》2004 年第3 期。

［44］卢元镇：《体育社会学》，高等教育出版社 2001 年版。

［45］吴增基：《现代社会学》，上海人民出版社 2003 年版。

［46］饶远：《体育在现代人素质教育中的作用》，《高教研究》1998 年第 2 期。

［47］梁钊韬、陈启新：《中国民族学概论》，云南人民出版社 1985年版。

［48］徐万邦、祁庆富：《中国少数民族文化通论》，中央民族大学出版社 1997 年版。

［49］张文勋、施惟达：《民族文化学》，中国社会科学出版社 1998年版。

［50］夏建中：《文化人类学理论学派》，中国人民大学出版社 1997年版。

［51］国家体育文史工作委员会：《中华民族传统体育志》，广西民族出版社 1990 年版。

［52］白晋湘：《民族传统体育文化学》，民族出版社 2004 年版。

［53］易剑东：《体育文化学》，北京体育大学出版社 1999 年版。

［54］李鸿江：《中国民族体育导论》，中国书籍出版社 2000 年版。

［55］饶远、刘竹：《云南民族体育》，云南教育出版社 2000 年版。

［56］饶远、张云钢、许仲槐：《中国西部体育资源的开发思路》，云南大学出版社 2003 年版。

［57］崔乐泉：《忘忧清乐》，江苏古籍出版社 2002 年版。

［58］许仲槐、卢元镇：《体育集》，科学普及出版社 1988 年版。

［59］饶远：《云南彝族体育与原始宗教关系初探》，《成都体育学院学报》1989 年第 3 期。

［60］饶远：《民俗中的体育与体育中的民俗》，《体育文化导刊》2005 年第 1 期。

［61］饶远、杨万智：《民族文化对民族体育的影响》，《体育文史》

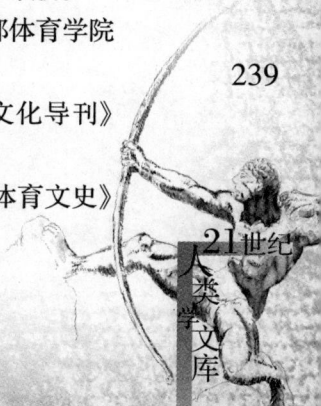

239

21世纪
人类学文库

1991 年第 1 期。

[62] 饶远:《民族体育走向世界的文化动因探析》,《武汉体育学院学报》1992 年第 3 期。

[63] 伍雄武、周百之:《现代人与体育》,中国社会科学出版社1990 年版。

[64] 刘家和:《世界上古史》,吉林人民出版社 1986 年版。

[65] [英] 达尔文:《人类的由来》,商务印书馆 1993 年版。

[66] 田雨普:《20 世纪以来我国群众体育的发展现状》,《哈尔滨体育学院学报》1999 年第 2 期。

[67] 任海:《奥林匹克运动的全球化与文化的多样性》,《体育文化导刊》2002 年第 1 期。

[68] 崔乐泉、孙葆丽:《奥林匹克百科丛书》,大众文艺出版社2000 年版。

[69] [英] 泰勒:《原始文化》,浙江人民出版社 1988 年版。

[70]《奥林匹克宪章》:人民体育出版社 1993 年版。

[71] 饶远:《奥运百年沧桑给现代社会带来的启示》,《体育文史》1996 年第 6 期。

[72] 任海:《奥林匹克运动》,人民体育出版社 1993 年版。

[73] 李力研:《奥林匹克精神与体育文化》。《天津体育学院学报》2002 年第 2 期。

[74] 芦平生、杨兰生:《西北少数民族地区体育资源的开发与利用》,《体育科学》2002 年第 1 期。

[75] 饶远:《中国西部体育资源开发的理性思考》,《中国体育科技》2004 年第 5 期。

[76] 饶远:《少数民族体育产业政策与社会环境分析》,《北京体育大学学报》2003 年第 4 期。

后　记

　　体育人类学是体育科学与人类学相结合产生的新兴学科，虽说在本世纪初就有学者著书立说，但其后应者寥寥，使得这一新兴学科在成长的初期就显得较沉寂。但目前，这方面的研究得到许多学者专家的关注，优秀成果不断涌现，使体育人类学呈现出欣欣向荣的景象。

　　在本书撰写前，几位分别从事体育及人类学研究的学者经常因为共同的爱好而对一些问题有着共同的关心，在交流中有关体育人类学的思想在不断碰撞着，一个新的学科发展构想在这些碰撞中逐渐形成与清晰，但却一直没能形成结果。幸赖云南大学出版社在《21 世纪人类学文库》中将《体育人类学》列入，使得我们有机会对自己的思考进行总结，于是有了本书的诞生。

　　本书是集体智慧的结晶。接受任务之初，本书写作的召集人饶远教授就多次与全体人员一起对写作的框架、内容等进行讨论，大家群策群力，争取为一门新兴学科的发展而努力，经过近一年时间的奋斗，终于能使本书付梓，其间的艰辛也可以得到回报。书稿最后由饶远及陈斌负责统稿，书稿的具体分工如下：第一章张曙辉，第二章、第七章、第八章陈斌，第三章郭云聪，第四章张予云，第五章谭志丽、李延超、李伟，第六章、第七章饶远。云南大学出版社社长施惟达教授也拨冗对书稿进行了校阅，在此一并致谢。

　　书稿在写作过程参考了许多前人的成果，书中一一注出，如有疏漏之处敬请原谅。由于著者认识上的不足，如存在问题，敬请各位专家、学者和读者指正。

241

编著者

2006 年 3 月

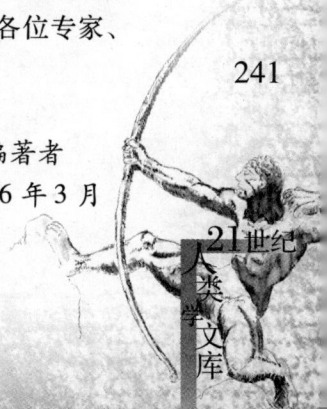